Petit cours
d'éthique et politique

Martin
Collège

D1159002

Achetez
en ligne ou
en librairie

En tout temps,
simple et rapide!

www.cheneliere.ca

CHENELIÈRE
ÉDUCATION

Petit cours d'éthique et politique

Martin Provencher

© 2008 Les Éditions de la Chenelière inc.

Édition : Guillaume Proulx
Coordination : Jean-Philippe Michaud
Révision linguistique : Marie-Claude Piquion
Correction d'épreuves : Sarah Bernard
Conception graphique et infographie : Groupe Colpron
Illustrations : Alain Reno
Conception de la couverture : Alain Reno

Dans cet ouvrage, le masculin est utilisé comme représentant des deux sexes, sans discrimination à l'égard des hommes et des femmes, et dans le seul but d'alléger le texte.

**Catalogage avant publication
de Bibliothèque et Archives nationales du Québec
et Bibliothèque et Archives Canada**

Provencher, Martin, 1966-

   Petit cours d'éthique et politique

   Comprend des réf. bibliogr. et un index.
   Pour les étudiants du niveau collégial.

   ISBN 978-2-7650-2348-7

   1. Morale.   2. Morale politique.   3. Éthique appliquée.   ɪ. Titre.

BJ1063.P76 2008   170   C2008-940753-9

CHENELIÈRE
ÉDUCATION

5800, rue Saint-Denis, bureau 900
Montréal (Québec) H2S 3L5 Canada
Téléphone : 514 273-1066
Télécopieur : 514 276-0324 ou 1 800 814-0324
info@cheneliere.ca

Tous droits réservés.

Toute reproduction, en tout ou en partie, sous quelque forme et par quelque procédé que ce soit, est interdite sans l'autorisation écrite préalable de l'Éditeur.

ISBN 978-2-7650-2348-7

Dépôt légal : 2e trimestre 2008
Bibliothèque et Archives nationales du Québec
Bibliothèque et Archives Canada

Imprimé au Canada

5 6 7 8 9 M 24 23 22 21 20

Gouvernement du Québec – Programme de crédit d'impôt pour l'édition de livres – Gestion SODEC.

Ce projet est financé en partie par le gouvernement du Canada

Canadä

Préface

J'ai fait mes études supérieures à la fin des années 1980 et au début des années 1990 dans des universités américaines et anglaises où la philosophie morale et politique occupait une position privilégiée parmi les préoccupations des praticiens de la «Reine des Sciences». Or, quelle ne fut ma surprise lorsqu'en acceptant un poste de professeur à l'Université de Montréal, en 1993, je découvris que ces domaines de la philosophie étaient presque inexistants dans la philosophie d'expression française. On peut expliquer cet «oubli» de la philosophie pratique de plusieurs manières. Je pense, notamment, que le structuralisme et le post-structuralisme, qui ont eu un tel ascendant sur la pensée philosophique française de l'après-guerre et qui voient la pensée comme étant largement déterminée par des «structures» langagières, économiques ou autres, ont relégué la pensée normative aux oubliettes. Comment penser à ce qui doit être lorsque nos pensées sont emprisonnées par ce qui est? Le dédain de la philosophie d'expression française pour tout ce qui pouvait relever de la philosophie morale et politique était tel qu'il m'était difficile, pendant les premières années de ma carrière, de monter un cours dans ces domaines, tant les textes en français faisaient défaut.

Cependant, la situation a beaucoup évolué depuis. En effet, nous pouvons nous enorgueillir du fait que la philosophie québécoise a servi d'exemple pour relancer la philosophie pratique à travers la francophonie. Les étudiants fréquentent massivement les cours dans ces domaines, et il existe à présent une importante relève de jeunes philosophes qui travaillent à créer tant des œuvres originales que des outils pédagogiques en philosophie morale et politique.

Martin Provencher fait partie de cette relève. Auteur d'une thèse magistrale sur la pensée de la philosophe Hannah Arendt, thèse que j'ai eu l'honneur de diriger (mais à propos de laquelle il est vrai de dire, comme c'est le cas de toutes les grandes thèses, que l'étudiant qui l'a rédigée a plus appris à son prof que de ce dernier!), il a également été mon compagnon de route à titre d'assistant pendant ces premières années d'enseignement de l'éthique et de la philosophie politique à l'Université de Montréal, cours pour lesquels nous disposions, il faut bien le dire, de matériaux pédagogiques bien inadéquats.

Je salue donc la parution du présent ouvrage, et ce, pour deux raisons. D'abord, parce qu'il contribuera massivement à la qualité de l'enseignement de la philosophie pratique au collégial et, ensuite, parce que, ce faisant, il donnera à coup sûr, à de nouvelles générations de philosophes en herbe, l'envie de poursuivre la réflexion philosophique à laquelle il les invite, peut-être même jusque dans des salles de classe universitaires!

Daniel Weinstock, professeur titulaire, Université de Montréal

Remerciements

Nous tenons à exprimer notre plus vive reconnaissance à M. Daniel Marc Weinstock, qui nous a autorisé à reprendre et à adapter ici une des versions de son cours PHI-1400 *Questions d'éthique contemporaines,* que nous avons eu l'occasion de donner à l'Université de Montréal dans le cadre de notre formation au doctorat. Nos plus sincères remerciements vont également à Jean-Philippe Michaud, chargé de projets, pour ses suggestions toujours judicieuses, et à Guillaume Proulx, éditeur, grâce à qui cette aventure a été des plus agréables.

Martin Provencher

À l'origine de ce projet, les excellentes notes de cours que Martin Provencher nous a fait découvrir, notes peaufinées au fil des années, dans le seul but de rendre l'éthique lumineuse pour ses étudiants. Elles témoignent d'un souci extrême d'impartialité, de schématisation et de pédagogie. Elles montrent aussi une étonnante ouverture sur la recherche contemporaine en éthique.

Une deuxième découverte, celle d'Alain Reno, illustrateur montréalais de renom, nous a permis, à travers un graphisme magistral, de reproduire, d'accompagner et de compléter sur le plan visuel l'esprit et les qualités de l'écriture de Martin.

Chenelière Éducation aimerait vous remercier de rendre si vivante la philosophie.

L'édition

Avant-propos

Il y a plusieurs façons de concevoir l'éthique. Celle que nous allons voir dans le présent manuel est la conception anglo-américaine, issue de la philosophie analytique. C'est pour des raisons historiques que nous avons choisi cette conception, les philosophes analytiques de langue anglaise ayant été les premiers à se soucier des problèmes éthiques de la société contemporaine. La philosophie continentale, disons globalement la philosophie franco-allemande, a accusé un certain retard dans ce domaine de 1920 à 1980. Cela n'implique pas que les penseurs continentaux n'ont pas produit de contribution remarquable à la réflexion morale contemporaine. Il serait difficile de nier l'apport de Hannah Arendt, Hans-Georg Gadamer, Hans Jonas et Paul Ricœur, entre autres. Cependant, il faut bien reconnaître que, sur le plan des institutions, les travaux les plus créatifs en éthique se font désormais dans la tradition analytique.

Martin Provencher

Table des matières

INTRODUCTION Qu'est-ce que l'éthique?

CHAPITRE 1 Les approches conséquentialistes

CHAPITRE 2 Les approches déontologiques

Table des matières

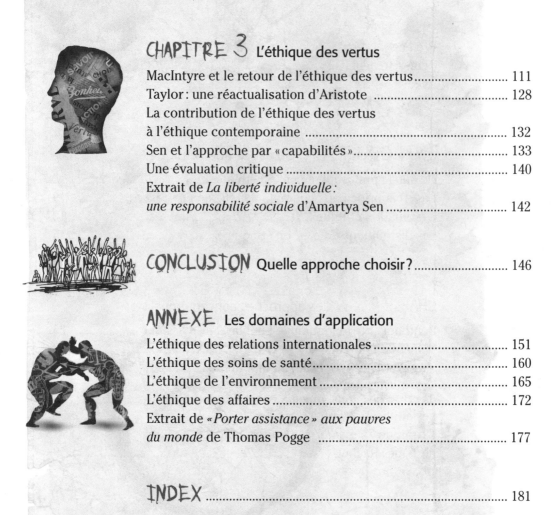

Introduction

Qu'est-ce que l'éthique?

« Notre progrès ne saurait se mesurer à l'enrichissement de ceux qui vivent dans l'abondance, mais plutôt à notre capacité de pourvoir aux besoins de ceux qui ont trop peu. »

Franklin D. Roosevelt

Ce que la philosophie peut en éthique

Nous pourrions commencer notre réflexion sur l'éthique en nous demandant ce que nous pouvons attendre des philosophes en ce domaine. En effet, il y a tout lieu de croire que l'éthique existait bien avant la philosophie et que, si cette dernière venait à disparaître, l'éthique lui survivrait. La première question que soulève l'étude de l'éthique est donc celle de la compétence particulière des philosophes. Que peuvent nous apporter ces derniers lorsque nous envisageons concrètement de résoudre certains problèmes éthiques de la société d'aujourd'hui ? Aussi étrange que cela puisse paraître, il serait préférable, d'abord, de préciser ce que les philosophes *ne* peuvent *pas* faire [1], dont la première chose est de nous apporter des réponses toutes faites ou de nous donner des recettes pour résoudre nos problèmes. (Pour une vue d'ensemble de ce que peut et ne peut pas la philosophie en éthique, voir le tableau I.1.) Si nous attendons d'eux qu'ils règlent tous les problèmes de la société actuelle, y compris les nôtres, nous serons déçus, car ils ne peuvent accomplir une tâche pareille. En fait, les personnes qui s'attendent à ce que les philosophes répondent à leurs problèmes commettent deux erreurs : d'abord, elles s'imaginent que les philosophes sont des experts en éthique et qu'ils peuvent, par conséquent, penser et prendre des décisions à la place des autres ; ensuite, elles ont une mauvaise conception de la relation entre la théorie et la pratique, car elles estiment qu'il suffit de connaître des principes ou des théories éthiques pour pouvoir les appliquer sans faute à des cas ou à des problèmes qui seront dès lors considérés comme réglés.

TABLEAU I.1 Ce que la philosophie peut et ne peut pas en éthique

Ce que la philosophie peut	Ce que la philosophie ne peut pas
– Contribuer à la création et à l'élaboration du savoir éthique.	– Prétendre posséder la vérité en matière d'éthique.
– Contribuer à la culture démocratique des sociétés libérales.	– Décider à la place des individus.
– Offrir des outils pour que l'individu puisse mieux raisonner et dégager tous les enjeux éthiques d'un problème.	– Juger les pratiques sociales et professionnelles de l'extérieur.
– Amener l'individu à prendre une décision éthique cohérente.	

---

1 Daniel WEINSTOCK, *Profession, éthicien,* coll. Profession, Montréal, P.U.M., 2006, p. 41-59.

Une première erreur à éviter : confondre le philosophe et le sage

Il est vrai que les philosophes ont en général davantage de connaissances en éthique que les personnes qui n'ont jamais fait d'études dans ce domaine, mais cela ne veut pas dire que leur jugement est supérieur à celui du simple citoyen face aux problèmes éthiques. Dans un régime démocratique, une telle position serait indéfendable. Aucun philosophe ne peut sérieusement prétendre aujourd'hui, comme le faisait Platon à son époque, qu'il possède la vérité sur un sujet donné et s'autoriser de son savoir pour imposer cette vérité de gré ou de force à la population [2]. Les philosophes ont certainement plus d'outils que les simples citoyens pour percevoir et dégager les dimensions éthiques d'un problème donné et prendre position face à ce problème, mais cela ne les autorise pas à décider pour les autres. Les personnes qui croient que le jugement des philosophes est supérieur à celui des citoyens ordinaires s'imaginent à tort que leur devoir moral est de suivre l'avis des philosophes ; ce sont des candidats parfaits pour les sectes. En effet, les philosophes ne sont pas des directeurs de conscience, et leur rôle n'est pas de prendre le contrôle de la vie d'autrui. Ils ne veulent pas non plus que nous renoncions à notre responsabilité personnelle en suivant passivement leurs opinions sous prétexte qu'ils sont des experts en éthique. S'ils veulent agir à ce titre, ils peuvent le faire, mais en soumettant leurs arguments à leurs pairs dans des revues spécialisées ou en les adressant aux juges de la Cour suprême dans les pays où la Constitution autorise les révisions judiciaires. Cependant, en temps normal, leurs arguments et leurs productions (textes, articles, livres, débats...) doivent être perçus comme des contributions à la culture démocratique des pays libres. Étant donné que c'est dans ce type de culture que les citoyens prennent les idées qui vont former leurs opinions, on peut dire que la contribution des philosophes à la vie démocratique est fondamentale. Toutefois, il serait vain d'en espérer qu'ils règlent tous les problèmes de la société, à commencer par nos problèmes personnels. Leur rôle est plutôt de s'assurer que toutes les dimensions d'un problème donné ont été également perçues par les citoyens et qu'un point de vue ne prédomine pas jusqu'à occulter les autres aspects moraux en cause.

C'est sans doute Daniel Innerarity qui a le mieux dégagé ce que ce constat implique pour la relation pédagogique entre le professeur et l'élève [3]. Freud, rappelle-t-il, croyait qu'il y avait trois professions impossibles : la médecine, la politique et l'éducation. Ce jugement de valeur était fondé sur l'observation du fait que la réussite de l'acte professionnel dans ces disciplines dépendait fondamentalement

---

2 John RAWLS, *Lectures on the History of Political Philosophy*, Cambridge, Massachusetts, Harvard University Press, 2007, p. 3-4.
3 Daniel INNERARITY, *La démocratie sans l'État : essai sur le gouvernement des sociétés complexes*, Paris, Climats, 2006, p. 193-194.

de la liberté d'autrui. Ainsi, le meilleur diagnostic et le meilleur traitement ne servent à rien si le patient n'accepte pas de lui-même de suivre les recommandations du médecin. De même, l'homme politique qui rédige le programme de l'avenir ne peut rien sans les citoyens qui voteront pour lui, et un excellent enseignant ne réussira pas son cours si ses élèves n'acceptent pas par eux-mêmes d'étudier et de bien prendre des notes. Dans toutes ces professions, la plus grande transformation à laquelle le praticien puisse aspirer est donc l'autotransformation de son destinataire. C'est pourquoi il serait illusoire de croire que le médecin puisse guérir la maladie sans le patient, le politicien, changer la société sans les citoyens, et l'enseignant, instruire sans les élèves. Dans le domaine de l'éthique, ce respect de la liberté d'autrui, qui marque les limites de l'intervention pédagogique, incite les philosophes à se contenter de proposer à leurs lecteurs ou à leurs auditeurs des «outils» qui les aideront à mieux articuler et développer leur vie morale. Les arguments des philosophes sont conçus pour servir d'auxiliaires à la réflexion personnelle de leurs lecteurs, non pour la remplacer. Le poids qu'il convient de leur accorder est donc celui d'une autorité au sens que donnait Hannah Arendt à ce terme, c'est-à-dire : moins qu'un ordre, mais plus qu'un conseil. On peut exprimer cette conclusion de manière plus formelle en affirmant que le rôle de la philosophie dans le domaine de l'éthique consiste à alimenter et à soutenir la réflexion des citoyens en les aidant à accomplir les cinq tâches suivantes :

1. Identifier et clarifier les dilemmes moraux auxquels ils font face;

2. Dégager les obligations morales en conflit, c'est-à-dire les devoirs qui s'imposent à eux, mais qui s'opposent entre eux, et font qu'une personne hésite entre plusieurs choix ou qu'elle se sent déchirée intérieurement;

3. Critiquer leurs intuitions morales spontanées, c'est-à-dire leurs idées morales ou leurs sentiments moraux irréfléchis, et prendre une distance par rapport aux émotions et aux préjugés qui affectent leur jugement;

4. Dégager des principes moraux susceptibles de mieux orienter l'action ou la décision;

5. Et, surtout, mieux justifier leurs décisions en communiquant aux autres les raisons qui motivent leurs actions ou leurs choix.

Une deuxième erreur à éviter : détacher la théorie de la pratique

On peut aussi entretenir des attentes excessives envers l'éthique parce que nous avons une fausse conception des rapports entre la théorie et la pratique. On présuppose en effet souvent que l'éthique est détachée de la société dans laquelle nous vivons, qu'elle est en quelque sorte extérieure à la vie et à nos pratiques professionnelles. C'est pourquoi plusieurs personnes pensent qu'il leur suffit de faire venir quelqu'un d'extérieur à leur vie, un expert en éthique, pour réussir à régler leurs problèmes moraux, comme si les valeurs étaient des entités abstraites qu'il leur suffisait de plaquer sur leurs problèmes pour se donner bonne conscience et obtenir un certificat de bonne conduite éthique. Si tel était le cas, tous les problèmes éthiques se réduiraient à des problèmes d'intégration des valeurs, et toutes les solutions seraient des variations autour d'une idée extrêmement dangereuse : forcer les consciences récalcitrantes pour leur inculquer des valeurs qu'elles n'ont pas acquises. Fort heureusement pour nous, l'éthique n'est pas du tout extérieure au cadre de nos vies et à nos pratiques profession-nelles. Pourquoi? Parce que toutes les pratiques professionnelles sont traversées de part en part par des exigences éthiques [4]. Par exemple, en acupuncture, en audioprothèse, en analyses biomédicales et en inhalothérapie, les exigences éthiques sont très présentes puisque toutes ces disciplines ont une même finalité : la santé. On ne peut donc pas dire que la valeur de la santé soit extérieure à ces disciplines, comme si la théorie était séparée de la pratique. Mieux encore : les

---

4 Daniel WEINSTOCK, *Profession, éthicien,* coll. Profession, Montréal, P.U.M., 2006, p. 47.

exigences éthiques ne se trouvent pas seulement déjà pour ainsi dire de manière latente dans les pratiques professionnelles ; elles se trouvent également déjà dans les institutions. Il est clair que la santé est la raison d'être et la finalité des hôpitaux et des laboratoires médicaux. Aussi, si les valeurs se trouvent déjà dans les pratiques professionnelles et dans les institutions publiques, vous allez nous demander pourquoi vous avez besoin d'une formation en éthique.

L'éthique en jeu

La rubrique « L'éthique en jeu » vise à mettre en évidence les intuitions morales que mobilise une théorie éthique et à vérifier la concordance des conclusions d'une théorie avec nos intuitions morales les mieux partagées.

1. Quelles sont les valeurs que véhiculent les pratiques professionnelles suivantes : techniques policières, techniques administratives, sciences humaines et sciences pures ?

2. À quelles institutions correspondent ces pratiques ?

On peut donner au moins trois raisons pour justifier l'existence d'une telle formation :

1. La plupart des professionnels ont rarement le temps de réfléchir aux problèmes éthiques qu'ils éprouvent dans l'exercice de leur profession, et ce, parce que dans le feu de l'action ils doivent souvent agir de manière précipitée.

2. Lorsque ces professionnels réfléchissent aux problèmes éthiques, c'est souvent dans des situations de crise, comme celle de l'épidémie du SRAS à Toronto en 2003 ou celle de l'eau potable à Walkerton en mai 2000. Or, par définition, les situations de crise ne sont pas propices à la réflexion ; il faut le plus souvent attendre d'être sorti d'une crise pour comprendre ce qui s'est passé et quelles sont les erreurs qui ont été commises.

3. Enfin, et surtout, ce qui manque aux gens qui exercent leur profession, c'est le plus souvent le vocabulaire et les concepts qui leur permettraient d'articuler plus clairement leur pensée et, le cas échéant, d'en débattre avec les autres ou de les convaincre de la pertinence de leur point de vue ou de la solution qui leur semble la plus appropriée [5]. Vous allez tous exercer bientôt un métier et, dans le cadre

---

5 *Ibid.*, p. 50.

de ce métier, vous serez non seulement confrontés au public, mais également à vos pairs, à vos collègues et à vos patrons. Qu'allez-vous faire si vous êtes témoins d'un acte de corruption ? Si vous découvrez, par exemple, que l'administrateur de votre département prend des décisions qui vous empêchent de répondre à tous les besoins des bénéficiaires ? Si vous vous apercevez qu'un collègue se promène avec sa tenue professionnelle dans l'autobus alors qu'il y a une épidémie de bactérie *C. difficile* à l'hôpital ? Ou encore, qu'un de vos collègues a décidé de garder pour lui les objets personnels d'un défunt, que la famille n'a pas réclamés parce qu'elle ignorait leur existence ? Et surtout, comment allez-vous justifier votre position devant ceux qui vous demanderont de rendre compte de ce que vous pensez ou de ce que vous aurez décidé de faire ?

Les professeurs d'éthique ne vont pas répondre à ces questions à la place des autres, car, s'ils le faisaient, ils les déresponsabiliseraient. En effet, leur responsabilité se limite à accompagner les personnes dans leur questionnement et à leur fournir les meilleurs «outils» pour les aider à déterminer clairement tous les aspects moraux pertinents d'un problème ou d'une situation éthique donnée. Qu'est-ce que cela présuppose en ce qui concerne la relation entre la théorie et la pratique ? Cela signifie que le rôle de la théorie est moins de censurer la pratique et de la juger de l'extérieur, que de l'éclairer et de la superviser. Son but est de mettre en évidence les exigences éthiques qui se trouvent déjà dans la pratique de l'agent de manière plus ou moins inconsciente et d'amener celui-ci à les prendre explicitement comme fin de son action pour qu'il puisse les assumer en parfaite connaissance de cause. Comment allons-nous tenter d'atteindre cet objectif dans le présent manuel ?

L'éducation morale et les intuitions : un point de départ

Présupposons que nous avons tous des intuitions morales, c'est-à-dire que nous avons déjà acquis des notions morales de manière plus ou moins inconsciente, puisque nous avons tous été éduqués. Nous avons donc tous fait l'objet d'un processus de socialisation au contact de nos parents, amis, camarades d'études et professeurs, et ceux-ci nous ont transmis des valeurs. Cela signifie que nous avons tous le potentiel nécessaire pour résoudre des problèmes moraux et qu'il nous suffit, pour cela, de suivre nos intuitions morales. Pour illustrer cela, essayez de faire les exercices suivants :

L'éthique en jeu

1. Le dilemme du médicament en quantité limitée [6]

Imaginons que vous êtes infirmier et que vous devez soigner cinq patients qui ont tous besoin du même médicament pour ne pas mourir dans les 24 prochaines heures. Le problème est que la quantité de médicament dont vous disposez est limitée et que vous n'avez pas la possibilité de vous approvisionner à l'extérieur. L'un des patients aurait besoin, pour guérir, de la totalité de la dose qu'il vous reste, alors que les quatre autres pourraient en réchapper avec seulement 1/5 de la dose. Quelle décision devriez-vous prendre? Devriez-vous sauver quatre patients en leur administrant, à chacun, 1/5 de la dose ou ne sauver qu'un seul patient en lui donnant la totalité de la dose? Comment justifieriez-vous votre réponse?

2. Le dilemme du pompier

Imaginons maintenant que vous êtes pompier et que vous avez à intervenir sur la scène d'un incendie. Par un cruel hasard, le feu ravage deux duplex voisins. Dans l'un d'eux, quatre inconnus risquent de mourir si vous ne leur portez pas secours; dans l'autre, c'est votre enfant qui risque de mourir si vous ne lui portez pas secours. Présupposons également, ce qui est toutefois peu réaliste, que vous êtes la seule personne qui peut réellement intervenir. Que faites-vous dans une situation de ce genre? Sauvez-vous quatre personnes ou n'en sauvez-vous qu'une seule? Comment justifieriez-vous votre réponse?

3. Le dilemme du chirurgien

Imaginons, pour finir, que vous êtes chirurgien et que votre domaine de spécialisation est la transplantation. Les quatre patients que vous avez à soigner ont tous besoin d'un organe différent. Vous devez donc trouver un donneur dans les 24 prochaines heures si vous voulez les sauver d'une mort certaine. Vous sondez les hôpitaux québécois et canadiens; il n'y a aucun donneur en perspective. Vous faites de même à l'échelle nord-américaine mais sans résultat. Vous lancez alors votre appel sur le continent européen; aucun résultat prévisible. Frustré du fait que vos efforts n'aient pas abouti, vous décidez de sortir de votre bureau pour aller fumer à l'extérieur. En ouvrant la porte, vous réveillez un sans-abri qui profitait de la chaleur de l'hôpital pour adoucir ses jours. Vous l'aidez à se relever et, un peu mal à l'aise, vous décidez de lui offrir

$\longrightarrow$

---

6 Deux de ces exemples sont empruntés à Philippa FOOT, «Le problème de l'avortement et la doctrine de l'acte à double effet», dans Marc NEUBERG, *La responsabilité. Questions philosophiques*, coll. Philosophie morale, Paris, P.U.F., 1997, p. 155-170.

un café dans votre bureau. Une fois sur place, vous commencez à l'examiner. Il est jeune, en parfaite santé et ne possède aucun papier d'identité. Vous savez que vous avez les moyens techniques de prendre ses organes, sans laisser de trace, pour sauver vos quatre patients. Devriez-vous résister à cette tentation? Pourquoi? Comment justifieriez-vous votre réponse?

Ces exemples illustrent que nos intuitions morales empruntent à différentes sources et différentes traditions de réflexion morale. En elle-même, cette pluralité constitue une richesse. Elle peut cependant engendrer des problèmes si l'ensemble de nos intuitions ne forment pas un tout cohérent. Pourquoi est-ce important d'être minimalement cohérent? Quand nous justifions une décision que nous avons prise ou un acte que nous avons commis, nous exposons aux autres ou à nous-mêmes les raisons qui nous ont amenés à agir, et la plupart de ces raisons se réfèrent à des principes. Si l'ensemble de nos intuitions ne forment pas un tout cohérent, nous risquons de nous contredire et de ne pas être capables de bien défendre nos décisions. Est-ce grave de ne pas être cohérent? Cela peut le devenir, car toutes les conceptions de l'éthique comportent des faiblesses ou des angles morts, et de même qu'il y a des accidents dans le monde physique, il peut également arriver dans le monde de l'éthique des «accidents moraux». Pour illustrer cela, on peut comparer le comportement éthique à la conduite automobile. Il va de soi qu'il est imprudent pour un pilote de conduire son véhicule en ignorant ses angles morts. Dans le domaine de l'éthique, il est également dangereux pour tous les agents de suivre aveuglément leurs intuitions morales et leurs principes sans jamais tenir compte de leurs faiblesses, car un tel comportement décuple les risques d'accident.

Les trois principaux courants de réflexion morale

Comment faire alors pour rendre notre réflexion morale plus cohérente? Le plus simple est de prendre le temps de nous arrêter et d'examiner nos intuitions morales à la lumière de la tradition et d'en apprécier les forces et les faiblesses. Nous pouvons en effet considérer qu'il existe en Occident trois grands courants de philosophie morale et que chacun d'eux a cherché à donner une expression systématique à l'une de nos intuitions morales. Ce sont autant d'approches différentes des questions éthiques.

Le conséquentialisme

Le conséquentialisme considère, comme son nom l'indique, que ce sont les conséquences d'une action ou d'une décision qui déterminent la valeur morale de l'action ou de cette décision. Il existe une grande variété de théories conséquentialistes qu'on peut classer selon le critère choisi pour évaluer les conséquences. Toutes les théories conséquentialistes ne sont pas nécessairement des théories éthiques. On peut facilement concevoir qu'un agent évalue les conséquences de son action en fonction de leur capacité à embellir le monde ou de leur capacité à augmenter la connaissance dans le monde. Nous aurions alors un conséquentialisme esthétique ou un conséquentialisme épistémologique. Mais toutes les théories conséquentialistes ont en commun d'évaluer l'action ou la décision morale en fonction du but (*telos*) qu'elle vise et du bien-être des individus affectés par les conséquences de l'action. Dans le présent manuel, nous allons examiner la variante la plus célèbre des théories conséquentialistes, l'utilitarisme, dont nous présenterons trois versions : celles de Jeremy Bentham, de John Stuart Mill et de Peter Singer.

Le déontologisme

Le déontologisme est une approche de l'éthique qui, comme son nom l'indique, est axée sur les droits et les devoirs (*en grec, deontos*) des individus. Son intuition fondamentale est qu'il existe des contraintes morales absolues qui limitent nos possibilités d'action ou nos décisions, peu importent leurs conséquences. L'idée de base est que la valeur morale de nos actions ou de nos décisions repose sur nos obligations mutuelles, à savoir sur ce que nous nous devons les uns les autres et sur notre respect des droits des autres qui en découlent. La version la plus ancienne de cette approche de l'éthique est le décalogue dans l'Ancien Testament. Sa variante la plus célèbre est celle de la philosophie morale d'Emmanuel Kant qui soutient que nos devoirs moraux prennent la forme de commandements absolus que Kant appelle des impératifs catégoriques. Outre l'éthique kantienne, nous aurons l'occasion de nous familiariser avec les versions les plus contemporaines de l'éthique des droits et des devoirs, soit celle de John Rawls et de ses critiques, Robert Nozick, Ronald Dworkin, Philippe Van Parijs, Amy Gutmann, Dennis Thompson et Philip Pettit. Dans ce type d'approche de l'éthique, il n'est jamais permis de porter atteinte aux droits d'autrui sous prétexte que cela engendre les meilleures conséquences, à savoir que cela favorise le bien-être du plus grand nombre, comme vous avez pu le vérifier avec le dilemme du chirurgien (voir à la page 8).

L'éthique des vertus

L'éthique des vertus se distingue des deux approches précédentes en ceci qu'elle se présente comme une sorte d'antithéorie morale. Elle ne croit pas à la possibilité d'élaborer des principes généraux pour guider l'action, car elle soutient que l'importance morale d'une situation dépend de son caractère unique. Son idée de base est que ce sont les traits de caractère des individus et leurs dispositions affectives qui constituent le véritable objet de l'évaluation morale. Par conséquent, elle accorde une grande place aux engagements moraux et affectifs des individus (amis, couple, famille, carrière…) et à tout ce que ces derniers jugent suffisamment important pour s'y investir corps et âme. C'est une conception de l'éthique qui mise sur le jugement personnel des individus plutôt que sur les règles, les normes ou les principes. Elle place au centre de l'évaluation morale la personne plutôt que l'acte. Il s'agit alors de s'interroger sur les motifs qui font que des personnes accordent une valeur morale particulière à ce qu'elles déclarent correspondre à un «bien». Nous étudierons les versions contemporaines que Alasdair MacIntyre, Charles Taylor et Amartya Sen ont donné de cette approche de l'éthique.

Les trois approches dont nous venons de parler présentent toutes des problèmes et des difficultés, des angles morts. Nous allons les exposer systématiquement et sans relâche tout au long de notre parcours, non pas pour que vous vous imaginiez qu'il n'y a pas de théorie parfaite, mais plutôt pour que vous compreniez que lorsque l'on éprouve une difficulté avec une théorie, la chose à faire n'est pas de se débarrasser de la théorie sous prétexte qu'elle n'est pas «bonne». La bonne attitude à prendre consiste plutôt à essayer d'améliorer la théorie en suggérant des modifications constructives et innovatrices pour la rendre plus conforme à nos intuitions morales et corriger le problème.

Le but de ce manuel est de vous donner une formation fondamentale en éthique contemporaine en présentant les grandes lignes des trois approches de l'éthique, que nous venons de mentionner, et en confrontant ces théories à des situations problématiques. Nous allons consacrer approximativement un chapitre à chacune des trois approches de l'éthique avant d'aborder le domaine des applications où nous retrouverons ces trois approches appliquées aux problèmes éthiques créés, entre autres, par la mondialisation.

L'évaluation éthique

Que pourra-t-on attendre de vous à la suite de la formation que vous aurez reçue en lisant ce manuel et en faisant les exercices de réflexion que celui-ci propose? Principalement, que vous soyez en mesure de justifier les opinions morales que vous défendrez de manière cohérente; autrement dit, que vous développiez et sachiez utiliser une nouvelle habileté intellectuelle, qui consiste à produire une argumentation susceptible de fonder vos croyances morales.

La méthode de l'équilibre réfléchi

Pour avoir la capacité d'argumentation dont nous venons de parler, vous devrez, toutefois, être en mesure d'appliquer la méthode de l'équilibre réfléchi développée par le philosophe états-unien John Rawls. Cette méthode consiste à prendre nos principes théoriques et à les mettre à l'épreuve en vérifiant si nous sommes effectivement prêts à défendre toutes les implications de nos principes théoriques dans différentes situations concrètes. Par exemple, un individu pourrait défendre le principe du caractère sacré de la vie humaine et nous déclarer que c'est la raison fondamentale pour laquelle il s'oppose à l'avortement. Pour être certain que cet individu passe le test de l'équilibre réfléchi, nous pourrions d'abord lui demander s'il est vraiment contre l'avortement quand la santé de la mère est menacée, ensuite s'il est contre le suicide assisté dans les cas de cancers en phase terminale et, enfin, s'il est contre la guerre. Si la personne nous répond qu'elle croit qu'il peut y avoir des cas d'avortements moralement justifiables, des guerres justes et des cas d'euthanasie qui sont moralement justifiables, elle devra nous expliquer quelles sont les raisons qui l'amènent à nuancer les applications de son principe et, le cas échéant, à peut-être modifier la formulation de son principe. De cette manière, sa pensée sera plus en accord avec ses intuitions morales. Appliquer la méthode de l'équilibre réfléchi implique donc que, dans un cours d'éthique, ce ne soient pas vos convictions personnelles qui constituent la base de l'évaluation. Ce n'est pas votre opinion que le professeur évalue, mais les raisons que vous avancez pour la justifier et la défendre, à savoir vos arguments. Cela implique également que nous admettions que toutes les questions que nous allons aborder soient des questions ouvertes et que, par conséquent, elles doivent faire l'objet d'un débat démocratique. Cela ne veut pas dire, cependant, que toutes les argumentations se valent. Les sophismes, par exemple, ne sont pas des arguments qui peuvent suffire à justifier une opinion. Il vaut la peine que nous examinions tout de suite l'un d'entre eux parce qu'il revient très souvent dans les débats éthiques: c'est le sophisme de la pente glissante ou de la pente savonneuse.

L'argument de la pente glissante et le problème des zones grises de l'éthique

L'argument de la pente glissante consiste à soutenir que si l'on commence à faire X, cela risque de nous conduire directement à Y, et ce, par un effet de glisse ou de cascade. La personne qui émet cet argument considère qu'il faut absolument éviter de se rendre jusqu'à Y. Par exemple, dans le débat sur l'avortement, un individu pourrait tenir le discours suivant : si on commence à autoriser l'avortement thérapeutique à compter de la 12e semaine, on sera inévitablement conduit à autoriser l'avortement de confort, car la distinction entre l'avortement thérapeutique et l'avortement de confort deviendrait arbitraire. On finira donc par vivre dans une société eugénique. Cet individu commet une erreur qui est facile à comprendre : il confond une simple probabilité avec une relation de causalité. Mais, pour que celle-ci soit pleinement instructive, il est nécessaire d'en approfondir la structure avec la complicité de Bernard Williams [7].

L'argument de la pente glissante intervient dans un débat quand la question éthique à traiter comporte une importante zone grise. C'est le cas toutes les fois où cette question prend la forme logique d'un sorite, comme le paradoxe du tas. Considérons, par exemple, un tas de sel. Il est évident pour tout le monde qu'il y a une différence claire et nette entre un grain de sel et un tas de sel. Mais entre ces deux extrêmes, il existe un certain flou dont on peut faire l'expérience en se demandant combien de grains de sel il faut pour constituer un tas de sel. En faut-il deux, trois, quatre... sept, huit, neuf, dix ? Au moins une centaine ? Plus de mille ? Il semble, à première vue, impossible de répondre à cette question de manière non arbitraire. Et c'est précisément de cette impossibilité apparente que l'argument de la pente glissante tire sa force. La stratégie de la personne qui l'utilise consiste à vouloir limiter le débat au début ou à la fin de la série, là où les choses sont claires pour tout le monde. Mais cela veut également dire là où il n'y a pas de problème éthique ! Faire appel à l'argument de la pente glissante équivaut, en réalité, pour un individu, à un refus d'engager sa responsabilité personnelle en explorant la zone grise qui fait qu'il a un véritable problème éthique à affronter.

Ce refus, qu'on pourrait admettre à titre de signal d'alarme [8], peut tenter de se justifier de deux manières : soit sous une forme logique, soit sous une forme sociologique. Sous sa forme logique, le contenu de l'argument de la pente glissante se laisse ramener à une implication : le principe qui autorise à faire X, le premier terme de la série, doit également s'appliquer logiquement au dernier terme de la série,

---

7 Bernard WILLIAMS, *La fortune morale : moralité et autres essais*, coll. Philosophie morale, Paris, P.U.F., 1994, p. 337-351.
8 Peter SINGER, *Questions d'éthique pratique*, Paris, Bayard, 1997, p. 84.

soit Y. Sous sa forme sociologique, le contenu de l'argument se réduit à une question psychologique : même s'il est vrai que dans les faits X est distinct de Y, les individus auront tendance dans leur vie quotidienne à les confondre, étant donné la manière dont est organisée la vie sociale et dont fonctionne la psychologie humaine.

Un exemple : la question de l'avortement

Illustrons cela à l'aide de la question de l'avortement. Cette question correspond en tous points à la structure d'un sorite : il existe une différence claire et nette entre un œuf fécondé et un bébé (un être humain) de neuf mois, mais il est difficile d'établir à partir de quel nombre de cellules précis un œuf fécondé devient un être humain. C'est pour éviter d'avoir à proposer et à justifier eux-mêmes un critère autorisant l'avortement que ceux qui s'opposent à cette pratique font appel à l'argument de la pente glissante. Ils peuvent vouloir dire que le principe qui autorise la mère à avorter d'un œuf fécondé devrait en toute logique également s'appliquer au bébé de neuf mois et justifier l'infanticide. Ils contesteront donc la possibilité même d'établir une distinction entre X et Y. Toutefois, leur argument pourrait aussi consister à admettre qu'il existe effectivement une différence entre l'avortement thérapeutique et l'avortement de confort, mais que dans les faits, si l'on autorise le premier, les gens finiront par le confondre avec le second. Ce qui est alors visé, c'est l'efficacité de la distinction entre X et Y. Si l'on fait une exception pour X, les gens admettront aussi Y et ils iront ainsi d'exception en exception sans pouvoir s'arrêter.

Le problème avec cet argument est qu'il est faux. En effet, il n'est pas vrai de dire qu'une société ne peut établir de limite pour l'avortement thérapeutique sans tomber dans une pente glissante. Ce n'est pas parce que la société accepte de légiférer pour des cas exceptionnels, c'est-à-dire d'explorer la zone grise, qu'elle détruira automatiquement la règle en vigueur. Il n'est pas vrai non plus, comme le prétend l'argument de la pente glissante, qu'il est impossible de faire des distinctions significatives entre deux points apparemment indiscernables d'un continuum. Même si A semble se confondre avec B et B semble se confondre avec C, il n'en découle pas logiquement que A est C. Il faut donc refuser d'admettre l'argument de la pente glissante et avoir le courage d'explorer les zones grises des problèmes éthiques, que l'on rencontre, pour proposer des principes clairs et publiquement justifiables. Et l'on ne pourra s'acquitter de cette exigence qu'en respectant deux conditions :

1. En établissant une distinction raisonnable entre les cas acceptables et ceux qui ne le sont pas ;

2. En établissant des limites sur le plan institutionnel pour prévenir les abus.

Les distinctions de base en éthique[9]

Les domaines de l'éthique

L'éthique est un domaine très vaste de la philosophie qui comprend trois champs d'investigation : la méta-éthique, l'éthique normative et l'éthique appliquée. Mais avant de définir chacun de ces champs d'investigation, nous pourrions croire qu'il existe une distinction fondamentale entre l'éthique et la morale. D'un point de vue étymologique, il n'y en a aucune. Ces termes signifient tous deux : mœurs, habitudes de vie et coutumes. La seule différence entre les deux est que le mot « éthique » est né de la racine grecque *ethos* et que le mot « morale » dérive du mot latin *mores*.

9 Monique CANTO-SPERBER, *La philosophie morale britannique*, coll. Philosophie morale, Paris, P.U.F., 1994, p. 11-102 ; Monique CANTO-SPERBER et Ruwen OGIEN, *La philosophie morale*, 2e éd., coll. Que sais-je ?, Paris, P.U.F., 2006.

Cependant, la plupart des penseurs n'en restent pas là et distinguent très souvent l'éthique de la morale en soutenant que l'éthique est une réflexion sur les pratiques, principes, normes et valeurs particulières de la morale. En ce sens, il y aurait des morales particulières, par exemple : la morale chrétienne, la morale romaine, la morale grecque, la morale musulmane, et une éthique dans la mesure où celle-ci prendrait plus systématiquement en charge l'exigence d'universalité propre à la morale. Mais cette distinction est déjà elle-même le fruit d'une réflexion sur les concepts de l'éthique, c'est-à-dire une prise de position dans un domaine qu'on appelle la « méta-éthique ». Il importe donc que l'on examine davantage les domaines de spécialisation de l'éthique.

Pour comprendre la distinction entre les champs d'investigation ou les champs de spécialisation de l'éthique, on peut les associer grossièrement à l'évolution historique de l'éthique au XXᵉ siècle, à condition de se référer aux années comme à de simples points de repères qui marquent des sommets d'activité dans les champs en question plutôt que leur disparition.

La méta-éthique : 1900-1950

Pendant la première moitié du XXᵉ siècle, les philosophes anglais ont d'abord tenté d'établir l'autonomie de l'éthique comme discipline spécifique de la philosophie. Pour cette raison, ils ont concentré l'essentiel de leur réflexion sur des problèmes théoriques et, plus spécifiquement, sur les problèmes de langage. Leur but était de montrer ce qui distingue la connaissance morale des autres types de connaissance (scientifique, politique, théologique…) et d'établir la spécificité du jugement moral en comparant les énoncés éthiques aux autres types d'énoncés. Quand nous disons, par exemple, « il est bon pour la santé de manger des fruits » et « Pierre a posé un bon geste en pardonnant à son frère », qu'est-ce qui distingue l'usage que nous faisons du mot « bon » dans ces deux phrases ? Dans la première, « bon » a une portée descriptive, car nous nous contentons de constater et de rapporter un fait. Dans la seconde, nous procédons à une évaluation et, par conséquent, nous donnons à ce mot une connotation morale. Mais que signifie précisément ce second sens du mot « bon » qui le distingue des autres énoncés non moraux ? C'est ce type de problème qui intéresse la méta-éthique.

Le présupposé de la méta-éthique est qu'avant même de pouvoir agir moralement, il est nécessaire de comprendre comment fonctionnent nos concepts moraux, c'est-à-dire qu'il faut connaître et préciser le type de validité des jugements moraux. Les questions morales pratiques sont donc mises entre parenthèses ; elles sont temporairement suspendues, car ce qui importe, c'est d'abord l'effort théorique qui vise à préciser la spécificité de l'éthique, ce qui distingue ce domaine des autres champs du savoir humain.

Sur la question de la validité des jugements moraux, les méta-éthiciens défendent habituellement l'une des quatre positions suivantes : le réalisme, l'émotivisme (ou subjectivisme), le rationalisme et le réalisme.

Le réalisme

Les adeptes du réalisme considèrent que les propriétés morales sont aussi objectives que les propriétés physiques du monde. Ils admettent, par conséquent, que notre intuition nous permet de les appréhender les unes autant que les autres. Cela signifie qu'il est aussi simple et facile, selon eux, d'établir la valeur de vérité d'un jugement moral que celle d'un jugement de fait. En effet, nos sens et notre raison nous permettent de vérifier qu'il pleut dehors. Par conséquent, ils nous permettent également de vérifier que l'adultère est mal. C'est une position cognitiviste et objective.

L'émotivisme (ou subjectivisme)

Certains auteurs estiment que les jugements moraux n'expriment que des attitudes ou plus exactement des sentiments de réprobation ou d'approbation que les personnes éprouvent devant une action ou le comportement d'un autre individu. Selon eux, tous les jugements moraux sont des jugements de valeur. Il en découle que les jugements moraux ne correspondent pas à la réalité extérieure ; ils ne décrivent que les émotions qu'éprouve le sujet qui juge. Par conséquent, il est impossible d'en établir la valeur de vérité. C'est une position subjectiviste et anticognitiviste.

Le rationalisme

Les adeptes du rationalisme admettent, comme les émotivistes, que les jugements moraux ne correspondent pas à la réalité du monde extérieur, mais, contrairement à eux, soutiennent que ces jugements expriment des prescriptions que nous dicte la raison, comme celle-ci nous dicte les règles mathématiques. L'idée de base ici est que, de la même façon que les axiomes et les règles mathématiques sont inscrites dans la raison humaine (par exemple, les règles de l'addition [2 + 2 = 4]), les règles morales telles que « tu ne dois pas tuer » ou « tu dois respecter la liberté des autres » y seraient également inscrites. Par conséquent, même si les jugements moraux sont des jugements subjectifs, ils sont quand même universels, car tous les êtres humains ont la même raison.

Le relativisme

La position du relativisme est la plus répandue dans la société actuelle. Elle consiste à soutenir que les jugements moraux dépendent fondamentalement de la société à laquelle nous appartenons. Étant donné que chaque société possède ses propres valeurs, il est impossible d'établir la valeur de vérité des jugements moraux. Selon ce point de vue, une pratique telle que l'esclavage serait considérée comme morale si les individus qui vivent dans cette société partageaient ce jugement. Le problème avec cette position est qu'elle est incapable de rendre compte du progrès moral et qu'en ce sens, elle est incohérente. Comment expliquer, par exemple, qu'aujourd'hui, on considère que l'esclavage est une pratique sociale immorale? Pour abolir cette pratique, il a fallu que des individus jugent que cette pratique était immorale même lorsqu'elle était largement partagée par l'ensemble de la société et qu'ils militent pour qu'on y mette fin. Or, selon le relativisme, ces individus auraient eu tort à leur époque et ils seraient dans le vrai à la nôtre. Une même position ne peut pas être vraie et fausse à la fois et sous le même rapport sans devenir incohérente.

L'éthique normative : de 1960 à nos jours

Vers le milieu des années 1950, plusieurs philosophes (Elizabeth Anscombe, Philippa Foot et Geoffrey Warnock) ont remis en question la méta-éthique en montrant que la distinction entre les jugements de fait et les jugements de valeur n'était pas aussi étanche que les méta-éthiciens avaient tenté de nous le faire croire. Plus spécifiquement, on s'est aperçu qu'on ne pouvait pas aussi facilement séparer la description de l'action de la recommandation d'agir. Par exemple, si un individu est en train de se noyer et que des personnes qui le voient hésitent à lui porter secours, quelqu'un pourrait déclarer dans cette situation que «ce serait courageux de lui porter secours». Mais il est difficile de croire que cette personne ferait un simple constat et qu'elle prétendrait que personne ne devait porter secours à l'individu en train de se noyer.

La philosophie est ainsi revenue vers l'action et les questions morales plus pratiques. L'éthique normative tente de répondre à la question «Que dois-je faire?», et, comme son nom l'indique, la réflexion théorique qu'elle propose porte sur les normes, les règles de comportement, les principes ainsi que les droits ou devoirs qui orientent l'action et la décision morale. Par exemple, l'équité, la justice, la solidarité, l'égalité sont des normes morales [10], mais toutes les normes ne sont pas nécessairement morales. Ainsi, si vous allez vous faire confectionner un vêtement, chez un tailleur, par exemple, celui-ci prendra vos dimensions, la largeur de vos épaules, le tour de votre taille et ainsi de suite, et ces mesures lui serviront de normes à respecter dans la fabrication de votre vêtement. Mais ce ne seront que des normes techniques [11]. Les lois et les règles de conduite, comme la limite de vitesse sur les autoroutes, sont également des normes qui ne sont pas

---

10 Certaines personnes pourraient penser que ce sont en réalité des valeurs. Mais ce qui distingue une norme d'une valeur est le fait que la première est toujours limitée – parce qu'elle a généralement fait l'objet d'une codification – alors que la portée d'une valeur est absolue.

11 Nous empruntons cet exemple à Christian NADEAU, *Justice et démocratie: une introduction à la philosophie politique*, coll. Paramètres, Montréal, P.U.M., 2007.

nécessairement morales. Vous risquez très certainement d'être arrêté et de recevoir une contravention si vous ne respectez pas la limite de vitesse permise, mais, à la différence de la violation d'une norme légale, la violation d'une norme morale n'entraîne pas de sanction publique administrée par des institutions. Elle se traduit habituellement par une sorte de trouble intérieur, un sentiment de honte associé au fait d'être l'objet d'une désapprobation sociale ou d'un jugement négatif de la part d'autrui. Les questions qui suivent sont des questions d'éthique normative : Qu'est-ce qu'une société juste ? Est-il mal d'avorter ? Quels sont les droits fondamentaux des êtres humains ? Qu'est-ce qu'une bonne personne ? Quels sont les biens les plus importants dans la vie ? Qu'est-ce qu'une vie accomplie ? La justice sociale est-elle compatible avec l'inégalité ? Avons-nous l'obligation morale d'accueillir tous les réfugiés et tous les immigrants ? Peut-on justifier moralement l'existence des frontières ? Existe-t-il des guerres moralement justes ?

L'éthique appliquée : de 1960 à nos jours

Les années 1960 ont été une grande période de bouleversements sociaux, politiques et technologiques. C'est la grande époque de la décolonisation, du mouvement pour les droits civiques aux États-Unis, de la révolution sexuelle, de la guerre du Vietnam, de la course aux armements nucléaires et du sommet de la guerre froide avec la crise de la baie des Cochons à Cuba. Mais c'est aussi à cette époque que l'on a créé le premier respirateur artificiel et qu'on a procédé à la première transplantation cardiaque. Ces nouvelles pratiques sociales et les progrès technologiques ont eu pour effet de soulever de nouvelles questions éthiques, absolument inédites. Par exemple, la question de l'acharnement thérapeutique ne pouvait pas se poser avant que l'on invente le premier respirateur artificiel. À partir de quel moment un individu est-il réellement mort ? À partir de quel moment l'acte médical qui permet de prolonger la vie devient-il de l'acharnement ? Une autre question inédite est apparue à cette époque : celle du don d'organes. Avons-nous le devoir moral de donner nos organes à notre mort ? Est-ce que l'État devrait avoir le droit de les prélever de manière automatique ? Ces questions ne pouvaient pas se poser avant que la médecine ne soit en mesure de pratiquer la transplantation et la greffe d'organes.

Étant donné que ces questions étaient entièrement nouvelles, les philosophes ont été de plus en plus sollicités pour donner leur opinion ou leur avis sur les sujets d'actualité, surtout dans le domaine biomédical. Ils ont été invités à participer à des comités, et on leur a offert des postes dans de nouvelles institutions prestigieuses créés pour l'occasion, comme le Kennedy Institute et le Hastings Center, aux États-Unis. Les philosophes ont également réagi en sortant de leur tour d'ivoire et en fondant de nouvelles revues pour discuter des questions du jour. C'est ainsi qu'est née, petit à petit, l'éthique appliquée. Elle comprend trois champs de recherches principaux : la bioéthique, l'éthique des affaires et l'éthique des soins. Étant donné que plusieurs problèmes rencontrés dans ces domaines aujourd'hui ont une dimension internationale, nous pouvons y ajouter l'éthique des relations internationales.

Mais appliquer des théories éthiques à des cas concrets ou à des problématiques morales complexes pose le problème des rapports entre la théorie et la pratique avec lequel nous avions commencé le présent chapitre. Il faut comprendre, ici, qu'appliquer une théorie en éthique n'est pas comme appliquer un théorème à la résolution d'un problème en mathématique. Il n'est tout simplement pas vrai qu'une seule formule puisse servir à résoudre tous les problèmes du même type, et ce, parce que dans une situation réelle, la perception des caractéristiques particulières de la situation par différents acteurs fait elle-même partie des données éthiques du problème à résoudre. Par conséquent, on doit tenir compte de la description de la situation et des intuitions de tous les acteurs devant ce cas. Il en découle qu'il ne peut y avoir d'application directe d'une théorie éthique à un cas particulier. Prendre réellement la situation en considération implique que la théorie soit informée par la pratique au moins autant qu'elle informe la pratique, l'objectif étant d'atteindre une sorte d'équilibre entre la pratique et la théorie, c'est-à-dire entre la description de cette situation spécifique, les intuitions des acteurs par rapport à la situation et les exigences de cohérence de la théorie.

Les familles de théories éthiques

On peut regrouper les trois approches de l'éthique que nous avons décrites précédemment en deux grandes catégories en fonction de la manière dont procède le raisonnement moral dans chacune de ces approches : les éthiques du juste et les éthiques du bien (voir le tableau I.2).

TABLEAU I.2 **Les familles de théories éthiques et les courants qui y correspondent**

Éthiques du juste	Éthiques du bien
Déontologisme et conséquentialisme	Éthique des vertus
• Idéal moral impératif	• Idéal moral attractif
• Devoir	• Modèle à imiter
• Règle de la raison	• Désir informé

Les éthiques du juste[12]

Dans les éthiques du juste, l'idéal moral à atteindre se présente sous la forme d'un impératif. C'est un ordre ou un commandement que les agents moraux doivent absolument mettre en pratique. Par exemple : « Tu ne tueras point. » Le devoir moral des agents consiste à prendre ce commandement comme une règle d'action et à y soumettre leur conduite. Cela implique que les agents moraux n'ont pas à consulter leurs désirs. La seule chose qui importe est qu'ils suivent la règle. Leur action est juste quand elle est conforme à la règle et elle est mal quand elle est n'est pas conforme à la règle. L'approche conséquentialiste et l'approche déontologique font toutes les deux partie des éthiques du juste. Dans la première, la règle d'action à suivre est déterminée par les conséquences de l'action sur le bonheur du plus grand nombre de personnes, comme dans le dilemme du médicament en quantité limitée (voir à la page 8). Dans la seconde, ce sont les interdits moraux que doivent respecter les agents qui constituent la règle d'action à laquelle ceux-ci doivent soumettre leur action, comme nous l'avons vu dans le dilemme du chirurgien (voir à la page 8). Étant donné que, dans les éthiques du juste, la théorie ne tient pas compte des désirs des agents, les problèmes éthiques deviennent des problèmes de conscience. Les agents sont déchirés entre ce qu'ils savent qu'ils doivent faire, le sentiment de leur devoir, et leurs désirs ou leurs inclinations.

Les éthiques du bien

Les éthiques du bien présentent, au contraire, leur idéal moral sous une forme attractive. Ces théories misent sur une stratégie de séduction pour inciter les agents à se comporter moralement. C'est pourquoi elles leur proposent un idéal de vie qui correspond à leurs désirs bien informés qu'on appelle « un bien ». Ce bien est le but ultime (*telos*) que les agents moraux cherchent à atteindre et qui leur permettrait de considérer qu'ils ont réussi à devenir des êtres humains parfaitement accomplis ou, ce qui revient au même, de considérer qu'ils ont réussi à mener une vie bonne. On aura deviné qu'il s'agit du bonheur. Un des problèmes récurrents avec cette façon de concevoir l'éthique est qu'elle suppose une très forte homogénéité culturelle. Elle paraît donc mal adaptée aux conditions de vie moderne. La question de l'idéal de vie que l'on souhaite atteindre pose en effet celle du meilleur genre de vie à mener. Est-ce la vie de l'artisan, du commerçant, de l'athlète, du politicien ou du philosophe ? Et cette question présuppose que les individus disposent du même modèle à imiter pour développer les vertus ou les traits de caractère qui correspondent à l'idéal qu'ils poursuivent. Cette condition ne peut être remplie que dans de très petites communautés. L'éthique des vertus fait partie de l'éthique du bien.

---

12 Charles LARMORE, *Modernité et morale*, coll. Philosophie morale, Paris, P.U.F., 1993, p. 43-69.

1. Pourquoi est-ce une erreur de s'attendre à ce que les philosophes qui enseignent l'éthique soient des sages?

2. Formulez vous-même un dilemme moral où ce sont les conséquences qui sont moralement déterminantes.

3. Formulez vous-même un dilemme moral où c'est le respect des interdits moraux qui est moralement déterminant.

4. Formulez vous-même un dilemme moral où ce sont les engagements moraux partiaux des individus qui sont moralement déterminants.

5. Formulez un exemple d'argumentation qui fait appel à la méthode de l'équilibre réfléchi.

6. Trouvez trois problèmes éthiques dont la forme ressemble à celle d'un sorite.

7. Construisez un argument de style pente glissante à propos d'un des trois problèmes du numéro précédent.

8. Quel est l'objet de la méta-éthique?

9. Qu'est-ce qui distingue l'éthique normative de l'éthique appliquée?

10. À partir de ce que vous savez des caractéristiques des trois approches de l'éthique et de la distinction entre l'éthique du juste et l'éthique du bien, proposez une autre façon de classer en deux catégories les trois approches de l'éthique.

Chapitre 1

Les approches conséquentialistes

« Il est de l'intérêt du loup que les moutons soient gras et nombreux. » *Jeremy Bentham*

L es théories conséquentialistes se reconnaissent facilement au fait qu'elles soutiennent que la valeur morale de nos actions dépend de leurs conséquences et non de l'intention avec laquelle nous agissons ou de notre caractère. Par exemple, pour savoir si nous devons prendre notre automobile ou l'autobus pour nous rendre au collège demain, nous n'avons qu'à examiner les effets de chacune de ces deux possibilités. Si ceci nous dit comment évaluer moralement nos actions, cela ne nous explique pas encore comment évaluer leurs conséquences. Le critère auquel nous faisons le plus souvent appel pour remédier à cette lacune est « l'utilité ». C'est pourquoi l'utilitarisme est l'une des théories conséquentialistes les plus populaires. Mais ce n'est pas la seule possible. Nous pouvons facilement imaginer que les conséquences d'une action soient évaluées en fonction de leur beauté ou de leur capacité à augmenter les connaissances. Nous aurions alors des théories conséquentialistes esthétiques ou épistémologiques.

Dans le présent chapitre, nous aborderons uniquement l'utilitarisme. Plusieurs penseurs ont contribué au développement de cette théorie, entre autres, Jeremy Bentham, John Stuart Mill, Henry Sidgwick, Richard Brandt, John Harsanyi, Richard Hare, David Lyons, J.J.C. Smart, Peter Singer, Thomas Scanlon et, pour le droit, J. Austin et H.L.A. Hart. Afin de mieux faire comprendre la force et les faiblesses de cette façon de concevoir l'éthique, nous distinguerons trois phases dans son élaboration : l'utilitarisme classique, l'utilitarisme révisé et l'utilitarisme contemporain.

L'éthique en jeu

Le 17 mai 2007, l'Institut du Nouveau Monde annonçait qu'il dirigeait une grande enquête sur le bonheur des Québécois. Il voulait vérifier si l'État québécois faisait tout ce qui est en son pouvoir pour mettre en place les conditions nécessaires au bonheur de la population. Or, cette démarche soulève au moins trois questions :

1. Est-il raisonnable de croire que les politiques sociales de l'État affectent le bonheur des individus ?

2. L'État devrait-il faire du bonheur de la population le principal objectif de ses politiques publiques et pourquoi ?

3. Comment l'État devrait-il évaluer le bonheur ou le bien-être de la population ? Est-ce qu'une mesure comme le PIB est un bon indicateur du bien-être de la population d'un pays et pourquoi ? Y a-t-il d'autres indicateurs que le gouvernement devrait prendre en considération et pourquoi ?

Bentham et la fondation de l'utilitarisme classique

Le projet philosophique de Bentham voit le jour dans le cadre de ses études de droit. Pour comprendre comment Bentham en est venu à fonder l'utilitarisme classique, il faut saisir le lien entre sa volonté de réformer le droit et les problèmes éthiques. Nous commencerons donc par exposer son projet de réforme du droit. Nous verrons ensuite sur quelles bases il entend fonder son éthique, sa conception du raisonnement moral et, pour conclure, nous nous livrerons à une évaluation critique de sa conception de l'éthique. En quoi la tentative de construire un droit idéal implique-t-elle de faire appel à l'éthique ?

Jeremy Bentham (1748-1832)

Philosophe, juriste et réformateur britannique né à Spitalfields (Londres). Après avoir étudié le droit auprès de William Blackstone à Oxford, il est reçu avocat. Toutefois, il se détourne de la pratique et décide de consacrer sa vie à la réforme du droit pénal et à la critique du soubassement lockéen de la philosophie juridique de Blackstone. Ses amis l'incitent également à s'intéresser aux problèmes constitutionnels et à la démocratie parlementaire. C'est chez les penseurs français Voltaire, Maupertuis, Montesquieu et, surtout, Helvétius, qu'il puise son inspiration. De ses lectures, il conserve un goût marqué pour la méthode, une saine horreur des préjugés et la pose du libre-penseur, une attitude qu'il gardera toute sa vie. C'est dans cet esprit qu'il ordonnera que l'on dissèque son cadavre trois jours après sa mort pour le progrès de la science, qu'on le momifie et qu'on installe son corps dans le hall de l'University College, à Londres. Parmi ses œuvres les plus importantes, on compte *Un fragment sur le gouvernement* (1776), *Introduction aux principes de la morale et de la législation* (1789) et *Déontologie* (1834).

La réforme du droit et la critique de l'ipsedixitisme[1]

À la suite du grand juriste français Claude-Adrien Helvétius (1715-1771), Bentham considère que le problème moral fondamental qui se pose au législateur prend la forme suivante : comment, en prenant les hommes tels qu'ils sont, peut-on les amener à faire ce qu'ils devraient faire ? C'est dire que Bentham est à la recherche

---

1 Attitude dogmatique qui consiste à faire appel à l'autorité pour justifier une évaluation morale : il dit que c'est ainsi, donc cela est bien (ou mal) parce qu'il le dit.

d'une éthique publique et non d'une éthique personnelle, comme on présente souvent à tort l'utilitarisme. Bentham présuppose d'entrée de jeu, comme Thomas Hobbes (1588-1679) avant lui, que par nature les individus recherchent leur propre intérêt. En tentant d'augmenter de cette manière leur propre bonheur, ceux-ci ne font donc rien de mal. Le problème vient du fait que la satisfaction de leur propre intérêt entraîne trop souvent une réduction du bonheur des autres que rien ne permet de compenser. C'est pourquoi celui qui fait les lois, le législateur, doit intervenir et faire en sorte que chaque individu agisse comme il devrait, c'est-à-dire dans l'intérêt de tous. Pour Bentham, cela implique que le législateur doit recourir au châtiment. Quand il châtie ou sanctionne une action jugée indésirable, par exemple un vol, un meurtre ou un viol, le législateur dissuade l'individu de la commettre. L'individu puni est évidemment malheureux, mais cet effet négatif est compensé par le bonheur des autres, celui des personnes qui pourraient être victimes de ce comportement indésirable. Bentham est convaincu que l'État peut défendre un système politique reposant sur la propriété privée, qui contribuerait à augmenter le bonheur du peuple en mettant en place une telle conception positiviste du droit pénal. Mais, pour cela, il faut d'abord bien connaître les deux éléments que le législateur doit réunir : l'intérêt et le devoir. Or, pour les connaître, il faut être capable de les définir, ce qui veut dire, pour un disciple de John Locke (1632-1704) comme l'est Blackstone, le maître de Bentham, être capable de les ramener à des idées simples reliées à des objets directement perçus par les sens.

En appliquant cette approche aux grands textes du droit anglais de son époque, Bentham s'aperçut que la plupart des notions qu'ils contenaient étaient des entités fictives. Au lieu de définir clairement l'intérêt et le devoir des individus, ces textes étaient en effet truffés d'expressions telles que « le droit naturel », « la loi naturelle », « la justice naturelle » ou encore « la loi de la raison », dont le rôle était d'expliquer le caractère indésirable de certains comportements. L'homosexualité, par exemple, était considérée comme un crime, parce qu'il s'agissait d'un comportement qui allait à l'encontre de la loi de la nature. Or, Bentham considère que la Nature ou la Raison sont des notions abstraites, des notions fourre-tout auxquelles on peut faire dire n'importe quoi. Par conséquent, ce sont des notions qui n'expliquent absolument rien, car il est impossible de les relier à des objets directement perçus par les sens. Affirmer que l'homosexualité est un comportement qui ne respecte pas la loi naturelle revient donc à dire que c'est un comportement immoral simplement parce que je le dis tel (en latin : *per ipse dixit*)! Ce qui scandalise Bentham dans le droit de son époque, c'est le grand arbitraire qui est ainsi laissé au législateur dans l'évaluation de la moralité des comportements et dans la dé-termination des sanctions. Si le législateur juge que l'homosexualité viole la loi naturelle, il peut également décider qu'un emprisonnement d'une durée de 3, 5 ou 10 ans est la sanction appropriée à ce type de comportement. Cela revient à dire que toute personne qui manifeste une attirance suspecte envers un individu du même sexe mériterait donc d'être jetée en prison! On voit tout de suite les limites d'une telle façon de penser. Si le législateur est assez puissant pour imposer ses valeurs, il sera un véritable despote, et les entités fictives comme la «loi naturelle» lui serviront de masque pour dicter ses caprices à la population. Si, au contraire, les jugements du législateur sont contestés, on risque de sombrer dans l'anarchie, car chacun voudra faire valoir ses propres valeurs, et le législateur n'aura aucun moyen de les concilier. Pour sortir de l'arbitraire, Bentham estime que le législateur doit disposer d'un critère externe, c'est-à-dire d'un critère objectif qui lui permettra d'évaluer la moralité des comportements et de déterminer les sanctions. C'est dans cette perspective qu'il a l'idée de faire appel à la science. En effet, à ses yeux, la méthode expérimentale présente l'avantage incontestable de s'appuyer sur des faits plutôt que sur des notions abstraites pour établir ses conclusions. On peut donc espérer qu'elle établisse un pont entre les idées simples de bien et de mal et les objets perçus directement par les sens. Afin de pouvoir mener à terme sa réforme du droit, Bentham doit donc être en mesure de déterminer objectivement l'intérêt et le devoir des individus, et c'est pour atteindre ce but qu'il en vient à concevoir le projet d'une science de la morale. Du droit, sa pensée se tourne ainsi vers le domaine de l'éthique.

Le fondement naturaliste de l'éthique : la sensibilité

Étudier le comportement humain à l'aide de la méthode scientifique implique de limiter nos observations au domaine de l'expérience. Or, que remarquons-nous quand nous observons l'être humain agir au quotidien? La première chose qui frappe notre esprit est que l'être humain est un être sensible. En effet, ce qui le distingue d'une pierre ou d'un meuble, c'est qu'il est capable de ressentir du plaisir et de la douleur. Il a donc un intérêt à ne pas souffrir ou à ressentir du plaisir. Une pierre ou un meuble n'ont pas d'intérêts moraux, car ils ne ressentent rien. La seconde chose que nous pouvons observer est que les mobiles du comportement les plus répandus, ce qui pousse les êtres humains à agir, sont la recherche du plaisir et l'évitement de la douleur. Si nous acceptons, par exemple, d'attendre sept heures à l'urgence d'un hôpital, c'est fondamentalement parce que nous voulons éviter la douleur que nous cause le fait d'être malades. À l'inverse, si nous acceptons de faire la queue pendant trois heures pour acheter des billets pour le prochain concert d'Arcade Fire, c'est parce que nous voulons éprouver le plaisir de voir ce groupe jouer sur scène. Nous pourrions objecter à Bentham qu'en voulant fonder son éthique sur la nature sensible de l'être humain et sur la recherche du plaisir et de la douleur qui en découle, il engage la réflexion morale dans une voie subjective qui l'éloigne de l'objectivité que la méthode scientifique était censée garantir.

Afin de prévenir cette objection, Bentham apporte deux précisions d'importance dans sa définition du plaisir et de la douleur. Il soutient que ce sont des états physiques et psychologiques homogènes et quantifiables.

1. L'homogénéité des plaisirs et des douleurs implique qu'il n'y a qu'un seul type de plaisir et de douleur. On ne peut donc prétendre qu'il y a des plaisirs supérieurs et des plaisirs inférieurs, ni plusieurs variétés de plaisirs ou de douleurs. De manière plus positive, cela signifie que le plaisir que nous éprouvons à lire un bon roman, comme *Les corrections* de Jonathan Franzen (1959-), est exactement le même que celui que nous éprouvons quand on nous fait un bon massage. Il n'y aurait aucun sens à prétendre ici que le premier plaisir est supérieur au second parce qu'il est d'ordre intellectuel et que le second est inférieur au premier parce qu'il est fondamentalement corporel, car il n'existe qu'une seule sorte de plaisir. Dans le même sens, la douleur que vous ressentez en suivant un cours de mathématique est exactement du même type que celle que vous éprouvez quand vous avez une crampe. On voit ainsi comment cette thèse tend à neutraliser la subjectivité des individus. Même si tous les individus sont différents, en réalité, ils cherchent tous la même chose puisqu'il n'y a qu'une seule variété de plaisir et de douleur.

2. C'est un même souci de clarté et d'objectivité qui se trouve à la base de la seconde précision de Bentham, celle de la nature quantifiable des plaisirs et des douleurs. Si nous prenons, par exemple, un tableau d'un peintre célèbre, *Les tournesols* de Vincent Van Gogh (1853-1890), et que nous demandons à des individus s'ils le trouvent beau, nous risquons de discuter pendant des heures, car les jugements de goût sont éminemment subjectifs. En revanche, si nous demandons à ces mêmes personnes combien il y a de tournesols sur ce tableau, elles arriveront facilement à s'entendre sur un chiffre précis. Bentham en déduit que l'éthique qu'il a en vue doit disposer d'un système d'évaluation numérique pour être réellement neutre par rapport à la subjectivité des individus. Il se propose donc de construire une sorte de thermomètre moral sur une échelle graduée en fonction de sept critères: la durée, l'intensité, la certitude, la proximité, la fécondité, la pureté et l'étendue, c'est-à-dire le nombre de personnes affectées par les conséquences de l'action (voir le tableau 1.1).

TABLEAU 1.1 Les critères de Bentham qui mesurent la teneur morale de l'action

1 **Durée**	Se réfère au laps de temps pendant lequel les conséquences d'une action affectent le bonheur. Plus les effets d'une action sont durables, plus ils sont utiles pour le bonheur et vice-versa.
2 **Intensité**	Se réfère au degré fort ou faible des effets d'une action sur le bonheur. Plus les conséquences d'une action sont intenses, plus elles sont utiles pour le bonheur et vice-versa.
3 **Certitude**	Sert à évaluer la probabilité des conséquences d'une action. Plus les conséquences d'une action sont certaines, plus elles sont utiles pour le bonheur et vice-versa.
4 **Proximité**	Situe les effets de l'action dans le temps. Plus les conséquences d'une action sont rapprochées, plus cette action est utile pour le bonheur. À l'inverse, plus les conséquences d'une action sont éloignées dans le temps, moins elles sont utiles pour le bonheur, parce qu'elles risquent moins d'affecter la personne concernée.
5 **Fécondité**	Évalue les effets multiples ou isolés de l'action. Plus les conséquences d'une action engendrent d'autres plaisirs, plus elles sont utiles pour le bonheur. À l'inverse, une action dont les effets se limiteraient au seul plaisir qu'elle engendre serait moins utile.
6 **Pureté**	Se réfère au degré de plaisir ou de douleur que comportent les effets de l'action. Plus les conséquences d'une action sont pures, plus elles comportent de plaisirs et plus elles sont utiles.
7 **Étendue**	Évalue l'utilité de l'action en fonction du nombre de personnes affectées par ses conséquences. À titre d'exemple, un plaisir qui procure du bien-être à cinq individus est plus utile qu'un plaisir qui ne profite qu'à une seule personne.

Les deux principes de la délibération morale utilitariste

Pour bien se servir de ce thermomètre moral, nous devons savoir comment raisonner lorsque nous avons une décision à prendre. Le processus pendant lequel la raison pèse le «pour» et le «contre» afin d'arrêter sa décision s'appelle la «délibération morale». Sur ce sujet, Bentham renoue avec les idées de ses prédécesseurs : il est convaincu que la valeur morale de nos actions dépend de leurs effets et il croit que, pour évaluer ces effets, le mieux est de faire appel au principe de l'utilité. Il en résulte que, si les conséquences d'une action sont utiles pour nous procurer du plaisir, elles seront morales et, à l'inverse, nos actions seront immorales si leurs conséquences sont inutiles pour nous procurer du plaisir, ce qui veut dire qu'elles engendrent de la douleur. Dans le même sens, une action dont les conséquences ont pour effet de nous procurer un plaisir durable est plus utile et donc plus morale qu'une action dont l'effet est de nous procurer un plaisir éphémère. Une action dont les effets sont plus intenses sera plus utile et plus morale qu'une action dont les effets sont moins intenses, et ainsi de suite.

À l'instar des Anciens, Bentham estime que le but visé par l'action morale est le bonheur. En ce sens, on peut dire que sa conception de l'éthique est eudémoniste [2]. Mais, à la différence des auteurs de l'Antiquité tels que Platon, Aristote ou Épicure,

---

2   En ce sens qu'elle donne le bonheur comme but à l'action morale.

Bentham ne conçoit pas le bonheur comme la manière de vivre la plus stable. Selon lui, le bonheur n'a rien d'un art de vivre ou d'un mode de vie. C'est tout simplement la somme de nos plaisirs. Moins un individu souffre, plus il est heureux. On pourrait lui objecter qu'une telle conception de l'éthique ne contient aucun élément spécifiquement moral et qu'elle n'est qu'une rationalisation de l'égoïsme. À titre d'exemple, un individu qui aurait à choisir entre rembourser une dette à un ami qui a deux enfants et la tentation de s'acheter le dernier baladeur numérique à la mode devrait opter, selon cette conception, pour l'achat du baladeur, puisque cela lui procure davantage de plaisir. Mais ce serait négliger le critère de l'étendue dans l'évaluation quantitative de l'utilité des conséquences de nos actions. Il ne faut pas perdre de vue que l'objectif ultime de Bentham est de construire un système de lois qui doit faire le bonheur de tous. C'est pourquoi sa conception du raisonnement moral comporte un second principe : l'impartialité. En vertu de ce principe, nous devons toujours, dans le calcul de l'utilité des conséquences de nos actions, prendre en considération l'intérêt de toutes les personnes affectées par les conséquences et nous ne devons pas accorder plus d'importance à nos intérêts qu'à ceux de toute autre personne. Comme se plaisait à le répéter Bentham, «chacun compte pour un, et seulement pour un». Il s'agit d'un principe éminemment démocratique, car il implique que les intérêts d'un roi ou de la noblesse n'ont pas plus d'importance morale que les intérêts d'une personne pauvre ou d'un sans-abri. Et, si l'on raisonne à l'échelle internationale, on peut encore aujourd'hui en éprouver le tranchant révolutionnaire : il impliquerait que les intérêts d'un Canadien ou encore d'un États-Unien n'ont pas plus d'importance morale que ceux d'un Africain, d'un Indien ou encore d'un Asiatique! On comprend mieux ainsi que la morale de Bentham vise en réalité le bonheur de tous. S'il est clair que le raisonnement moral prend la forme d'un calcul de l'utilité des conséquences en fonction du but à atteindre, en réalité, il s'agit de maximiser les conséquences les plus utiles pour le plus grand nombre de personnes. Dans notre exemple du baladeur, l'individu devra donc prendre en considération les intérêts de son ami et de ses enfants, ce qui le conduira en toute impartialité à choisir de rembourser sa dette. Cela nous permet de constater que Bentham présuppose que tous les êtres humains sont naturellement altruistes et bien disposés à l'égard des autres, puisqu'ils acceptent spontanément de renoncer à leur intérêt quand celui-ci entre en conflit avec celui du plus grand nombre.

En faveur de cette conception de l'éthique, nous pouvons faire valoir qu'en situation de contrainte, la plupart des individus adoptent spontanément un raisonnement conséquentialiste et utilitariste. Par exemple, si vous avez à choisir votre premier logement, à faire l'achat d'une automobile, à trouver un emploi pendant vos études, à placer vos enfants dans une garderie ou à vous inscrire dans un centre sportif, dans tous ces cas, vous allez prendre votre décision en fonction des conséquences les plus utiles pour votre bonheur et celui de vos proches, surtout si vous avez des personnes à charge et un budget limité. Bentham croyait qu'il en irait de même en matière de politiques publiques pour le gouvernement. Il considérait, par exemple, que le recours à la punition était un mal qui ne pouvait être compensé que par ses effets sur la réduction des crimes, c'est-à-dire par la dissuasion des criminels réels ou potentiels, par leur réhabilitation ou leur neutralisation. Or, toutes les études ont montré que cet effet dissuasif est très douteux. À preuve : un pays comme les États-Unis a le plus haut taux d'emprisonnement de l'Occident par habitant, et c'est pourtant le pays qui a le plus haut taux de criminalité. Il n'est donc guère étonnant que l'utilitarisme ait contribué à l'abolition de la peine capitale. En matière de santé publique, des pratiques telles que les campagnes de vaccination, la diffusion d'information sur le contrôle des naissances et l'hygiène sexuelle sont également de bons exemples de raisonnement utilitariste, puisque le gouvernement doit prendre des décisions en respectant ses contraintes budgétaires.

Nous pouvons nous demander quelles sont les formes de contraintes qui se prêtent le mieux au raisonnement utilitariste. La plus évidente est celle des ressources limitées, comme dans l'exemple du dilemme au sujet du médicament, présenté dans l'introduction (voir à la page 8). Rappelons les circonstances de ce dilemme et voyons ce qu'un utilitariste en penserait. Supposons qu'un infirmier a cinq patients à soigner et que ces patients ont tous besoin d'un même médicament pour ne pas mourir. Si l'un d'entre eux a besoin de la totalité de la dose pour échapper à la mort et que les quatre autres peuvent s'en sortir avec le cinquième de la dose totale que détient l'infirmier, que doit faire ce dernier ? Selon Bentham, l'infirmier doit évaluer les conséquences de sa décision en fonction de leur utilité à procurer du bonheur au plus grand nombre de personnes. En appliquant le critère de l'impartialité aux deux possibilités d'action de ce dilemme, il s'aperçoit qu'en donnant la totalité de la dose à un seul individu, il rendrait une personne heureuse et que son action aurait pour effet d'engendrer quatre douleurs. S'il donnait, au contraire, 1/5 de la dose à tous les malades, il rendrait ainsi quatre personnes heureuses et une seule personne malheureuse. Il s'agit donc de la meilleure décision sur le plan moral, car elle a les effets les plus utiles pour le bonheur du plus grand nombre de personnes. Dans la vie quotidienne, le personnel infirmier doit souvent faire face à des situations de contraintes. Mais il n'est pas le seul. Les responsables de la sécurité publique, par exemple, sont également souvent aux prises avec ce type de dilemme.

Mais toutes les situations de contraintes n'impliquent pas nécessairement des ressources matérielles limitées. Il pourrait s'agir, par exemple, d'un conflit de droits entre deux individus ou entre un individu et une entreprise ou une institution.

L'éthique en jeu

Afin de vous aider à découvrir par vous-même le caractère intuitif de l'approche utilitariste en éthique, imaginons que vous ayez à légiférer pour établir si l'on doit interdire aux agents de police de votre pays le port du pistolet électrique de style Taser X26. Vous savez qu'en six ans, 19 personnes sont mortes dans votre pays des suites de l'utilisation de cette arme. Les forces policières prétendent que l'arme en question a permis de sauver des milliers de vies, mais elles ne peuvent le démontrer. Le fabricant soutient, pour sa part, qu'on peut employer cette arme sans risque sur des personnes en bonne santé. L'ONU, quant à elle, a déclaré que ce type de pistolet était un instrument de torture. La population de votre pays est donc très inquiète.

1. Un législateur utilitariste interdirait-il le port de cette arme ou non?

2. Aurait-il pris la même décision s'il avait attribué une utilité infinie à la vie humaine?

Une évaluation critique

S'il est indéniable que la pensée utilitariste répond à certaines de nos intuitions morales, dans sa version classique, elle présente également quelques faiblesses (voir le tableau 1.2). Celles-ci inciteront les successeurs de Bentham à améliorer la théorie utilitariste afin qu'elle corresponde mieux à nos intuitions morales. Nous pouvons en identifier quatre.

TABLEAU 1.2 Les faiblesses utilitaristes en un coup d'œil

1	L'utilitarisme peut recommander des actions qui semblent contraires à certaines de nos intuitions morales les mieux partagées, parce qu'il n'accorde aucune valeur morale : a) au caractère des individus ; b) à l'action en elle-même ; c) à la diversité des personnes.
2	Il présuppose une vision réductrice de l'être humain.
3	Il présuppose à tort que nous pouvons connaître l'état d'esprit des autres et que nous pouvons prévoir les conséquences à long terme de nos actions.
4	Il présuppose également à tort que les individus accepteront toujours de sacrifier leur intérêt personnel pour le bien-être du plus grand nombre.

Des conséquences troublantes

Dans des circonstances exceptionnelles, l'utilitarisme de Bentham peut nous conduire à penser qu'il est de notre devoir moral de poser des actions qu'en temps normal nous jugerions immorales. La théorie pourrait très bien, par exemple, exiger que l'on sacrifie une personne s'il s'avère qu'il s'agit du résultat qui engendre les conséquences les plus utiles pour le bonheur du plus grand nombre de personnes. Afin d'illustrer cette possibilité extrême, Bernard Williams (1929-2003) a imaginé le dilemme de Jim et des Indiens [3]. Supposons que vous adoriez voyager hors des sentiers battus et que, à l'occasion d'un voyage en Amérique du Sud, vous arriviez tout à coup au détour d'un chemin, en forêt, sur une petite place et que vous soyez confronté au spectacle suivant : un gros capitaine, à la tête d'un groupe de paramilitaires, tient en joue une vingtaine d'Indiens qu'il désire tuer pour intimider la population locale et l'inciter à lui obéir. Il n'était manifestement pas prévu que vous soyez témoin de ces assassinats. Mais, pour vous montrer qu'il a le sens de l'hospitalité, le capitaine vous propose un marché : si vous acceptez de tuer vous-même un des Indiens, les 19 autres auront la vie sauve ; si vous refusez, il tuera tous les Indiens. Supposons que les villageois vous supplient d'accepter. Si vous admettez, comme Bentham, que les intérêts de chaque individu comptent pour un et seulement pour un, la théorie utilitariste vous recommande clairement ici d'assassiner un individu pour le bonheur d'au moins 20 autres. Comment expliquer alors qu'une théorie

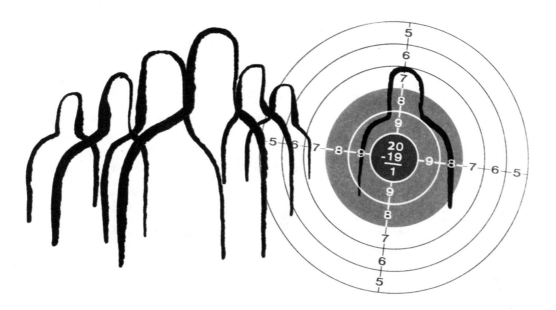

3 J.J.C. SMART et Bernard WILLIAMS, *Utilitarisme : le pour et le contre,* coll. Le champ éthique, Genève, Labor et Fides, 1997, p. 90-91.

morale recommande un meurtre? On peut rendre compte de cette faiblesse de trois façons différentes. En effet, on peut d'abord faire valoir, et c'est le sens que Williams donne à son exemple, que la théorie utilitariste ne reconnaît pas les valeurs autres que le bonheur. C'est pourquoi l'intégrité d'un individu qui ne voudrait pas continuer à vivre avec le meurtre d'un innocent sur la conscience ne pèse pas bien lourd face au bien-être collectif. Le caractère de l'individu qui agit n'a aucune importance morale. On peut ensuite soutenir que cette théorie ignore les contraintes morales, en ce sens qu'elle ne reconnaît aucune limite morale qu'il nous serait interdit de franchir. La raison en est que la conception de la rationalité que présuppose cette théorie est purement instrumentale. L'utilitarisme ne connaît pas la notion de fin en soi. Dans la vision du raisonnement moral de l'utilitarisme, n'importe quelle fin peut devenir le moyen d'une nouvelle fin. Par conséquent, toutes les fins, y compris celle de tuer, peuvent être moralement légitimes. Enfin, on peut aussi avancer, comme le fera Rawls, que cette théorie confond l'impartialité avec l'impersonnalité [4]. Alors qu'il promet de traiter chaque individu de manière égale, dans les faits, l'utilitarisme est incapable de reconnaître le caractère unique de la vie de chaque personne. Cela implique que cette théorie ne prend pas réellement en considération le pluralisme des valeurs qui caractérise les sociétés contemporaines, car elle ignore la diversité des personnes.

Une vision de l'homme dégradante?

On peut aussi reprocher à la théorie de Bentham de se faire le porte-parole d'une conception très pauvre de l'être humain. Bentham semble en effet réduire les potentialités de l'être humain à une série discontinue de sensations. Il fait de l'être humain un être passif dont la seule vocation serait de ressentir du plaisir et de la douleur. Si cette conception a le mérite de rompre avec l'anthropocentrisme [5] qui caractérise trop souvent les théories éthiques, elle ne rend pas compte du sens de la continuité du «moi» de chaque individu et elle méconnaît la profondeur de la distinction entre l'être humain et l'animal. Certaines personnes pourraient en effet soutenir que Bentham n'a aucun sens de ce qui fait la dignité de l'être humain. Si tout être sensible peut ressentir du plaisir et de la douleur, seul l'être humain peut penser et agir par lui-même. Ce qui le met à part des autres animaux et donne ainsi une valeur morale infinie à son existence serait sa capacité de se donner à lui-même ses propres règles, en un mot, son autonomie. Plusieurs auteurs ont conçu des exercices de pensée qui permettent de vérifier le caractère intuitif de cette conclusion. Par exemple, Philippa Foot (1933-) a imaginé le cas d'un schizophrène, à qui on aurait fait subir une lobotomie qui aurait pour effet de lui faire ressentir du plaisir en

---

4 John RAWLS, *Théorie de la justice,* coll. Empreintes, Paris, Seuil, 1987, p. 48-59.
5 Attitude qui consiste à centrer la réflexion morale sur l'homme.

permanence, et demande quel parent accepterait de faire lobotomiser son enfant pour lui procurer une vie de plaisirs garantie. C'est dans le même esprit que Robert Nozick (1938-2002) a conçu pour ses lecteurs «la machine à expérience»[6].

Des exigences irréalistes

Enfin, l'utilitarisme de Bentham comporte également des exigences irréalistes si nous considérons cette théorie du point de vue des capacités humaines. Tout d'abord, sa conception de la délibération morale attribue à l'être humain des capacités cognitives qu'il ne possède pas, car, selon cette conception, toute personne devrait être en mesure de calculer l'utilité des conséquences de ses actions. À titre d'exemple, faire une simple promesse nous obligerait à effectuer au moins deux calculs : un calcul pour nous décider de nous engager à promettre quelque chose, puis un calcul pour nous décider de continuer à tenir notre promesse chaque fois que nous aurions l'occasion de la rompre. Le problème n'est pas simplement qu'une telle conception de la délibération nous obligerait à évaluer constamment l'utilité des conséquences de nos actes et que le cerveau n'est pas fait pour calculer en permanence. Le problème tient aussi au fait qu'il est absolument impossible de prévoir les réactions des autres personnes, c'est-à-dire de présumer du plaisir qu'elles éprouveront si l'on définit, à l'instar de Bentham, le plaisir comme un état psychologique. Nous n'avons pas directement accès à l'esprit des autres. Cela implique que nous n'avons pas les moyens intellectuels de procéder au calcul comparatif de l'utilité des conséquences de nos actions pour le bonheur des autres. Dans le même sens, il est aussi impossible de prévoir absolument les conséquences à long terme de nos actions. On ne s'expliquerait pas autrement la fortune des voyantes et autres diseurs de bonne aventure. Les utilitaristes se défendent toutefois de cette critique avec l'argument des ronds dans l'eau[7]. Ils pensent que les conséquences d'une action décroissent au fur et à mesure que l'on s'éloigne du point d'impact, exactement comme lorsqu'on lance un galet dans l'eau. Les vagues les plus importantes sont à proximité du rond que cause le galet en tombant dans l'eau et elles diminuent au point de devenir pratiquement nulles en périphérie. Il est donc légitime, selon eux, de présupposer que les conséquences à long terme de nos actions seront pratiquement nulles. Mais, à l'évidence, cet argument n'est pas totalement convaincant surtout si l'on pense aux générations futures. Il paraît toutefois difficile de se soucier de ceux qui nous suivront sans accorder une importance morale déterminante aux conséquences à long terme de nos actions.

---

6   Philippa FOOT, «La vertu et le bonheur», dans Monique CANTO-SPERBER, *La philosophie morale britannique,* coll. Philosophie morale, Paris, P.U.F., 1994, p. 137-138 ; Robert NOZICK, *Anarchie, État et utopie,* coll. Quadrige, Paris, P.U.F., 2003, p. 64-67.

7   J.J.C. SMART et Bernard WILLIAMS, *Utilitarisme : le pour et le contre,* coll. Le champ éthique, Genève, Labor et Fides, 1997, p. 61.

Une bienveillance surhumaine

La théorie de Bentham semble également véhiculer des exigences irréalistes du point de vue de nos capacités psychologiques, car elle présuppose que toutes les personnes accepteront de vivre en permanence en fonction des autres. Or, il est loin d'être évident que l'être humain puisse accorder spontanément, et de manière constante, plus de valeur aux autres qu'à lui-même. C'est pourquoi on a pu soutenir que l'altruisme dont Bentham dote l'être humain serait celui d'un saint terrifiant [8]. On peut s'en rendre compte facilement en reprenant l'exemple du dilemme du pompier dont il est question dans l'introduction. Quel père de famille accepterait de sacrifier son enfant pour le bonheur du plus grand nombre ?

Mill et l'utilitarisme révisé

Du vivant de Bentham, l'utilitarisme avait déjà été soumis à de rudes critiques. C'est à la génération de penseurs suivante qu'il appartiendra de tenter de le rendre plus acceptable tout en conservant son orientation sociale et politique militante. Le fils d'un ami personnel de Bentham, John Stuart Mill, relèvera brillamment ce défi en faisant paraître une série d'articles en 1861 dans lesquels il répond à 10 objections qu'on formulait alors couramment contre l'utilitarisme. Nous donnerons une vue d'ensemble de sa démarche avant de montrer comment il corrige les faiblesses que nous avions relevées dans l'éthique de Bentham. (Pour un aperçu des corrections apportées par Mill, voir le tableau 1.3 à la page suivante.)

John Stuart Mill (1806-1873)

 Philosophe, réformateur et député britannique, né à Pentonville, en banlieue de Londres. Véritable enfant prodige, il reçoit de son père une éducation très rigoureuse et extrêmement précoce qui le conduira à la dépression vers l'âge de 20 ans. Sa rencontre avec Harriet Taylor, avec qui il entretiendra une relation d'amour platonique pendant 21 ans, exercera une influence décisive sur ses idées et sur son caractère. La pensée de Mill a profondément marqué le libéralisme, l'économie politique et l'éthique. Ses deux ouvrages les plus lus aujourd'hui sont : *De la liberté* (1859) et *L'utilitarisme* (1861). On lui doit également une importante réflexion sur la condition féminine : *L'assujettissement des femmes* (1869).

---

8   Susan WOLF, « Moral Saints », dans Robert CRISP et Michael SLOTE, *Virtue Ethics,* New York, Oxford University Press, 1997, p. 79-98.

TABLEAU 1.3 Mill à la défense de l'utilitarisme

1	Le principe d'utilité est compatible avec la reconnaissance de valeurs autres que le bonheur.
2	La distinction qualitative des plaisirs rétablit le sens de la dignité humaine.
3	L'utilitarisme de la règle facilite le calcul des conséquences de l'acte et dissuade d'accomplir de mauvaises actions.
4	En tant qu'éthique publique, l'utilitarisme est compatible avec une grande diversité de motivations morales et prend en considération le caractère de la personne.

La fondation de l'utilitarisme et la preuve du principe d'utilité

C'est une sorte de sentiment d'irritation, face au constat du peu de progrès de la morale dans la détermination du véritable critère du bien et du mal, qui sert de point de départ à la réflexion de Mill dans *L'utilitarisme*. La querelle entre les partisans d'une approche empirique de la morale, d'inspiration plus ou moins scientifique, et ceux qui les critiquent en invoquant un sens moral inné ou une raison qui précède l'expérience, lui semble particulièrement stérile. De part et d'autre, on admet que l'éthique doit faire appel à des principes généraux, mais on ne s'est pas donné suffisamment la peine de les démontrer. Mill en a surtout contre ceux qu'il appelle les «intuitionnistes», les penseurs qui appartiennent à l'approche déontologique que nous verrons au chapitre suivant, et il entend faire la preuve que le principe d'utilité est le principe fondamental de l'éthique et qu'il est la source de notre sentiment d'obligation ou de devoir moral. Quels sont donc ses arguments?

Rappelons d'abord que la thèse de l'utilitarisme avance que le bonheur du plus grand nombre est la seule fin désirable, et que toutes les choses désirables sont en réalité des moyens d'atteindre cette fin. Mais comment peut-on le prouver? Mill soutient que «la seule preuve qu'on puisse donner pour établir qu'une chose est désirable, c'est qu'*en fait* on la désire [9]». Il veut dire par là que, si les êtres humains n'étaient pas faits comme ils sont et s'ils ne recherchaient pas déjà quelque chose, aucun argument ne pourrait jamais les convaincre de désirer cette chose. Autrement dit, l'expérience montre que tous les êtres humains sont ainsi faits qu'ils désirent. Mais pourquoi désirent-ils alors le bonheur du plus grand nombre? Mill avance ici que

---

9 John Stuart MILL, *L'utilitarisme*, coll. Champs, Paris, Flammarion, 1988, p. 104.

« chaque personne désire son bonheur, dans la mesure où elle croit pouvoir l'atteindre[10] » et qu'il en découle que le bonheur de chaque personne est un bien pour cette personne. Il conclut ensuite par association que le bonheur du plus grand nombre est un bien pour toutes les personnes prises ensemble. Avant d'examiner si Mill ne commet pas un sophisme ici, remarquons, comme il le fait lui-même, que son argument ne prouve pas encore que les êtres humains désirent seulement le bonheur. Mill admet d'emblée que, dans la vie quotidienne, il y a des gens qui cherchent autre chose que le bonheur. Certains cherchent la vertu, d'autres l'argent, d'autres encore le pouvoir ou la célébrité. Mieux encore, il soutient que « les éléments du bonheur sont très divers et [que] chacun est désirable en lui-même, et pas seulement comme concourant à la formation d'un agrégat[11] ». Cela signifie que les autres valeurs ou les autres fins ne sont pas seulement des moyens au service du bonheur du plus grand nombre. Ce sont d'authentiques valeurs et de véritables fins. C'est pourquoi Mill ajoute : « Ils sont désirés et désirables en eux-mêmes et pour eux-mêmes ; ils ne sont pas seulement des moyens, ils sont une partie de la fin[12]. » On voit comme il répond ici à l'objection de ceux qui reprochaient à l'utilitarisme d'être incapable de reconnaître des valeurs autres que le bonheur. Mais Mill ne se contente pas de leur répondre ; il leur montre comment ces autres valeurs sont devenues des valeurs grâce à l'associationnisme[13]. À l'origine, l'argent, le pouvoir, la célébrité étaient des choses indifférentes. Nous avons commencé à les rechercher comme des moyens de notre bonheur. Elles ont ainsi commencé à devenir des choses désirables et, à force d'être constamment associées à une fin, elles sont devenues des parties de cette fin. C'est ce qui explique qu'on a pu commencer à les rechercher en elles-mêmes et pour elles-mêmes. Voilà donc qui prouverait hors de tout doute raisonnable que le bonheur est réellement la seule fin désirable et, par conséquent, que le principe d'utilité est fondé. Mill est tellement convaincu de la rigueur de son raisonnement qu'il soutient que l'expérience, en l'occurrence l'observation psychologique, confirmera que « désirer une chose, sans que ce désir soit en proportion du plaisir qui s'attache à la représentation qu'on en a, est une impossibilité physique et métaphysique[14] ».

On peut se demander si l'on doit se rendre à ces raisons. Selon George Edward Moore (1873-1958), Mill aurait commis au moins une erreur dans sa démonstration, erreur à laquelle il a donné le nom de « sophisme naturaliste ». Mill aurait eu tort de passer d'un fait, c'est-à-dire d'un énoncé descriptif, à une norme, soit à un énoncé normatif. Quand il affirme que les êtres humains sont ainsi faits qu'ils désirent, Mill décrit la

---

10 *Ibid.*
11 *Ibid.*, p. 106.
12 *Ibid.*
13 Doctrine psychologique qui explique le comportement des individus en montrant comment ils associent automatiquement leurs idées à des représentations.
14 John Stuart MILL, *op. cit.*, p. 111.

réalité. Mais quand il dit que chaque personne désire son bonheur et que, pour chaque personne, ce bonheur est un bien, Mill est dans l'ordre de l'idéal et de ce que nous devons faire, et rien ne l'autoriserait à passer ainsi de la réalité à l'idéal. En vérité, le raisonnement de Mill est plus rigoureux que ne le croit Moore. L'argument de Mill n'est pas qu'on doive déduire une norme, celle que le bonheur du plus grand nombre est la seule fin désirable, d'un fait, ici de la nature humaine. Ce qu'il soutient, c'est que la seule fin que la nature humaine rend moralement praticable est le bonheur du plus grand nombre. Autrement dit, il affirme que la seule obligation morale digne de ce nom est une obligation morale qu'on doit pouvoir mettre en pratique, et c'est à ce critère que répond le principe d'utilité. Si Mill commet une erreur, ce serait plutôt celle du sophisme de la composition : en soutenant que le bonheur du plus grand nombre n'est rien d'autre que le bien de l'ensemble des personnes particulières, il néglige les rapports sociaux. Mais cela reflète son individualisme méthodologique, c'est-à-dire le fait qu'il présuppose qu'on doive penser la société en partant de l'individu. Même à ce niveau, la pensée de Mill est infiniment plus nuancée que celle de Bentham, comme nous allons pouvoir le constater.

La distinction qualitative des plaisirs

Jusqu'à maintenant, la preuve du principe d'utilité ne nous a fourni aucun argument pour répondre à l'objection de ceux qui reprochaient à Bentham de défendre une vision réductrice de l'être humain. Faut-il croire ceux qui prétendent que la théorie utilitariste est incompatible avec le respect de la dignité humaine ? Mill va montrer de deux manières différentes que cette accusation est injustifiée.

1. Il reconnaît d'abord, sans peine, qu'on peut faire une distinction entre le désir et la volonté dans la mesure où le premier désigne un état passif de la sensibilité, et le second, une faculté active de l'esprit. On peut donc facilement imaginer qu'un individu dont la volonté est ferme respecte le plan qu'il s'est donné et qu'il persiste à l'exécuter même si cela ne lui rapporte aucun plaisir ou qu'il le mette en pratique de manière désintéressée, c'est-à-dire sans se représenter le plaisir qu'il pourrait en tirer. Mais cela n'est pas un argument contre la théorie utilitariste, car, avance Mill, il faut commencer par désirer pour être capable de vouloir. Le premier état des choses est en effet l'indifférence. Il faut désirer les choses comme des moyens d'accéder au bonheur pour qu'elles cessent de nous être indifférentes, et les associer au plaisir. Ainsi, à force de les associer au plaisir, nous finissons par les vouloir. La volonté ne serait donc que l'autre nom du désir conditionné par l'habitude. L'acte de volonté serait un désir dont la répétition nous aurait fait oublier la motivation initiale. On voit comment l'associationnisme permet à Mill de neutraliser l'accusation des détracteurs de

l'utilitarisme : non seulement cette théorie n'est pas incompatible avec la volonté, mais elle peut encore en expliquer la genèse !

2. Mill soutient, ensuite, qu'à l'origine de cette accusation, il y a un profond malentendu sur le sens de l'idéal moral de l'utilitarisme. Il peut sembler, en effet, que l'utilitarisme ne fait aucune distinction entre l'homme et l'animal, parce qu'il fait du plaisir le but de l'existence. On reprochait ainsi à Épicure, dans l'Antiquité, de ramener la vie humaine à celle du porc. Mais les sources de plaisir ne sont pas les mêmes pour l'homme et pour l'animal. Les facultés intellectuelles de l'homme, comme son intelligence, sa sensibilité, son imagination et sa capacité d'éprouver des sentiments moraux, font en sorte que sa conception du bonheur est différente de celle de l'animal. Par conséquent, tout être humain préférera les plaisirs de l'esprit aux plaisirs du corps. Avant Mill, les utilitaristes justifiaient cette conclusion en considérant les avantages extérieurs que procuraient les plaisirs intellectuels. Le plaisir que procure l'étude, par exemple, était préférable au plaisir de boire de la bière, parce que le premier permettait de mener une vie plus stable. Mill défend une thèse plus audacieuse. En effet, il soutient que les plaisirs de l'esprit sont en eux-mêmes, c'est-à-dire indépendamment de toute référence à autre chose, supérieurs aux plaisirs sensuels. Il récuse ainsi la conception purement hédoniste du bonheur de Bentham en introduisant une différence de qualité entre les plaisirs et en admettant que ceux-ci sont hétérogènes. De ce fait, l'idéal moral que recommande la théorie utilitariste devient moins sensuel et plus cérébral. De plus, en prenant ainsi en considération les facultés intellectuelles supérieures de l'être humain, Mill peut, à juste titre, prétendre que l'utilitarisme est compatible avec le sentiment de la dignité humaine, puisque cette dignité dépend du développement de ces facultés. Toute la question revient donc à savoir comment établir cette thèse.

La seule preuve admissible dans le cadre de la théorie utilitariste est celle qui provient de l'expérience. Mill imagine donc une expérience de pensée idéale dans laquelle un spectateur impartial aurait la possibilité de vivre trois vies en une : celle d'un porc, celle d'un être humain, et une dernière vie, dans laquelle il pourrait comparer son existence d'homme à son existence de porc. Si une telle expérience était réalisable, Mill est convaincu que le spectateur impartial choisirait de vivre la vie d'un être humain. Ce résultat peut étonner, car la vie d'un porc semble, à première vue, contenir beaucoup plus de bonheur que celle d'une personne intelligente. Un individu qui a développé ses facultés intellectuelles souffre davantage des imperfections de ce monde qu'un être qui n'en est même pas conscient. On pourrait donc croire que le porc est plus heureux que l'être humain, mais ce serait confondre, nous prévient Mill, bonheur et satisfaction. S'il est effectivement plus facile de satisfaire un être dont les facultés se limitent à la dimension pathologique de l'existence, comme

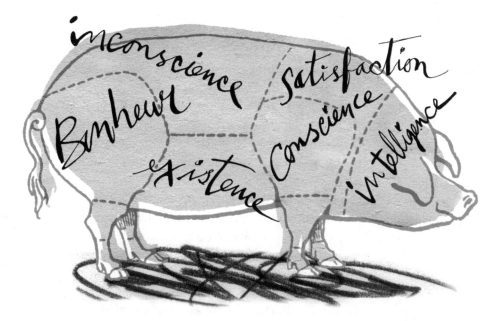

le porc, on ne doit pas en conclure que le porc est plus heureux pour autant. En effet, l'individu qui possède des facultés plus développées a l'avantage de pouvoir mieux comprendre les imperfections de son bonheur, à condition qu'elles soient supportables, et ne risque pas d'envier un être qui ne connaît rien de cet état parce qu'il est incapable de l'expérimenter. Par conséquent, conclut Mill, « il vaut mieux être un homme insatisfait qu'un porc satisfait ; il vaut mieux être Socrate insatisfait qu'un imbécile satisfait [15] ». On peut se demander cependant de quel droit Mill peut affirmer cela. Que sait-il réellement de la vie de l'imbécile ou du porc ? Parce qu'il définit le bonheur comme un état mental de plaisir intellectuel, Mill se prive des moyens de comparer le plaisir qu'il ressent avec celui des autres êtres. Nous n'avons pas les capacités intellectuelles d'explorer l'esprit d'autrui.

L'utilitarisme de l'acte et l'utilitarisme de la règle

Ce développement nous conduit aux deux dernières objections que nous avions formulées contre la théorie de Bentham : est-il vrai que l'utilitarisme attribue à l'être humain des capacités cognitives et psychologiques qu'il ne possède pas, et que cette théorie incite les individus à poser des gestes immoraux ? Mill considère que l'erreur des critiques de Bentham, ici, est de présupposer que l'utilitariste doit se comporter comme le premier homme chaque fois qu'il a une décision à prendre. Ces objections font en effet table rase du passé. Elles font comme si aucun être humain n'avait jamais vécu avant l'utilitariste, et qu'il devait repartir à zéro dès qu'il a à calculer l'utilité

---

15 *Ibid.*, p. 54.

des conséquences d'une action. Or, rien n'interdit à l'utilitariste de se fier à l'expérience des générations antérieures et de présupposer que les effets de plusieurs actions sur le bonheur de la société sont déjà connus depuis longtemps. Vous n'êtes certainement pas la première personne à avoir envie d'assassiner quelqu'un, par exemple. Les conséquences possibles d'un meurtre sur le bien-être de la société sont donc bien connues. On peut même aller jusqu'à soutenir que vous les connaissez déjà vous-même, puisque les règles de moralité qu'on vous a inculquées par l'éducation dans votre enfance (par exemple, ne pas tuer, ne pas mentir, rembourser ses dettes, tenir ses promesses et respecter la propriété d'autrui) ne sont rien d'autre que des calculs tout faits des conséquences de certaines actions sur le corps social. C'est exactement la thèse que défend Mill : « Il faut admettre que les hommes ont acquis maintenant des croyances fermes concernant les effets de certaines actions sur leur bonheur ; et les croyances qui sont ainsi parvenues jusqu'à nous sont les règles de la moralité pour la foule, et aussi pour le philosophe, jusqu'à ce qu'il ait réussi à en trouver de meilleures [16]. » Cette affirmation a des implications théoriques très importantes. Si l'on accepte de pouvoir faire appel aux règles de la moralité ordinaire pour évaluer les conséquences de certaines actions, cela implique de ne plus pouvoir appliquer le principe d'utilité directement à l'action, comme le faisait Bentham. Entre le principe d'utilité et l'acte, dont il faut évaluer les conséquences, il y a désormais un intermédiaire : ce sont les règles de la moralité ordinaire. Quelle forme prend dans ces conditions la délibération morale utilitariste ? Il ne s'agit plus d'évaluer l'utilité des conséquences de l'acte, mais plutôt l'utilité des conséquences du fait d'accepter ou non de suivre les règles de la moralité ordinaire. C'est la raison pour laquelle on qualifie la théorie de Mill d'« utilitariste indirect » ou d'« utilitarisme de la règle », alors que celle de Bentham est appelée « utilitarisme direct » ou « utilitarisme de l'acte ».

Prenons un exemple pour nous fixer les idées : supposons que la règle morale que vous avez à évaluer est celle de ne pas tuer. Imaginons que votre amie devienne enceinte par accident et que vous n'ayez ni l'un ni l'autre les moyens financiers de subvenir aux besoins d'un enfant. Vos parents sont catastrophés d'apprendre la nouvelle, car ils savent que vous augmenteriez vos chances de mener une vie agréable si vous complétiez vos études au lieu d'aller travailler pour subvenir aux besoins de votre famille. Devriez-vous prendre conjointement la décision d'avoir recours à l'avortement ou non ? Vous avez à décider, ici, s'il est plus utile pour le bien-être du plus grand nombre de respecter la règle morale de ne pas tuer ou d'enfreindre cette règle. Un utilitariste conclurait qu'il est préférable de contourner la règle et d'avoir recours à l'avortement plutôt que mettre au monde un enfant qui vivra dans des conditions non propices à son plein épanouissement.

---

16 *Ibid.*, p. 78.

En modifiant ainsi l'objet auquel doit s'appliquer le principe d'utilité, Mill fait d'une pierre deux coups : il répond à ceux qui prétendent que l'utilitarisme attribue à l'être humain des capacités cognitives qu'il ne possède pas, en montrant que les règles morales ordinaires facilitent le calcul de l'utilité. Nous n'avons plus besoin de refaire ce calcul à chaque occasion, puisque nous pouvons faire appel à l'expérience de l'humanité. De manière plus subtile, il insinue également que ces règles morales bloqueront efficacement les mauvaises actions qu'un utilitariste pourrait être tenté de faire. Si ce dernier a envie de tuer quelqu'un, par exemple, la règle morale selon laquelle on ne doit pas tuer l'en dissuadera. Mill répond donc aussi à ceux qui croyaient que l'utilitarisme peut conduire les individus à poser des actes immoraux, mais, contrairement à eux, il considère que les règles morales sont perfectibles. Lorsque le fait de suivre ces règles a pour effet d'engendrer plus de souffrances que de plaisirs, on doit chercher à les améliorer et, le cas échéant, à les remplacer.

Ces arguments sont-ils parfaitement convaincants ? Malheureusement, non. En poussant, comme Bernard Williams, le raisonnement de Mill à ses limites, nous pourrons mettre en évidence son incohérence [17]. Si un utilitariste accepte de suivre une règle morale ordinaire même lorsqu'il n'est pas utile de la suivre, alors il est clair qu'il n'est plus utilitariste. Il respecte la règle en question pour elle-même et non parce que le fait de la suivre engendre les conséquences les plus utiles pour le bonheur de tous. Si l'utilitariste accepte, au contraire, de faire une exception et d'enfreindre une règle morale ordinaire lorsque le fait de la suivre n'entraîne pas les meilleures conséquences pour le bonheur collectif, alors il affaiblit le respect qui est dû à la règle (plus on fait d'exceptions, moins la règle a d'autorité) et il montre qu'en réalité, ce qui est moralement déterminant est l'acte. L'utilitariste retourne alors à la théorie de Bentham.

Richard Hare (1919-2002) a tenté de sauver l'utilitarisme de Mill en établissant une distinction entre deux niveaux de raisonnement moral : le niveau de raisonnement intuitif et le niveau de raisonnement critique. Le niveau de raisonnement moral intuitif est celui de la vie quotidienne où nous pouvons suivre les règles morales ordinaires, parce que celles-ci engendrent habituellement les conséquences les plus utiles pour le bonheur du plus grand nombre. Singer a comparé ces règles aux instructions que reçoit un joueur de tennis de la part de son entraîneur. Un bon entraîneur n'apprend pas au joueur à faire des coups excentriques ; il lui inculque les règles qui vont lui permettre de maintenir la meilleure moyenne d'efficacité au jeu. Étant donné que, dans la vie quotidienne, nous rencontrons rarement les conditions idéales pour évaluer nous-mêmes toutes les conséquences de nos

---

17 Bernard WILLIAMS, *La fortune morale : moralité et autres essais*, coll. Philosophie morale, Paris, P.U.F., 1994, p. 79-93.

actes, il n'y a aucune raison de remettre ces règles en question. Quant au niveau de raisonnement moral critique, c'est celui auquel nous avons recours dans des situations plus artificielles telles que lorsque nous réfléchissons à l'éthique dans les cours de philosophie. Selon ce niveau de raisonnement, il se peut que nous arrivions à la conclusion qu'il serait préférable de faire une exception à la règle et de commettre une action immorale, comme aider à mourir quelqu'un qui en a fait la demande, si cette exception a pour effet d'engendrer les conséquences les plus utiles pour le bonheur de tous. Mais il s'agit d'un contexte hautement théorique, et l'exercice ne vise qu'à approfondir les exigences éthiques. Une telle décision ne saurait donc être mise en pratique par chacun dans la vie quotidienne.

Une psychologie morale réaliste

Une dernière objection reste à écarter : l'altruisme que présuppose la théorie utilitariste est-il une exigence psychologique surhumaine ? Est-il vrai qu'un individu qui applique le principe d'utilité doit avoir pour unique motif d'action le fait de penser en permanence au bien-être de la société ou, pire, du genre humain ? Mill soutient que la théorie utilitariste est parfaitement compatible avec les motifs d'action les plus divers, puisque ce qui lui importe d'abord, ce sont les résultats de l'action. Qu'un individu soit sauvé de la noyade parce que son sauveteur avait l'espoir d'être récompensé ou croyait qu'il s'agissait de son devoir de le sauver n'a aucune importance. La seule chose qui compte est qu'il ait été sauvé, et cela suffit à prouver que le sauveteur a bien agi. Également, afin de bien montrer que l'utilitarisme est une éthique à l'échelle humaine, Mill rappelle que, dans la vie quotidienne, il nous suffit largement de chercher à faire le bonheur de nos proches, car le bonheur de la société n'est rien d'autre que l'addition des bonheurs des individus particuliers. Seuls les membres de l'administration publique, comme les hauts fonctionnaires et les politiciens, doivent penser explicitement au bien-être de l'ensemble de la société au moment de passer à l'acte, car ils ont la possibilité d'agir à plus grande échelle. Il ne faudrait pas en conclure pour autant que cette théorie n'accorde aucune importance morale au caractère des individus, car, pour un utilitariste, il est difficile d'admettre qu'une personne possède un bon caractère si elle ne commet aucune bonne action. La valeur morale qu'il convient d'accorder au caractère des individus dépend donc des effets de leurs actions.

Le principe de non-nuisance et les crimes sans victimes

Dans sa très influente philosophie politique, Mill s'est interrogé sur les limites qu'il convient d'accorder au pouvoir de la société sur l'individu. Il a été l'un des premiers auteurs à reconnaître que nous n'avions pas d'obligation morale envers nous-mêmes et à défendre la thèse que l'intervention de l'État dans la vie privée des individus n'était justifiable qu'en cas de tort envers autrui. L'État doit d'abord être en mesure de démontrer que le comportement d'un individu a causé des dommages directs à un autre individu avant de pouvoir songer à punir ce comportement ou à l'interdire. Cela implique que l'État et l'opinion publique doivent éviter toutes les formes de paternalisme. Ils doivent s'abstenir de dicter une conduite déterminée à un individu, même s'il s'avère que cet individu s'en porterait mieux, tant et aussi longtemps que ce dernier n'a rien fait à personne. Dans les termes de Mill: «La seule raison légitime que puisse avoir une communauté pour user de la force contre un de ses membres est de l'empêcher de nuire aux autres. Contraindre quiconque pour son propre bien, physique ou moral, ne constitue pas une justification suffisante. Un homme ne peut pas être légitimement contraint d'agir ou de s'abstenir sous prétexte que ce serait meilleur pour lui, que cela le rendrait plus heureux ou que, dans l'opinion des autres, agir ainsi serait plus sage ou même juste[18].» Cet argument, qui présuppose que nous n'avons d'obligations morales qu'envers les autres, a joué – et continue de jouer – un rôle important dans la lutte contre la décriminalisation de l'homosexualité, de la consommation de drogues douces telles que la marijuana, de l'avortement, de la prostitution et du suicide. Dans tous ces cas, on peut faire valoir que ces pratiques ne font aucune victime et qu'en ce sens, il n'y a aucune raison morale pour les considérer comme des actes criminels. La pensée de Mill a ainsi donné naissance à une conception minimaliste de l'éthique qui continue d'interpeller la réflexion morale contemporaine[19].

Singer et l'utilitarisme contemporain

Nous avons vu que l'un des problèmes récurrents de la théorie utilitariste au XIXe siècle était de savoir comment définir le bonheur du plus grand nombre, c'est-à-dire de déterminer comment évaluer la qualité de la vie des personnes. Bentham avait défendu une conception hédoniste du bonheur en postulant que tous les plaisirs étaient de même nature que les plaisirs corporels, et Mill l'avait corrigé en proposant que l'on adopte plutôt une conception plus idéaliste du bonheur, axé sur les plaisirs intellectuels. Tous les deux s'entendaient, cependant, pour concevoir le plaisir comme un état physique et psychologique, ce qui rendait impossible la comparaison interpersonnelle que présuppose le calcul d'utilité, parce

18 John Stuart MILL, *De la liberté*, coll. Folio essais, Paris, Gallimard, 1990, p. 74.
19 Ruwen OGIEN, *L'éthique aujourd'hui. Maximalistes et minimalistes*, coll. Folio essais, Paris, Gallimard, 2007.

que nous n'avons pas les capacités intellectuelles de connaître l'esprit des autres. En raison de ces présupposés, la théorie utilitariste ne pouvait donc pas nous permettre d'évaluer les conséquences possibles de nos actions sur le plus grand nombre. Au XXᵉ siècle, ce sont des philosophes, préoccupés par l'évaluation morale des politiques publiques, qui ont renouvelé notre façon de concevoir la qualité de la vie des personnes. On peut les regrouper en deux écoles. Les premiers ont persisté à croire qu'on doit évaluer la qualité de vie des personnes en termes d'utilité, mais, au lieu de s'appuyer sur la notion de plaisir pour définir le bonheur, ils ont fait appel à celle de préférence. Ils sont à l'origine d'une nouvelle variété de théories utilitaristes qu'on appelle l'«utilitarisme des préférences». Peter Singer en est aujourd'hui le représentant le plus connu. Les seconds, inspirés par les politiques sociales scandinaves, en ont conclu qu'il fallait renoncer à l'utilitarisme. Ils ont plutôt choisi de centrer l'évaluation sur les activités que les personnes étaient capables d'accomplir dans différents domaines de la vie (par exemple, santé, éducation, famille, environnement, vie communautaire et loisir) en tentant de déterminer quelles étaient celles (les activités) qui permettaient à tout être humain de mener une vie florissante ou prospère. C'est l'approche par capacités (ou «capabilités») développée par Amartya Sen et Martha Nussbaum. Nous l'exposerons dans le chapitre 3.

Peter Singer (1946-)

Philosophe australien né à Melbourne. Il fait paraître un article retentissant en 1972 sur le problème de la faim dans le monde : *Famine, Affluence and Morality* (Famine, abondance et moralité). Mais c'est la publication de *La libération animale* (1975) qui l'impose à l'attention mondiale. En 1999, il obtient le prestigieux poste de *Ira W. De Camp Professor of Bioethics* à l'Université de Princeton (États-Unis). Il occupe également à temps partiel le poste de *Laureate Professor* au Centre d'éthique publique et de philosophie appliquée de l'Université de Melbourne depuis 2005. Connu pour son engagement social, il donne 20 % de son revenu annuel à des organismes caritatifs, y compris tous les droits d'auteur de son livre le plus célèbre, *Questions d'éthique pratique* (1993).

Nous pouvons commencer par nous demander en quoi le concept de préférence permet de résoudre le problème que nous avons relevé chez Bentham et Mill. Le recours au concept de préférence a été précédé d'une tentative de faire appel à la notion de désir pour réformer l'utilitarisme qui s'est rapidement heurté à des difficultés importantes [20]. Définir le bonheur comme la satisfaction des désirs, c'est

---

20 Catherine AUDARD, *Anthologie historique et critique de l'utilitarisme*, coll. Philosophie morale, Paris, P.U.F., 1999, tome III, p. 7-94.

encore se situer dans l'ordre de la subjectivité et, de ce point de vue, on peut faire valoir au moins deux objections contre cette définition :

1. La plupart des personnes ont plusieurs désirs, et ces désirs évoluent avec le temps. Par exemple, certains individus désirent devenir médecins vers l'âge de sept ans et, en grandissant, ils choisissent de devenir ingénieurs. La théorie doit-elle prendre en considération les désirs non réalisés des adultes de 40 ans ? D'autres individus, plus excentriques, expriment dans leur testament le souhait que leurs cendres soient dispersées dans l'espace. La société doit-elle également satisfaire les désirs de ces individus ? La façon la plus simple de surmonter cette difficulté est de préciser que la théorie ne prendra en considération que les désirs qui affectent les intérêts des individus. Après leur mort, il est certain que les individus ne seront pas affectés par le fait que leurs désirs ne soient pas satisfaits. Si nous respectons habituellement les dernières volontés des mourants, et nous avons raison de le faire, c'est plutôt parce que cela affecte les intérêts de ceux qui restent, de différentes manières (par exemple, testament ou héritage). On peut faire valoir un argument similaire pour les désirs de l'enfance : il est raisonnable de croire qu'un désir auquel nous avons renoncé cesse d'affecter notre bien-être. Par conséquent, la théorie n'a pas à prendre ce genre de désir en considération.

2. Certaines personnes ont des désirs qui ne contribuent pas à leur bien-être. Par exemple, il y a des individus qui désirent fumer, même si cela est nocif pour leur santé. D'autres désirent jouer au casino alors que cela contribue à ruiner leur situation financière déjà précaire. Est-ce que concevoir le bonheur comme la satisfaction des désirs implique que la théorie doit également maximiser ces désirs ? On pourrait régler ce problème en spécifiant que le calcul d'utilité ne comptabilisera que les *désirs informés* des individus qui affectent leur bien-être. Outre le fait que cette solution éloigne la théorie de l'expérience et lui fait perdre du même coup une partie de son attrait, elle comporte un risque non négligeable de paternalisme. Car, si l'on juge que certains individus ne sont pas assez informés pour désirer en parfaite connaissance de cause, qui choisira pour eux leurs désirs que la théorie comptabilisera ?

C'est pour rompre avec la subjectivité inhérente à la notion de désir et préserver l'autonomie de la personne qui choisit que l'économiste John Harsanyi (1920-2000) proposa de redéfinir le bonheur en termes de préférences. Les préférences d'un individu sont liées à ses choix et à ses besoins. Contrairement aux états mentaux tels que les désirs ou les plaisirs, elles présentent l'avantage de se manifester objectivement dans le comportement des individus. La théorie utilitariste peut alors faire la distinction entre les préférences effectives des gens (entendons celles qui se révèlent à travers leurs actions) et leurs préférences véritables (c'est-à-dire celles que ces personnes auraient si elles agissaient en parfaite connaissance de cause) et choisir de maximiser uniquement ces dernières. On voit comment la théorie dépasse ainsi les présupposés mentalistes de Bentham et de Mill et devient plus «scientifique».

Les limites de la communauté morale remises en question

Jusqu'à maintenant, dans notre examen de la délibération morale utilitariste, nous avons traité la communauté morale comme une évidence. Nous avons fait comme si nous connaissions parfaitement les limites de nos obligations morales et que nous savions qui faisait partie de la communauté morale et qui n'en faisait pas partie. Or, il s'agit là d'une attitude dangereuse, car l'être humain a pratiqué différentes formes d'exclusion à travers l'histoire, comme le racisme et le sexisme. Il y a moins d'un siècle, plusieurs pays occidentaux ne considéraient pas les femmes comme des adultes à part entière et, en conséquence, ils leur interdisaient de voter. Et pendant longtemps, on a cru que le simple fait d'avoir une couleur de peau différente de la couleur blanche suffisait pour repousser un individu hors de la communauté morale et le traiter comme un esclave, c'est-à-dire non seulement comme un animal, mais aussi comme un objet. La question des limites de la communauté morale ne saurait donc être prise à la légère, et ce, d'autant moins que l'évolution de l'économie et les percées des biotechnologies remettent aujourd'hui en question bon nombre de nos préjugés moraux. Ainsi, les frontières entre la vie et la mort sont devenues beaucoup plus vagues depuis que nous avons acquis la capacité de prolonger la vie, que ce soit à ses débuts (diagnostic prénatal, thérapie génique, incubateurs pour les prématurés) ou vers sa fin (greffes d'organes, respirateur artificiel). De même, en matière d'environnement, les impératifs de la croissance économique sont de moins en moins conciliables avec la protection de notre habitat, ce qui nous contraint à faire des choix entre des ordres de valeurs très différents. Enfin, la mondialisation de l'économie a considérablement accru les écarts entre les pays riches et les pays pauvres ainsi que le nombre de réfugiés. Dans ces conditions, il est nécessaire de nous demander où passe la frontière entre ceux qui ont droit au secours et ceux qui n'y ont pas droit, entre ceux que l'on doit accueillir et ceux que l'on peut refuser. On ne saurait donc considérer les limites de la communauté morale comme allant de soi.

Des principes auxiliaires plus conformes à nos intuitions morales

Peter Singer veut montrer que la meilleure façon d'établir clairement les limites de la communauté morale est de faire appel à la théorie utilitariste. Il soutient que le critère d'inclusion le plus approprié est celui de la sensibilité et, comme tous les utilitaristes, il considère que la délibération morale doit s'effectuer à l'aide des principes d'utilité et d'égale considération des intérêts. Mais, pour répondre à quelques-unes des questions auxquelles nous venons de faire allusion, il aura également recours à des arguments particuliers tirés de l'expérience et il sentira le besoin d'établir un certain nombre de distinctions qui serviront de principes auxiliaires à la délibération morale (voir le tableau 1.4). Examinons d'abord ces distinctions. Nous les mettrons ensuite à l'épreuve en les appliquant à un cas difficile pour en évaluer les implications.

TABLEAU 1.4 Les principes auxiliaires de Singer

Une définition morale et cognitionniste [21] de la personne.
Une conception de l'utilitarisme comme utilitarisme de préférence.
La condition de l'existence préalable.
La métaphore du voyage.

La distinction entre personne morale et non-personne

Le concept de «personne» dans le langage de tous les jours est un concept équivoque, car il peut avoir deux sens très différents : un sens biologique et un sens moral. Au sens biologique, le mot «personne» désigne un être humain, c'est-à-dire un membre de notre espèce animale. Pour faire partie de cette espèce, il suffit de posséder de l'ADN humain. Adopter un tel critère dans une délibération morale pour justifier que l'on accorde un traitement spécial à l'être humain, comparé aux autres espèces, conduit cependant à des absurdités évidentes. Cela impliquerait, par exemple, que nous ne pouvons pas disposer de nos cheveux coupés ou de nos rognures d'ongles comme bon nous semble, car ceux-ci auraient un statut moral spécial. Il vaut donc mieux admettre qu'en eux-mêmes les faits biologiques n'ont aucune signification morale. Au sens moral, la personne est un être qui est à la fois autonome et rationnel, c'est-à-dire un être conscient de lui-même en tant qu'être distinct des autres et qui possède la capacité de faire des projets, d'imaginer un avenir [22]. On aura compris que c'est cette définition du concept de «personne» que Singer recommande d'employer dans la délibération morale pour établir qui est une personne et qui ne l'est pas.

---

21 Conception de la personne qui présuppose que celle-ci acquiert son identité en s'incarnant dans un corps et en explorant son environnement, en jouant un rôle (persona = masque de l'acteur).

22 Cette définition présuppose que l'on adopte une conception cognitionniste de la personne, qui s'inspire des écrits de John Locke, plutôt que la conception plus substantielle à laquelle on fait le plus souvent appel dans la vie quotidienne et que l'on retrouve également dans la pensée de Kant (Stéphane CHAUVIER, *Qu'est-ce qu'une personne ?*, coll. Chemins philosophiques, Paris, Vrin, 2003).

La distinction entre l'utilitarisme des préférences et l'utilitarisme classique

Pour un utilitariste classique comme Bentham ou Mill, le fait d'être une personne · ou non n'a aucune importance morale directe dans la délibération morale. La seule chose qui compte est de maximiser l'utilité. S'il se trouve, par exemple, qu'il faut tuer un être qui est une personne pour augmenter le bonheur du plus grand nombre, on peut le faire, à condition de ne pas ajouter de douleur dans le monde de cette manière. Il faudrait donc que la mort de la personne soit instantanée et que cette personne n'ait pas d'amis, de parents, de collègues, etc. Étant donné que ces conditions sont rarement réunies, la seule raison qui peut amener un utilitariste classique à prendre en considération le statut moral d'un être, qui est une personne, sont les effets secondaires de sa mort sur son entourage. Pour ce type d'utilitarisme, le statut de «personne» a donc au mieux une importance morale indirecte. Il n'en va pas de même avec l'utilitarisme des préférences. Les personnes étant, par définition, des êtres qui sont capables d'imaginer leur avenir, elles ont nécessairement des préférences à court et à long terme. Il en résulte que l'acte de supprimer une préférence ne saurait être moralement équivalent à celui de supprimer un plaisir, car, lorsqu'on supprime une préférence à long terme, on met fin à un projet de vie unique que rien ne pourra remplacer ni compenser.

La distinction entre le point de vue total et la condition de l'existence préalable

Le calcul d'utilité dans la théorie utilitariste peut s'effectuer de deux manières différentes. En premier lieu, l'utilitarisme classique considère qu'au moment d'évaluer l'utilité des conséquences pour le bonheur du plus grand nombre de personnes, on doit comptabiliser les plaisirs et les douleurs réelles au même titre que les plaisirs et les douleurs possibles. C'est la raison pour laquelle on qualifie le point de vue qu'il adopte de «total». Cela implique que l'être humain a le même degré de responsabilité envers les êtres qui existent qu'envers ceux qui n'existent pas encore ou dont l'existence est simplement possible. L'utilitarisme de préférence soutient, au contraire, que le calcul d'utilité doit s'effectuer en considérant d'abord les préférences satisfaites et insatisfaites des êtres qui existent déjà. C'est en ce sens que la délibération morale doit respecter la condition de l'existence préalable. L'adoption de cette condition implique qu'avant de songer à augmenter le nombre d'êtres qui pourraient avoir des préférences satisfaites dans le monde, il est de notre responsabilité de chercher d'abord à améliorer la qualité de la vie des êtres qui existent déjà.

La distinction entre la métaphore du compte de crédit et du voyage

Pour évaluer la qualité de vie des êtres qui ne sont pas des personnes et déterminer, par exemple, s'il est moralement permis ou non de remplacer ces personnes, on peut recourir à deux métaphores. La première, celle du compte de crédit, présente l'avantage d'être très intuitive, puisqu'elle présuppose qu'il suffit de faire le bilan des gains et des pertes. Plus la vie des non-personnes contient de préférences satisfaites à court terme, plus elle a de la valeur et, à l'inverse, moins cette vie contient de préférences satisfaites, moins elle possède de valeur morale. Les bilans de ce type sont cependant très contestables et ils semblent impliquer une justification philosophique du suicide, puisque rien n'interdit de conclure qu'une vie qui contiendrait plus d'insatisfactions que de satisfactions ne vaut pas la peine d'être vécue. C'est pourquoi Singer recommande d'utiliser plutôt la métaphore du voyage, l'idée étant que le chemin de la vie est comparable au parcours d'un bateau. Plus on est près du port, moins le chemin a de valeur et plus on s'éloigne du port, plus le chemin acquiert de valeur, car plus on est susceptible d'y avoir mis des efforts et d'y avoir nourri des projets.

 L'éthique en jeu

Peut-il être moral d'administrer un traitement aux hormones à une jeune fille handicapée pour l'empêcher de grandir et de grossir, de procéder à l'ablation de son utérus et de l'opérer pour que sa poitrine ne se développe pas ? C'est la conclusion à laquelle les parents d'Ashley, en accord avec ses médecins et le comité d'éthique de l'hôpital pour enfants de Seattle, sont arrivés. Ashley a neuf ans, mais elle est incapable de marcher, de parler, de tenir un jouet ou de changer elle-même de position dans un lit, et son âge mental ne dépassera jamais celui d'un bébé de trois mois. Ses parents ont soutenu que cette opération améliorerait la qualité de vie de leur fille, car ils pourraient la déplacer et l'emmener plus facilement avec leurs deux autres enfants. De plus, Ashley ne souffrira pas de crampes menstruelles et elle aura un meilleur confort dans un lit ou dans un fauteuil roulant sans de gros seins. Peter Singer a défendu la décision des parents dans les pages du *New York Times* [23].

1. Comment l'utilitarisme pourrait-il justifier cette décision à l'aide des principes auxiliaires de Singer ? Commencez par établir le statut moral des êtres en présence.

2. La réponse à laquelle vous arrivez s'accorde-t-elle avec vos intuitions morales ?

→

---

23 Peter SINGER, « A Convenient Truth », *New York Times,* 26 janvier 2007, p. A21.

3. Pouvez-vous imaginer une décision alternative qui respecte les intérêts de toutes les parties en cause dans cette situation et qui n'exigerait pas des parents une forme d'héroïsme moral qu'on ne demande pas à ceux qui ont la chance d'avoir des enfants en bonne santé ?

Quelques remarques sur la structure des théories conséquentialistes et ses effets

En guise de conclusion, on peut se demander quelles sont les limites ou les principales faiblesses des théories utilitaristes [24]. Il sera cependant plus facile de les découvrir si l'on commence par rappeler ce qui fait l'originalité des théories conséquentialistes. De Bentham à Singer, ces théories se distinguent des autres approches de l'éthique par deux caractéristiques principales : la priorité qu'elles accordent aux états de fait dans l'évaluation morale et la définition de l'action juste en fonction de l'objectif final à atteindre : le bonheur ou le bien-être. Bernard Williams propose de les distinguer par une autre caractéristique : le point de vue que ces théories adoptent pour établir les obligations morales des individus (voir le tableau 1.5).

TABLEAU 1.5 **Les principales caractéristiques de l'utilitarisme**

1 C'est une morale du résultat qui valorise, par conséquent, les états de fait.
2 C'est une morale qui définit l'action juste en fonction du but à atteindre, c'est-à-dire le bonheur du plus grand nombre.
3 C'est une morale qui établit les obligations des individus en adoptant un point de vue neutre ou impartial par rapport à l'agent moral.

1. Dire que les théories conséquentialistes telles que l'utilitarisme valorisent les états de fait signifie qu'elles n'accordent d'importance morale qu'aux résultats de l'action. Ce qui est moralement essentiel pour un utilitariste, c'est qu'il y ait la plus grande quantité d'utilité possible dans le monde. Il en découle que les

---

24 Cette question présuppose que l'on examine la théorie utilitariste du point de vue d'une autre approche de l'éthique, comme le fait Bernard Williams dans *Utilitarisme : le pour et le contre*. Williams défend l'éthique des vertus et cherche essentiellement à montrer que l'utilitarisme ne respecte pas la psychologie des êtres humains. Cela ne veut pas dire que les critiques qu'il formule à l'endroit de l'utilitarisme sont toutes fondées.

motivations de la personne à agir ou son caractère n'ont aucune valeur morale indépendante du résultat final. Les raisons qui poussent une personne à passer à l'acte ou encore le type d'individu auquel nous avons affaire ne devraient donc jamais affecter notre évaluation morale de l'action. Seul le résultat compte.

2. Cela nous permet de comprendre la deuxième caractéristique des théories consé-quentialistes : la valeur morale de l'acte dépend toujours de sa capacité à atteindre le but déterminé à l'avance, qui est le bonheur du plus grand nombre. Cela implique que l'utilitarisme ne dispose pas des ressources conceptuelles nécessaires pour reconnaître qu'un acte peut avoir une valeur morale en soi. L'utilitariste est incapable de concevoir qu'un acte pourrait être moralement juste même s'il n'entraîne pas les meilleures conséquences pour le bonheur de tous. Par exemple, l'utilitariste jugerait qu'il est immoral de ne pas mentir si le mensonge en question a pour effet d'augmenter le bonheur du plus grand nombre, alors que la personne qui refuse de mentir pourrait soutenir qu'il est moralement préférable de ne pas commettre le mal. La possibilité que l'acte juste soit indépendant du bien-être collectif ne peut pas être pensée dans le cadre de cette théorie.

3. Mais ces deux caractéristiques des théories conséquentialistes ne permettent pas de différencier celles-ci des autres approches de l'éthique aussi profondément que la distinction entre le point de vue relatif par rapport à l'agent moral et le point neutre (ou impartial) par rapport à l'agent moral. Le point de vue relatif par rapport à l'agent moral est celui des approches que nous verrons dans les prochains chapitres, soit le déontologisme et l'éthique des vertus. Nous pouvons déjà en donner une idée approximative en reprenant l'exemple du paragraphe précédent : pour les théories qui sont construites selon ce point de vue, ce qui importe moralement, c'est que *je* ne mente pas plutôt que le fait que le mensonge maximise le bien-être collectif. Les théories qui, comme l'utilitarisme, font appel à un point de vue neutre exigent de l'agent qu'il porte un regard absolu sur sa propre action. Cela entraîne des implications très fortes pour leur conception de la responsabilité. On peut s'en rendre compte facilement en partant du principe d'impartialité dont toutes ces théories se servent pour évaluer moralement la décision à prendre.

La doctrine de la responsabilité négative

En vertu de ce principe, chaque agent moral ne doit pas accorder plus de valeur à ses propres intérêts qu'à ceux de tout autre agent affecté par les conséquences de l'action considérée. Cela revient à admettre que chaque agent moral doit devenir en quelque sorte le spectateur détaché de ses propres actions et qu'il doit se regarder vivre de l'extérieur, comme nous pouvons le faire avec les autres. Cette exigence a pour effet de minimiser l'importance des facteurs subjectifs dans l'évaluation morale et de renforcer les prétentions à l'objectivité de ces théories. La question de savoir qui commet l'action et en quoi celle-ci consiste devient négligeable, parce que ce qui importe d'abord et avant tout, c'est de demeurer neutre et de traiter les intérêts de toutes les personnes affectées par les conséquences de l'action de manière égale. Une conséquence plus troublante de cette objectivité est de transformer l'agent moral en une sorte de fonctionnaire du bien-être (ou du bonheur) universel en le dotant d'une immense responsabilité. Admettre qu'on ne doit pas tenir compte de la subjectivité de la personne qui agit entraîne l'impossibilité de distinguer moralement ce qu'elle fait de ce qu'elle ne fait pas ou n'a pas fait. Dans les deux cas, la théorie lui accordera donc le même degré de responsabilité. Habituellement, on considère que les personnes sont responsables de ce qu'elles font. Mais les utilitaristes ont une conception de la responsabilité négative dans la mesure où ils soutiennent que les agents moraux sont également responsables de ce qu'ils *ne* font *pas*. Pour saisir ce que cette thèse a d'étonnant, examinons ses conséquences.

On peut en mentionner au moins trois. Le fait de négliger la subjectivité des personnes dans l'évaluation morale et l'attribution de la responsabilité entraîne:

1. L'impossibilité de faire la distinction entre un résultat dont la cause est naturelle et un résultat dont la cause est humaine. Par exemple, imaginons que 10 000 personnes meurent en raison d'un tsunami et que 10 000 autres meurent des suites d'un bombardement aérien. Nous pourrions penser que dans le premier cas notre responsabilité est moindre que dans le second. Mais, pour les utilitaristes, il n'en est rien, car le résultat est le même: 10 000 morts. Nous avons donc le même degré de responsabilité, parce que dans les deux cas, si nous nous plaçons d'un point de vue impartial, nous avons échoué à produire le meilleur état de fait. Il y a donc eu moins de bonheur dans le monde qu'il aurait pu y en avoir.

2. L'impossibilité de distinguer l'acte de l'omission. Supposons qu'une personne meurt parce qu'on lui a tiré une balle dans la tête et qu'une autre personne meurt parce qu'on a omis de lui donner les antibiotiques dont elle avait besoin pour vaincre une infection. Certaines personnes pourraient penser que, dans le premier cas, il y a eu homicide, alors que, dans le second, il y a seulement eu négligence criminelle. Mais, pour un utilitariste, le résultat est le même dans les deux cas: une personne est morte. En toute impartialité, le monde contient donc moins d'utilité qu'il aurait pu en contenir. Par conséquent, notre degré de responsabilité est identique.

3. L'impossibilité de distinguer le fait que ce soit vous-même qui êtes à l'origine d'un résultat et du fait que cela soit quelqu'un d'autre. Imaginons, cette fois, que vous êtes négociateur dans une prise d'otages et que le terroriste menace de tuer trois des personnes qu'il retient prisonnières. Les personnes pourraient mourir parce que vous avez rompu les négociations ou parce que c'est le terroriste qui a décidé de les rompre. Dans le premier cas, on pourrait croire que c'est vous qui êtes responsable de la mort de ces personnes, alors que dans le second, la responsabilité incombe au terroriste. Mais un utilitariste conclurait que le degré de responsabilité est le même dans les deux cas, car le résultat est identique. Du point de vue d'un observateur impartial, vous avez donc échoué à produire ce qu'il y avait de mieux, et c'est précisément cette obligation qui vous était impartie.

 # Les applications politiques

Nous l'avons vu avec Bentham, la rationalité et l'impartialité qui caractérisent les théories conséquentialistes leur donnent toutes les apparences d'une technique de décision objective. De là, l'indéniable optimisme qu'affichent les défenseurs de cette approche en matière de résolution des problèmes sociaux et politiques. Alors que les penseurs de l'Antiquité, tels que Platon ou Aristote, croyaient que le mieux auquel l'être humain pouvait aspirer dans le domaine de l'éthique était une modification de la compréhension qu'il avait de sa situation dans un monde éternel, les utilitaristes, eux, sont convaincus que les problèmes éthiques sont des problèmes de société et qu'on peut leur apporter une solution. Cela procure à leur théorie un avantage très net en ce domaine sur celle des Anciens. Mais cette supériorité de principe ne va pas sans quelques faiblesses par rapport auxquelles nous devons demeurer vigilants (voir le tableau 1.6).

TABLEAU 1.6 L'utilitarisme : avantages et précautions

Avantages	Précautions
Technique de décision objective.	Conception agrégative du bien-être qui ne précise pas comment celui-ci sera réparti dans la population.
Transition naturelle de la sphère privée à la sphère publique.	Danger de paternalisme et risque de conflit entre l'efficacité administrative et le respect de la démocratie.
Engagement minimal de la part des gouvernements.	Évaluation problématique du bien-être collectif.

Considérées comme des théories du choix social, les théories conséquentialistes peuvent miser sur deux facteurs pour augmenter leur attrait auprès des décideurs : 1. une transition naturelle de la sphère personnelle à la sphère politique ; 2. un engagement moral minimal de la part des gouvernements. Commençons par le premier point. Un des éléments qui pourrait inciter un administrateur ou un politicien à opter pour une approche conséquentialiste en matière d'évaluation des politiques publiques est la facilité avec laquelle on peut admettre qu'un individu, qui raisonne déjà en termes utilitaristes dans sa vie privée, adoptera le même mode de raisonnement quand il s'agira d'évaluer les politiques sociales. Par exemple, si vous acceptez de vous priver de loisirs pour étudier parce que vous savez que les conséquences seront les meilleures sur vos perspectives d'emploi plus tard, il semble naturel de croire que vous accepterez également les compressions budgétaires que propose l'État, parce que cela aura pour effet d'engendrer les meilleures conséquences sur le bien-être collectif plus tard. Il va de soi qu'un individu qui se perçoit déjà lui-même comme un agent maximisateur de son propre bien-être sera enclin à concevoir l'État comme un agent maximisateur du bien-être collectif. Le second élément qui pourrait séduire des administrateurs est la simplicité apparente du programme utilitariste. Cette théorie promet en effet de traiter tous les individus de manière égale en demeurant neutre par rapport à leur projet ou à leurs valeurs. De plus, elle promet un seul principe : l'utilité. Les gouvernements peuvent ainsi faire l'économie d'un engagement moral en faveur de l'égalité, de la liberté, de la justice ou des droits de l'individu. L'unique exigence à respecter est de gérer les affaires publiques en fonction du bien-être collectif. Il s'agit donc, à l'évidence, d'une conception très intéressante pour les décideurs.

Des zones d'ombre inquiétantes

La théorie souffre cependant d'une triple indétermination qui en fait un outil à manipuler avec précaution.

1. S'il est clair que le gouvernement qui adopte une approche utilitariste s'engage à prendre ses décisions en fonction du bien-être collectif, la théorie ne précise pas comment ce bien-être sera réparti dans la population. Parce qu'elle promet de traiter les intérêts de tous les individus également et que chacun compte pour un et seulement pour un, la théorie présuppose que le bien-être collectif n'est rien d'autre que la somme du bien-être de chacun des individus qui font partie de la société. Elle défend ce que l'on appelle une « conception agrégative de la justice ». Dans ce type de conception, on peut éviter d'aborder franchement le problème de la redistribution, car on estime qu'une augmentation de la richesse collective profitera automatiquement à l'ensemble des individus. C'est pourquoi

les décideurs auront tendance à justifier leurs décisions en faisant appel à des indices macroéconomiques, comme le PIB du pays. Or, il se pourrait très bien qu'une augmentation du PIB ne se traduise pas par une amélioration du bien-être de tous les citoyens, mais seulement des mieux nantis. Dans les faits, les politiques publiques d'inspiration utilitariste ont plutôt servi les intérêts des plus mal lotis. Loin d'être indifférente aux inégalités économiques, la théorie peut défendre l'utilité marginale décroissante en faisant valoir que la somme de bien-être dont jouirait une personne pauvre si l'on augmente ses ressources d'un dollar serait nettement plus grande que celle dont profiterait une personne riche avec une augmentation équivalente. Une politique publique d'inspiration utilitariste pourrait donc contribuer à la réduction des inégalités.

2. S'il est clair que les décisions collectives devront maximiser le bien-être de la population, la théorie ne précise pas non plus qui prendra ces décisions. Il va de soi que cet individu sera un spectateur impartial, mais il pourrait s'agir des citoyens, du chef de l'État, d'une petite élite ou des fonctionnaires. Qui plus est, le ou les heureux élus pourraient s'appuyer sur leur expertise pour prétendre mieux connaître que les individus ce qui favorise leur bien-être. Outre ce danger de paternalisme, on peut également remarquer que rien n'indique que le choix de ce ou ces individus sera fait de façon démocratique. Il est en effet presque inévitable que des considérations d'efficacité interviennent dans la réflexion sur la sélection des meilleurs moyens d'atteindre la fin qui est le bonheur du plus grand nombre. S'il s'avérait plus utile pour le bien-être collectif qu'une décision soit prise sans le consentement de la population, la théorie pourrait approuver cette décision.

3. Enfin, s'il est clair que les décisions seront prises en fonction du bien-être collectif, la théorie ne précise pas non plus comment ce bien-être sera évalué. Le gouvernement s'engagera à faire en sorte que la population soit la plus heureuse possible, mais rien n'indique comment il déterminera et choisira les plaisirs (ou les désirs) à maximiser. Ceux des amateurs de sport auront-ils plus de poids que ceux des amateurs d'opéra? Et si, pour dépasser les présupposés mentalistes de Bentham et de Mill, l'État entend plutôt s'appuyer sur les préférences empiriques des individus, il ne pourra faire autrement que de gouverner par sondages. Or, il n'est pas évident que cette solution soit la plus appropriée face au pluralisme qui caractérise notre société, car elle pourrait donner lieu à une situation que redoutait Mill: la tyrannie de la majorité.

James Rachels (1941-2003)

Philosophe états-unien, qui a surtout œuvré dans le domaine de l'éthique médicale où il s'est fait connaître en publiant un article retentissant, *Active and Passive Euthanasia* (1975). Il est l'un des penseurs qui a le plus contribué à faire admettre l'idée qu'un patient peut refuser un traitement et demander de mourir dans la dignité. Il est également l'un de ceux qui ont aidé à lancer le mouvement de l'éthique appliquée en philosophie.

Tuer et laisser mourir de faim

«Si nous pensons qu'il est pire de tuer quelqu'un que de le laisser mourir, ce n'est pas parce que nous surestimons la gravité du fait de tuer; c'est plutôt parce que nous sous-estimons la gravité du fait de laisser quelqu'un mourir. Le raisonnement développé dans cette première partie a pour but de montrer que le fait de laisser des gens mourir de faim dans des pays lointains est beaucoup plus grave qu'on ne le suppose généralement.

[...]

«Étant donné que nous laissons des gens mourir de faim dans des pays lointains, nous en venons parfois à penser que, comme le dit Ph. Foot, "c'est là certainement quelque chose de mal". Mais nous n'irions certainement pas jusqu'à nous considérer comme des monstres, en dépit de la ressemblance frappante entre notre attitude et celle de M. X... Il pourrait facilement sauver l'enfant; il ne le fait pas; et l'enfant meurt. Nous pourrions facilement sauver un certain nombre de ceux qui meurent de faim; nous ne le faisons pas; et ils meurent. Si nous ne sommes pas des monstres, il doit y avoir une différence importante entre M. X... et nous. Mais laquelle?

«Une différence évidente tient au fait que la personne que M. X... laisse mourir se trouve dans la même pièce que lui, alors que ceux que nous laissons mourir sont généralement loin de nous. Cependant, on peut difficilement considérer la distance géographique comme un élément pertinent [25]. Il est absurde de supposer que le fait de se trouver à tel point du globe puisse donner droit à un traitement que l'on ne

---

[25] À ce sujet, et plus généralement à propos de notre devoir de soutenir les actions de lutte contre la faim dans le monde, voir Peter SINGER, «Famine, Affluence and Morality», *Philosophy and Public Affairs,* vol. I, 1972, p. 232.

mériterait pas si l'on se trouvait sous d'autres latitudes. Bien sûr, si le lieu où se trouve la personne rendait toute aide *impossible,* cela nous excuserait. Mais comme il existe des organismes d'aide humanitaire efficaces, et prêts à acheminer notre aide, cette excuse n'est pas valable. Pour nous, ce serait presque aussi facile d'envoyer à ces organismes une somme équivalant au prix du sandwich que, pour M. X…, de donner le sandwich à l'enfant.

[…]

«Une autre différence, importante à première vue, est d'ordre purement quantitatif. Dans notre exemple fictif, un individu, M. X…, est confronté aux besoins d'un autre individu, ce qui rend sa position relativement simple. Dans la réalité, notre position est plus compliquée, et ce de deux façons : premièrement, des millions de gens ont besoin d'être nourris, et aucun d'entre nous n'a les moyens de les aider tous ; et deuxièmement, pour chaque personne que je *pourrais* aider, il y a des millions d'autres personnes aisées qui pourraient le faire aussi facilement que moi.

«Le premier point n'appelle pas de longs commentaires. Il se peut que nous ayons le vague sentiment que nous ne sommes pas des monstres étant donné que nul d'entre nous ne pourrait, quoi qu'il fasse, sauver *tous* les gens qui meurent de faim – ils sont simplement trop nombreux, et aucun d'entre nous n'a les moyens d'une telle entreprise. Certes, mais tout ce qu'on peut en déduire, c'est qu'aucun de nous n'a, en tant qu'individu, la responsabilité de sauver tout le monde. Il ne s'ensuit nullement que nous sommes dégagés de l'obligation de sauver tel ou tel individu, ou même le plus de gens possible. Ceci est à tel point évident qu'on ose à peine y insister ; pourtant, c'est une évidence que l'on perd facilement de vue. Ainsi, selon Richard Trammell [26], une différence importante, du point de vue moral, entre tuer et laisser mourir, réside dans la possibilité de s'acquitter de son devoir (*dischargeability*). Ce qu'il entend par là, c'est que, si chacun d'entre nous peut s'acquitter complètement du devoir de ne pas tuer, aucun d'entre nous ne pourrait s'acquitter totalement d'un devoir nous prescrivant de sauver tous ceux qui ont besoin d'aide. Cela se tient ; mais tout ce qui en découle, c'est que, puisque notre devoir n'est de sauver que ceux que nous pouvons sauver, le groupe de gens que nous avons le devoir de secourir est beaucoup plus restreint que le groupe de gens que nous avons l'obligation de ne pas tuer. Cela n'entraîne *pas* un quelconque relâchement de notre devoir envers ceux que nous sommes en mesure de sauver. Supposons que M. X… dise: "Je ne vois pas pourquoi je donnerais mon sandwich à cet enfant affamé, car, après tout, je serais incapable de sauver tous ceux qui, dans le monde entier, demandent à être

---

26 Richard L. TRAMMELL, «Saving Life and Taking Life», *Journal of Philosophy*, vol. LXXII, 1975, p. 133.

sauvés." Si cette excuse ne vaut pas pour lui, elle ne peut pas servir non plus à justifier notre passivité vis-à-vis des enfants que nous pourrions sauver en Inde ou en Afrique.

«Le second aspect quantitatif évoqué plus haut était que chaque personne affamée que *je* pourrais aider pourrait l'être aussi facilement par des millions d'autres personnes aisées. Certaines mêmes, de par leur plus grande richesse, seraient mieux placées pour le faire. Or, dans l'ensemble, elles ne font rien. Cela permet par ailleurs d'expliquer partiellement pourquoi nous ne nous sentons pas particulièrement coupables de laisser ces gens mourir de faim. L'acuité de notre éventuel sentiment de culpabilité dépend, dans une certaine mesure, du comportement de notre entourage. Si nous étions entourés de gens faisant régulièrement des sacrifices pour aider les gens qui meurent de faim, et que nous ne faisions rien, nous serions probablement honteux. Mais comme nos voisins ne font pas mieux que nous, notre passivité ne nous gêne pas trop.

«Mais, encore une fois, cela ne veut pas dire que nous ne devrions pas nous sentir plus coupables ou gênés que nous ne le sommes. L'explication psychologique de notre comportement n'équivaut pas à sa justification morale. Supposons que dans la pièce où se trouvait M. X..., il y ait eu une vingtaine d'autres personnes et qu'ils aient, tous ensemble, laissé mourir l'enfant; M. X... serait-il moins coupable pour autant? Curieusement, je crois que c'est en effet ce que de nombreuses personnes pensent. Apparemment, beaucoup de gens ont l'impression que si vingt personnes ne font rien pour empêcher un événement dramatique, chacun ne porte qu'un vingtième de la culpabilité qui aurait pesé sur lui s'il avait assisté seul à cet événement. Tout se passe comme s'il y avait une quantité fixe de culpabilité, à répartir entre les individus présents. Pour ma part, je pense que la culpabilité a, au contraire, la faculté de se multiplier, si bien que toute personne restée passive, alors qu'elle aurait pu intervenir, est entièrement coupable. Seul, M. X..., en regardant passivement mourir l'enfant, passe pour un monstre; et ce n'est pas en invitant ses amis à venir assister à la mort de l'enfant qu'il pourra réduire sa culpabilité. Dans pareil cas, nous estimerions que ce sont tous, moralement, des monstres. À partir du moment où l'on présente les choses de façon explicite, cela paraît évident.

«Ceci dit, la passivité de la plupart des gens aisés a peut-être des implications quant à nos propres obligations, mais ces implications vont plutôt dans le sens d'un *renforcement* que dans celui d'un relâchement. Supposons que M. X... et l'un de ses amis se trouvent ensemble face à deux enfants en train de mourir de faim, de sorte que, si chacun accomplissait "sa part" de devoir, M. X... ne devrait nourrir que l'un des deux. Mais admettons que l'ami en question ne fasse rien. Riche comme il est, M. X... pourrait les nourrir tous les deux. Ne serait-ce pas là son devoir? Que penserions-nous s'il en nourrissait un et regardait mourir l'autre, en affirmant avoir fait *son* devoir et en désignant son ami comme le responsable de la mort de l'autre enfant? Cet exemple dévoile le caractère fallacieux de l'idée selon laquelle le devoir de chacun est de faire "sa part", celle-ci étant déterminée par ce qui serait suffisant *si* tout le monde faisait la même chose.

«Pour résumer, M. X…, par son refus de donner un sandwich à un enfant qui est en train de mourir de faim, est, moralement parlant, un monstre. Mais intuitivement, nous ne nous concevons nullement comme monstrueux, alors que nous laissons, nous aussi, mourir des enfants que nous pourrions sauver facilement. Si cette intuition est fondée, il doit y avoir quelque différence décisive entre M. X… et nous-mêmes. Or, l'examen des différences les plus manifestes entre les deux cas – distance, différences d'ordre quantitatif – ne révèle aucun élément susceptible de justifier l'indulgence dont nous faisons preuve à notre égard. Peut-être y a-t-il d'autres éléments moralement décisifs, mais, personnellement, je ne vois pas lesquels. Par conséquent, je conclus que si M. X… est un monstre, alors, nous le sommes également – ou, du moins, c'est ce qui apparaîtra, une fois percées à jour nos rationalisations et notre légèreté de pensée.»

Le texte en questions

1. Quels sont les deux problèmes d'ordre quantitatif que pose la question de laisser mourir de faim des gens à l'étranger?

2. Selon Rachels, est-il vrai que la conception de la responsabilité négative des utilitaristes implique ici que nous avons l'obligation de sauver toutes les personnes qui meurent de faim?

3. Pourquoi la possibilité de s'acquitter de son devoir ne permet-elle pas d'établir une différence morale significative entre tuer et laisser mourir de faim?

4. Quel principe de la délibération morale utilitariste permet de comprendre l'affirmation de Rachels selon laquelle la culpabilité a pour caractéristique de se multiplier plutôt que de se diviser?

5. La conclusion de Rachels, selon laquelle nous sommes des monstres, vous semble-t-elle fondée?

Source : James RACHELS, «Tuer et laisser mourir de faim», trad. par Dominique Buysse, dans Marc NEUBERG, *La responsabilité. Questions philosophiques*, coll. Philosophie morale, Paris, P.U.F., 1997, p. 197-201.

1. Pourquoi le projet de réforme du droit de Bentham implique-t-il que le législateur passe par l'éthique ?

2. Pourquoi ne peut-on pas dire que les principales motivations morales que Bentham attribue à l'individu sont aussi subjectives que relatives ?

3. Qu'est-ce qui distingue la conception du bonheur de Bentham de celle des penseurs de l'Antiquité ?

4. Nommez et expliquez en quoi consistent deux des faiblesses de l'utilitarisme classique de Bentham.

5. Expliquez comment J.S. Mill tente de corriger toutes les faiblesses de la théorie de Bentham.

6. Qu'est-ce qui fait la distinction entre l'utilitarisme classique de Bentham et de Mill, et l'utilitarisme des préférences de Singer ?

7. Pourquoi peut-on dire que l'utilitarisme véhicule une conception de la responsabilité négative ?

8. Expliquez en quoi consistent trois des implications qu'entraîne la conception de la responsabilité négative de la théorie utilitariste.

9. Pourquoi l'utilitarisme peut-il être séduisant comme théorie du choix social ?

10. Expliquez trois des failles de l'utilitarisme dans ses applications politiques.

Chapitre 2

Les approches déontologiques

« Ce qui commence quand la dignité d'un seul individu est foulée aux pieds se solde trop souvent par une calamité pour une nation toute entière. » *Kofi Annan*

Les deux approches de l'éthique qu'il nous reste à voir se définissent très souvent en opposition aux théories conséquentialistes. Elles reprochent en particulier à l'utilitarisme de négliger deux types de considérations morales :

1. Les engagements moraux partiaux des individus (famille, amis, carrière, loisirs, etc.) ;

2. L'ensemble des interdits moraux, c'est-à-dire les actions qui ne devraient jamais être commises.

La première négligence est facile à saisir : dans le cadre d'une théorie utilitariste, les individus doivent constamment vivre en fonction des autres et ils ne peuvent jamais accorder la priorité à leurs propres projets. Un artiste placé dans cette situation devrait donc sacrifier son art pour le bien-être de sa famille, de ses proches, voire de la population. La seconde négligence suppose une déduction : étant donné que le but à atteindre est prédéterminé dans la théorie utilitariste, la réflexion morale ne s'exerce que sur les moyens. Il en découle que la fin peut justifier tous les moyens, y compris le sacrifice d'un individu, s'il s'avère que ces moyens contribuent au bonheur du plus grand nombre. En conséquence, l'éthique des vertus et l'approche déontologique jugent que l'utilitarisme ne respecte pas le point de vue personnel des agents moraux. Leur ambition commune est de montrer qu'une théorie morale qui prétend s'accorder avec nos intuitions doit prendre la valeur de l'individu beaucoup plus au sérieux. Le point de vue moral que la théorie adopte pour établir les obligations des individus doit donc être relatif à l'agent et non neutre (ou impartial) par rapport à lui comme dans l'utilitarisme. Dans le présent chapitre, nous examinerons l'approche déontologique. La manière dont l'éthique des vertus entend relever ce défi fera l'objet du chapitre suivant.

Les théories déontologiques se distinguent des autres façons de concevoir l'éthique par leur discours, lequel est axé sur les droits et les devoirs des individus. Elles admettent toutes que l'agir moral ne peut consister à rechercher notre intérêt personnel ou à poursuivre le bien-être général en toute circonstance et que, dans leurs rapports avec les autres et avec eux-mêmes, les individus doivent s'imposer des limites. Celles-ci s'expriment sous la forme de contraintes, d'interdictions, de normes, de règles ou de prescriptions que les individus doivent respecter en tout temps – l'idée sous-jacente étant qu'il existe un certain nombre d'actes qui sont mauvais en eux-mêmes et qui, pour cette raison, ne peuvent jamais devenir le but de l'action, ni servir de moyen pour atteindre celui-ci. Aussi la plupart des contraintes déontologiques sont-elles formulées de manière négative : « Tu ne tueras pas », « Tu ne porteras pas de faux témoignage », etc. C'est dans la notion de « devoir » (en grec, *déontos*) que viennent se condenser l'ensemble de ces exigences morales. C'est pourquoi cette notion est au centre des approches déontologiques. Toutefois, nous devons ici nous prémunir contre une erreur fréquente.

En effet, dans la vie quotidienne, nous utilisons très souvent l'adjectif «déontologique» en association avec l'expression «code déontologique», et ce, pour désigner les devoirs particuliers liés à l'exercice d'un métier ou d'une profession. En ce sens, les policiers, les médecins, les avocats et les infirmières ont chacun un code de déontologie à respecter. Mais la grande majorité des obligations que contiennent ces codes n'ont rien de spécifiquement moral. Ce sont avant tout des règles administratives qui sont destinées à maintenir la qualité des services offerts par ces professions et, en conséquence, la bonne réputation de l'Ordre qui a jugé nécessaire de les adopter. Cela n'implique pas, évidemment, que les individus ne puissent pas éprouver des problèmes éthiques dans l'application de ces règles, voire dans l'exercice de leurs activités professionnelles. Mais ces règles n'ont pas pour but de remplacer la réflexion morale. Quand nous qualifions une approche de «déontologique», dans le domaine de l'éthique, ce qui est visé par cette expression est quelque chose de beaucoup plus fondamental : ce sont les obligations morales que nous avons en tant qu'être humain. Or, nous sommes tous des êtres humains avant d'être des professionnels. Toutes les théories déontologiques présupposent ainsi une conception des agents moraux en tant que personnes, c'est-à-dire en tant qu'êtres autonomes. Nous pouvons donc maintenant dégager les implications de cette idée pour la structure générale de ces théories (voir le tableau 2.1).

TABLEAU 2.1 Ce qui distingue les théories déontologiques

1	Elles sont axées sur les droits et les devoirs des individus.
2	Elles présupposent une conception des agents moraux en tant que personnes, c'est-à-dire en tant qu'êtres autonomes.
3	Elles reconnaissent que les agents moraux ont des buts et des projets différents les uns des autres.

Soutenir que les êtres humains sont des êtres autonomes revient à reconnaître qu'ils sont capables de se donner leur propre but. Étant donné que les individus diffèrent les uns des autres, il y a tout lieu de croire qu'ils auront des buts, des désirs, des ambitions, des projets distincts. La possibilité de poursuivre leurs buts et de réaliser leurs projets contribuera donc à donner un sens à leur vie. Les théories déontologiques admettent ainsi comme point de départ le pluralisme des valeurs. Elles reconnaissent d'emblée que les individus ont des motivations morales très variées.

Il en découle que le rôle de la théorie dans cette approche de l'éthique ne consiste pas à dire aux individus ce qu'ils devraient faire pour être heureux en leur assignant un but, comme dans l'utilitarisme. Il est plutôt de s'assurer que les individus disposent de l'espace nécessaire pour poursuivre et réaliser librement leurs projets sans avoir à subir d'interférence de la part des autres. Les limites de cet espace sont définies par les droits des individus. Puisque nous vivons les uns avec les autres, nous pouvons en conclure que la théorie doit faire en sorte que chacun dispose du plus grand espace possible tout en traitant l'autre de manière égale. Autrement dit, la théorie doit tenter de concilier les valeurs de liberté (autonomie) et d'égalité.

Compte tenu de leur structure, les théories déontologiques font face à trois problèmes récurrents (pour une vue d'ensemble, voir le tableau 2.2) :

TABLEAU 2.2 Les problèmes des théories déontologiques

1	Les droits et les devoirs des individus doivent être définis.
2	La hiérarchie des droits doit être justifiée (ou fondée).
3	Les conflits de droits (ou de devoirs) entre les individus doivent pouvoir se résoudre.

1. Déterminer et définir les droits et les devoirs des individus, ce qui revient à établir quels sont les actes qui sont considérés comme mauvais en eux-mêmes et à expliquer pourquoi ils le sont. Le meurtre, la torture, la coercition, les menaces, le vol, l'emprisonnement arbitraire, le mensonge et la trahison pourraient être de bons exemples, mais à condition que l'on soit capable de dire pourquoi ces actes sont mauvais indépendamment de leurs conséquences. Pour justifier l'inscription d'un droit ou d'un devoir sur leur liste, les philosophes font généralement appel à nos intuitions morales ainsi qu'à des traditions ou à des habitudes bien établies (c'est pourquoi les penseurs qui adhèrent aux principes des théories déontologiques sont parfois présentés comme des «intuitionnistes»).

2. Préciser la hiérarchie de ces droits et de ces devoirs, établir quels sont les droits qu'il faut considérer comme fondamentaux et quels sont ceux qui ne devraient pas l'être. Les philosophes se réfèrent habituellement à des principes généraux pour faire cette distinction.

3. Préciser comment résoudre les conflits de droits (ou de devoirs) entre les individus. Les contraintes déontologiques se présentent en effet comme des contraintes absolues. Par conséquent, il est inévitable que les individus finissent par vivre des conflits. Que faire alors quand le droit à la liberté d'expression remet en question le droit à la sécurité, par exemple ? L'unique façon de résoudre ce type de conflit

est de spécifier la portée des devoirs des individus, c'est-à-dire de trouver un moyen de les relativiser. Une des stratégies les plus courantes pour cela consiste à distinguer ce qui est moralement permis de ce qui est moralement interdit. Mais ce n'est pas la seule et elle n'est pas entièrement satisfaisante.

Leur défense de l'autonomie donne habituellement un avantage pratique incontestable aux approches déontologiques sur les approches conséquentialistes, mais sur le plan théorique, cela est beaucoup moins évident, comme nous allons le constater bientôt [1].

Historiquement, c'est dans la tradition contractualiste [2] issue des philosophies de Thomas Hobbes, John Locke, Jean-Jacques Rousseau, Emmanuel Kant et John Rawls que les approches déontologiques de l'éthique ont trouvé le terreau le plus favorable à leur développement. La raison en est que les théories du contrat social s'appuient toutes sur le consentement des individus pour justifier le choix des règles de coopération qui détermineront le fonctionnement des institutions sociales et politiques. Avant d'examiner les deux versions les plus célèbres de ces théories et leurs critiques, rappelons l'idée de base des approches déontologiques à l'aide d'une critique originale de l'utilitarisme: celle du juriste et philosophe Ronald Dworkin.

Dworkin et les droits des minorités : une critique de l'utilitarisme

Dans un article fameux intitulé «Les droits comme atouts» [3], Dworkin a mis en évidence l'idée centrale des approches déontologiques de l'éthique en retournant contre elle-même la logique de la pensée utilitariste. Son argument est le suivant: ce qui explique la séduction qu'exerce la théorie utilitariste sur le plan politique est la promesse contenue dans le principe d'impartialité de traiter tous les individus de manière égale. Mais dans ses applications, la théorie ne respecte pas cette égalité. Pour être cohérent avec lui-même, l'utilitarisme devrait donc accepter de donner des droits aux individus, c'est-à-dire de se transformer en théorie déontologique. Comment Dworkin prouve-t-il cela?

---

1   Pour cette présentation de la structure des théories déontologiques, *cf.* Nancy Ann DAVIS, «Contemporary Deontology», dans Peter SINGER, *A Companion to Ethics*, Malden, Massachusetts, Blackwell Publishing, 1993, p. 205-218.
2   Celle qui s'inspire des théories du contrat social qui apparaissent au début du xviie siècle.
3   Ronald DWORKIN, «Les droits comme atouts», dans Catherine AUDARD, *Anthologie critique et historique de l'utilitarisme*, coll. Philosophie morale, Paris, P.U.F., 1999, tome III, p. 216-237.

Ronald Dworkin (1931-)

Philosophe et juriste états-unien, né à Worcester, au Massachusetts. Après des études aux universités de Harvard, puis d'Oxford, où il entre en tant que boursier Rhodes, il revient étudier le droit à Harvard avant de se familiariser avec la pratique à la Cour d'appel des États-Unis. Dworkin est nommé à la chaire de jurisprudence de l'Université d'Oxford, où il remplace H.L.A. Hart en 1969. Depuis son départ, il enseigne à l'University College, à Londres, où il occupe actuellement le poste de *Jeremy Bentham, Professor of Jurisprudence,* et à l'Université de New York. En 2007, il obtient le prestigieux prix Holberg, l'équivalent du prix Nobel pour les sciences humaines. Parmi ses œuvres traduites en français, mentionnons : *Prendre les droits au sérieux* (1977), *Une question de principe* (1985) et *L'empire du droit* (1986).

Un gouvernement soucieux de respecter l'utilitarisme dans ses politiques sociales doit prendre le principe d'impartialité au sérieux, ce qui implique qu'il doit demeurer neutre par rapport aux préférences de tous les individus qui appartiennent à la société. Cela signifie que ce gouvernement ne doit favoriser aucun projet de société, aucune conception de la vie bonne [4] par rapport à une autre. Imaginons que, dans la société qu'il doit gouverner, il y ait des individus de couleur, et que les préférences de la population soient défavorables à ces individus. Il est clair que si le gouvernement maximise les préférences de la population dans ces conditions, cela va entraîner une discrimination, car les personnes de couleur seront moins égales que les autres. Pourquoi l'application du principe d'impartialité engendre-t-elle ici un résultat inégal ? C'est parce que ce principe n'est pas un outil conceptuel assez raffiné pour faire la distinction entre deux types de préférences, les préférences internes et les préférences externes. Tous les individus ont des préférences qui portent sur la manière dont ils veulent vivre. Certains désirent, par exemple, devenir avocats ; d'autres, médecins, ingénieurs, informaticiens, inhalothérapeutes, thanatologues ; d'autres encore veulent se marier et avoir des enfants ou demeurer célibataires. Ce sont leurs préférences internes.

Mais les individus ont également des préférences qui portent sur le monde dans lequel ils désirent vivre et, par suite, sur la manière dont ils voudraient que les autres individus vivent. Il y a des personnes qui ne veulent pas d'un monde dans lequel se trouvent des gens qui se droguent, des gens qui se prostituent, des personnes handicapées, des personnes âgées, des jeunes, des enfants, des homosexuels, des lesbiennes, des terroristes, des catholiques, des protestants, des musulmans, des hindous, des sikhs… et des personnes de couleur. Ce sont leurs préférences externes.

---

4   Le concept de « vie bonne » correspond à l'idée – qui est au fond aristotélicienne – que chaque individu cherche à réaliser dans sa vie un but ou un projet qui est pour lui un bien et qui lui permet de donner un sens à sa vie.

Si la théorie comptabilise les préférences internes au même titre que les préférences externes des personnes, elle finira par trahir sa promesse de traiter tous les individus de manière égale. Pour éviter de se transformer en théorie inégalitaire, l'utilitarisme doit donc spécifier que les préférences externes des personnes ne seront pas prises en considération. La meilleure façon de le faire, selon Dworkin, est d'accorder des droits aux individus afin de les protéger des préférences de leurs concitoyens. Les droits fonctionnent en effet comme un atout dans les jeux de cartes (bridge, tarot). Leur rôle est de bloquer le jeu de l'adversaire quand les préférences externes de celui-ci deviennent menaçantes pour un joueur.

Dans notre contexte, cela signifie que le gouvernement doit accorder aux individus menacés le droit d'être traités de manière égale. Le plein exercice d'un tel droit devra, quant à lui, faire l'objet d'accommodements institutionnels, mais, dans le cas d'un comportement jugé «déviant» qui ne porte pas atteinte aux droits des autres – par exemple, celui d'un individu qui se distancie des pratiques religieuses ou culturelles dominantes du groupe auquel il appartient –, il pourrait s'agir de reconnaître un droit à l'indépendance morale. Dans un autre article influent, Dworkin définit les implications sociales et politiques de cette idée d'égalité morale des individus en proposant une nouvelle conception du libéralisme centrée sur la neutralité politique de l'État par rapport aux projets de société ou aux conceptions de la vie bonne des individus [5]. Mais il nous suffit pour le moment de retenir qu'une théorie utilitariste qui veut demeurer cohérente dans ses applications doit se transformer en théorie déontologique.

Kant et la fondation des approches déontologiques

L'origine des théories déontologiques est une question très complexe, mais l'on s'entend habituellement pour reconnaître qu'un penseur y a joué un rôle plus grand que les autres : Emmanuel Kant. À ce titre, on pourrait considérer celui-ci comme le fondateur de l'approche déontologique. Ce choix peut se justifier de trois manières.

1. Peu de philosophes dans l'histoire des idées ont déployé autant d'efforts pour tenter d'identifier des principes moraux universels, et la pensée de Kant demeure incontournable pour comprendre les débats contemporains sur la justice et les droits humains ;

---

5 *Cf.* Ronald DWORKIN, *Une question de principe*, coll. Recherches politiques, Paris, P.U.F., 1996, p. 225-255.

2. Kant s'est explicitement opposé à certains aspects dominants des approches conséquentialistes de l'éthique;

3. Enfin, Kant est également l'auteur de la défense la plus stricte du droit de propriété [6] et, en tant que tel, la principale influence des théories libertariennes [7] contemporaines.

Emmanuel Kant (1724-1804)

Philosophe allemand né à Königsberg (aujourd'hui Kaliningrad), en Prusse-Orientale. Issu d'un milieu modeste, il étudie la philosophie et les sciences naturelles à l'Université de Königsberg. Il devient ensuite professeur dans cet établissement, où il enseigne pendant 22 ans. Gai, drôle et éloquent en classe, ce célibataire monomaniaque [8] ne se détourne de sa routine qu'à deux occasions: sa lecture de l'œuvre de Rousseau et la Révolution française. À sa mort, il a droit à des funérailles nationales. Kant apporte une contribution fondamentale à tous les domaines de la philosophie auxquels il s'est intéressé: la connaissance, l'éthique, l'esthétique et la politique. Sa philosophie morale est rassemblée dans les œuvres suivantes: *Fondements de la métaphysique des mœurs* (1785), *Critique de la raison pratique* (1787), *La religion dans les limites de la simple raison* (1793) et *La métaphysique des mœurs* (1797).

Nous avons vu, dans l'introduction du présent manuel, que l'intuition morale associée aux approches déontologiques est celle que nous mobilisons dans le dilemme du chirurgien (voir à la page 8): il existe des actions moralement interdites, peu importe leurs conséquences. Autrement dit, il y a dans nos rapports les uns avec les autres et avec nous-mêmes des limites à ne pas franchir. Toute la question revient à savoir comment établir ces limites. Or, il s'agit là d'une question typiquement kantienne.

Dans sa philosophie de la connaissance, Kant a démontré que la raison humaine ne peut pas connaître ce qui est au-delà du monde humain, comme Dieu ou les essences dans la métaphysique. Elle peut seulement connaître ce que l'homme est capable d'expérimenter, c'est-à-dire le monde naturel. Et pour déterminer ce que l'homme est capable d'expérimenter, nous n'avons pas besoin de faire appel à des expériences particulières. Il suffit que nous nous interrogions sur les conditions de possibilité de l'expérience en général, ce qui revient à dire sur nos capacités de connaître. Kant en conclut ainsi que la véritable connaissance précède

---

6 *Cf.* Samuel FLEISCHACKER, *A Short History of Distributive Justice*, Cambridge, Massachusetts, Harvard University Press, 2005, p. 68-75.
7 Les théories libertariennes se distinguent des théories libérales dans la mesure où elles renoncent à défendre l'égalité des individus pour mieux défendre leur liberté. D'où leur nom.
8 Se dit d'un individu qui est obsédé par une habitude dominante (*cf. Le Petit Robert*).

l'expérience, qu'elle est *a priori,* et qu'elle porte sur les formes de l'intuition que sont l'espace et le temps, ainsi que sur les concepts de l'entendement que sont, par exemple, la causalité, l'existence ou la substance [9]. Tout ce que la raison peut connaître doit nécessairement avoir été configuré par les catégories de notre esprit. Son activité se heurte donc à une double limite : elle n'a pas accès à ce qui la dépasse (Dieu), ni à ce qui est purement sensoriel (les sensations).

Dans le domaine de la morale, Kant utilise une démarche similaire. Il admet d'abord que le jugement moral est la chose la mieux partagée, en ce sens que tout être humain, peu importe qu'il soit éduqué ou non, est capable de distinguer le bien du mal par lui-même. Par conséquent, le rôle de la philosophie ne peut pas consister à dire aux individus ce qu'ils doivent faire. Il est plutôt d'établir quelles sont les conditions de possibilité du jugement moral ou, ce qui revient au même, de montrer ce qui rend le jugement moral possible. En ce sens, on peut dire que l'ambition de Kant est de défendre l'universalité du jugement moral. L'originalité de cette démarche tient à la méthode : pour déterminer les conditions de possibilité du jugement moral, Kant refuse de faire appel à l'autorité du bien, comme le font les penseurs de l'Antiquité, et au témoignage de l'expérience (celui des sens), comme le font les utilitaristes. Il entend procéder uniquement par déduction (ou par analyse) en partant de la raison. Il présuppose ainsi que les jugements moraux ne portent pas sur ce qui est, mais sur ce qui devrait être. Leur objet n'est pas la réalité mais l'idéal. Ce ne sont pas des jugements de fait, des jugements d'expérience, mais des jugements de la raison, des jugements idéaux [10]. Quelles sont donc les conditions à remplir pour que le jugement moral puisse s'exercer ?

Le concept de bonne volonté

La première condition nécessaire à l'exercice du jugement moral est la bonne volonté. Kant soutient que la bonne volonté est la source de toute valeur, y compris de la valeur de la vie. Pour agir de manière morale, pour juger moralement des actions humaines, il faut d'abord se référer à la norme de la bonne volonté. Cela implique que la valeur morale de toutes les autres qualités qu'un être raisonnable peut posséder, telles que le talent, les dons ou les traits de caractère, dépend de la présence ou de l'absence de cette bonne volonté. Un talent comme l'intelligence, par exemple, n'a pas de valeur morale en lui-même, car il est possible pour un individu de mettre son intelligence au service du crime. Mais Kant en dit autant des traits de caractère tels que la prudence, le courage, la modération, et autres,

---

9   Kant établit une liste exhaustive de 12 concepts purs de l'entendement qu'il nomme la « table des catégories ». Pour plus de détails, voir la section « Analytique des concepts » dans *Critique de la raison pure,* coll. GF, Paris, Flammarion, 2001.

10 Pour cette présentation, *cf.* Ferdinand ALQUIÉ, *Leçons sur Kant,* coll. La petite Vermillon, Paris, La Table Ronde, 2005.

que les moralistes de l'Antiquité (comme Platon [427-348 av. J.-C.] et Aristote [384-322 av. J.-C.]) avaient placés au centre de l'évaluation morale. Les voleurs peuvent faire preuve de prudence ou se montrer courageux. Seule la présence d'une bonne volonté confère ainsi une valeur morale aux talents, aux dons et aux traits de caractère. Mais cela ne nous dit pas encore ce qu'est une bonne volonté.

Kant définit la bonne volonté exclusivement en fonction de l'intention avec laquelle elle se détermine à agir, et ce, indépendamment des conséquences de l'action. En ceci, il s'oppose aux approches conséquentialistes. Une bonne volonté n'est rien d'autre que le produit d'une bonne intention. Proche de Rousseau sur ce point, Kant estime en effet que la morale est d'abord une affaire de « cœur », c'est-à-dire de disposition intérieure. L'empire de la volonté peut s'exercer uniquement sur cette disposition intérieure, sur l'intention qui la détermine à agir. C'est pourquoi Kant estime que les conséquences de l'action sont moralement arbitraires, en ce sens qu'elles comportent un élément de hasard qui ne dépend pas de nous et qui, pour cette raison, ne saurait servir à établir la valeur morale de l'action. Ce sont très souvent les circonstances extérieures qui font en sorte que l'acte produit par la bonne volonté atteint son but. Le succès ou l'échec d'un acte ne saurait donc être un critère de moralité. Cela implique-t-il pour autant que Kant tombe dans une morale de la facilité ? Car, après tout, chacun sait bien que l'enfer est pavé de bonnes intentions. La réponse est non. Il y a chez Kant un sens du tragique qui lui permet de reconnaître que les perdants ont aussi leur dignité, en ce sens que la grandeur morale de leur acte demeure, même s'ils ont échoué, à condition qu'ils aient fait tout ce qu'ils ont pu pour être à la hauteur de leur intention. Soit. Mais cela ne nous explique pas encore d'où l'intention tire sa valeur morale.

Étant donné que la bonne volonté ne dépend pas des conséquences de l'action, il est clair que la valeur morale de l'intention ne peut pas dépendre de son but. Poursuivre un but, ce serait s'inscrire dans l'ordre du désir et de la sensibilité, et cela reviendrait à centrer l'évaluation morale sur le plaisir ou sur la peine que procure la satisfaction ou non du désir, comme les utilitaristes. Or, selon Kant, l'agir moral s'inscrit plutôt dans l'ordre de la raison. La valeur morale de l'intention ne peut donc provenir que de son *principe,* c'est-à-dire de ce qui est premier dans l'ordre des raisons qui nous poussent à agir. Il en découle que le concept de « bonne volonté » présuppose une conception dualiste de l'être humain. Cette séparation de la raison et du désir, de l'esprit et du corps n'est nulle part plus apparente que dans le second concept important de la morale kantienne : celui du devoir.

Le concept de devoir

Kant soutient que le concept de «devoir» est compris dans celui de «bonne volonté». Autrement dit, si nous analysons rigoureusement le concept de «bonne volonté», nous découvrirons nécessairement ce qu'est un devoir moral. Bien que nous soyons des êtres raisonnables, nous ne sommes pas de purs esprits. En effet, nous ne sommes ni des anges ni des dieux. Il est par conséquent inévitable que notre bonne volonté se heurte à nos désirs ou à nos inclinations. C'est précisément parce que nous sommes capables de faire la différence entre ce que nous désirons et ce que nous avons le sentiment de devoir faire, que l'expérience morale se présente à nous sous la forme d'une contrainte qui nous impose un sacrifice. Que s'agit-il de sacrifier? Le devoir exige que nous fassions le deuil de tout ce qui en l'être humain ne relève pas de son autonomie ou de sa volonté, c'est-à-dire de la part sensible ou naturelle de l'expérience humaine. Contre les utilitaristes, Kant soutient ici que les êtres humains ne sont pas faits pour le bonheur. Si tel avait été le cas, la nature leur aurait donné de meilleurs instincts en partage et non la raison.

Pour qu'un acte ait une valeur morale, il doit, selon Kant, avoir été accompli uniquement par devoir, ce qui veut dire que le principe qui détermine la volonté à agir ne doit pas être arbitraire. L'acte doit avoir été voulu par la raison de l'individu. Autrement dit, il doit s'agir d'un acte autonome[11]. Cela implique une rupture avec la nature et la société. Un geste posé mécaniquement, par automatisme ou par habitude, n'appartient pas au domaine de la morale, pas plus d'ailleurs qu'un acte commis sous l'influence d'amis, de parents, de publicité, de psychotropes, d'un parti politique ou d'une Église, par exemple. Les actes de ce type sont en effet des actes hétéronomes, dans la mesure où le principe qui détermine la volonté à agir est autre (en grec, *hétéro*) qu'elle-même. Dans tous ces cas, le principe de l'acte repose à l'extérieur de la volonté et il dépend de la reconnaissance préalable de l'autorité qui pousse la volonté à agir. Or, le choix de cette autorité ne peut être qu'arbitraire. Pourquoi aurions-nous l'obligation de suivre les dogmes particuliers de telle Église et non de telle autre, par exemple? Il y a donc quelque chose d'irrationnel dans ce choix. Si le devoir donne à l'acte moral la couleur de l'effort, c'est parce que la volonté doit d'abord surmonter tout ce qui est autre qu'elle-même pour que le principe qu'elle choisit provienne uniquement de la raison. D'où le sentiment que nous éprouvons d'avoir une obligation pénible à remplir et de faire face à une contrainte.

---

11 Sur la notion d'autonomie dans la philosophie morale de Kant, *cf.* Onora O'NEILL, «Autonomie, le roi est nu», *Raison publique*, nº 2, avril 2004, p. 63-91.

Nous pouvons nous demander cependant s'il est réellement possible de savoir si nous agissons par devoir. Kant concède lui-même qu'il s'agit d'un idéal et il établit pour cette raison une distinction entre «l'acte accompli par devoir» et «l'acte accompli par conformité extérieure au devoir». Ce dernier type d'acte a toutes les apparences de la moralité, mais seulement les apparences. La personne qui agit se contente alors de manifester dans son comportement extérieur qu'elle suit les règles de la morale sans y adhérer intérieurement. Cette attitude s'appelle le «légalisme». Par exemple, un homme pourrait se montrer prévenant envers une personne âgée parce qu'il espère ainsi augmenter ses chances de séduire la fille de celle-ci. D'un point de vue extérieur, son comportement semblerait alors conforme au devoir. Mais, en réalité, le mobile de son acte ne serait pas «pur», car son comportement serait dicté par l'intérêt, c'est-à-dire par l'objet de son désir. Pour agir par devoir, cet homme devrait se détacher de toute expérience sensible et agir de manière désintéressée. Il devrait donc s'assurer que le principe qui détermine sa volonté provient exclusivement de sa raison. Mais comment pourrait-il en être certain?

L'impératif catégorique

Kant fait ici face à une difficulté majeure. Il ne peut pas dire aux personnes ce qu'elles devraient faire, car alors il ne respecterait pas leur volonté (leur autonomie). Mais il ne peut pas non plus leur proposer un répertoire de bonnes actions, parce qu'il faudrait alors qu'il passe par l'expérience et qu'il s'appuie sur des exemples particuliers. Or, nous avons dit que la morale ne porte pas sur ce qui est, mais bien sur ce qui doit être. La solution que propose Kant consiste à s'appuyer sur la raison pour évaluer non pas le contenu de l'intention (sa matière), mais sa forme.

L'exigence morale prend, pour des êtres raisonnables, l'apparence d'une contrainte que leur impose le devoir. Pour rendre compte de cette contrainte, Kant soutient que la Loi morale est inscrite dans la raison au même titre que les axiomes des mathématiques. Cette loi s'exprime sous la forme d'un commandement de la raison, un impératif, qui ne souffre aucune exception et que, pour cette raison, on appelle l'«impératif catégorique». Le rôle de celui-ci est de nous représenter la nécessité de l'acte moral indépendamment de son but. Kant en présente quatre formulations. Nous en retiendrons deux. (Pour une vue d'ensemble, voir le tableau 2.3, à la page suivante.)

TABLEAU 2.3 Deux des quatre formulations de l'impératif catégorique en un coup d'œil

	Première formulation : « Agis toujours d'après une maxime telle que tu puisses vouloir en même temps qu'elle devienne une loi universelle. »	Troisième formulation : « Agis toujours de manière à ce que tu traites l'humanité en ta personne aussi bien qu'en celle de toute autre, toujours comme une fin, jamais comme simple moyen. »
Fondement	Universalité de la loi.	Autonomie de la personne se posant ses propres fins.
Appréciation morale	Universaliser la maxime de mon action sans qu'elle se contredise.	La maxime de mon action doit traiter autrui comme une fin et non comme un moyen.
Exemple	Dois-je tuer mes ennemis ? Non, car si tout le monde tuait ses ennemis, cela entraînerait la disparition de l'humanité, ce qui veut aussi dire celle de la condition de possibilité du meurtre. Ma maxime n'est donc pas morale.	Dois-je rester indifférent au malheur d'autrui ? Non, car nous ne voudrions pas les fins des autres. Ma maxime n'est donc pas morale.

La première formulation, la plus stricte, s'énonce ainsi : « Agis toujours d'après une maxime telle que tu puisses vouloir en même temps qu'elle devienne une loi universelle. » Cela revient à dire que la valeur morale de l'intention repose sur la capacité de la raison ou de la volonté à l'universaliser sans contradiction. Si la règle d'action personnelle que nous voulons suivre – c'est la définition d'une maxime – ne peut pas être universalisée sans se contredire, nous pouvons en conclure que notre intention est immorale. Il en va ainsi, par exemple, de l'intention de tuer. Nous pourrions nous donner comme maxime « il faut tuer ses ennemis », mais celle-ci ne passe pas le test de l'impératif catégorique. Si tout le monde tuait ses ennemis, cela entraînerait la disparition de l'humanité, ce qui veut aussi dire celle de la condition de possibilité du meurtre. Or, c'est précisément cela qui est contradictoire : une maxime qui entraîne la négation de sa propre condition de possibilité. Puisque l'intention de tuer ne peut pas être universalisée, il est clair qu'elle est immorale. En réalité, la personne qui se donne une telle maxime ne souhaite pas l'universaliser; elle cherche simplement à supprimer ses ennemis personnels. Autrement dit, elle reconnaît qu'en général, on ne doit pas tuer, mais elle est prête à faire une exception en sa faveur. Il en découle que la valeur morale que cette formule de l'impératif catégorique défend est celle de l'égalité ou, dans le vocabulaire de Kant, celle de la justice.

La troisième formulation de l'impératif catégorique est beaucoup plus connue. C'est celle qui a eu, comme le souligne Onora O'Neill, le plus grand impact culturel [12] : «Agis toujours de manière à ce que tu traites l'humanité en ta personne aussi bien qu'en celle de toute autre, toujours comme une fin, jamais comme simple moyen.» Kant s'appuie ici sur sa conception de l'être humain comme personne, c'est-à-dire comme être autonome, pour soutenir que la dignité de l'homme repose sur sa capacité à se donner ses propres fins. Les êtres qui peuvent concevoir des projets par eux-mêmes et se donner des buts ont une valeur morale spéciale qui les met à part des autres créatures. C'est pourquoi ils méritent d'être traités avec respect. Il en découle que nous ne devons pas nous servir des autres comme de simples moyens, parce qu'ils ne peuvent pas consentir à un tel traitement. Aucun être raisonnable n'accepterait de perdre son autonomie pour être ainsi réduit au rang d'objet et, pour en être certains, nous n'avons pas besoin de faire un sondage. Il suffit, soutient Kant, de considérer rationnellement le principe que nous serions prêts à suivre dans nos rapports les uns avec les autres, et nous conclurons que ce principe est celui de l'impératif catégorique. Le même raisonnement conduit Kant à condamner la paresse et à soutenir que nous avons le devoir de développer nos talents. De manière plus subtile, la conception kantienne de la personne nous oblige également à vouloir les fins des autres. Dans notre analyse du concept de «devoir», nous avons vu que nous n'étions pas de purs esprits, des anges ou des dieux. La conscience de notre faiblesse doit donc nous inciter à vouloir le soutien des autres pour parvenir à nos fins et, réciproquement, à aider les autres lorsqu'ils sont dans la misère. Il en résulte qu'il nous est interdit de demeurer indifférents au malheur d'autrui. Kant admet donc ici, comme les utilitaristes, que nous avons un devoir de bienveillance envers l'humanité. Mais, à la différence de ces derniers, il reconnaît que nous ne pouvons pas aider tous ceux qui en ont besoin. C'est pourquoi il limite la portée de ce devoir à celle de nos moyens en lui accordant le statut d'une obligation morale imparfaite.

---

12 *Cf.* Onora O'NEILL, «Kantian Ethics», dans Peter SINGER, *A Companion to Ethics*, Malden, Massachusetts, Blackwell Publishing, 1993, p. 178.

Les devoirs négatifs et les devoirs positifs

Enfin, Kant établit une distinction entre les devoirs envers soi-même et les devoirs envers autrui et, à l'intérieur de ces deux catégories, entre les devoirs parfaits et les devoirs imparfaits [13]. Sont dits « parfaits » ou « stricts » ou « négatifs » (ces expressions étant ici équivalentes) les devoirs absolus qui, dans nos rapports les uns avec les autres, s'appliquent à tous les agents et à toutes les situations. Ils ne souffrent aucune exception et s'expriment toujours sous la forme d'une interdiction. Ce sont des devoirs de non-interférence ou de non-intervention. Appartiennent à cette catégorie les devoirs de « ne pas tuer », de « ne pas mentir » et de « ne pas voler », par exemple. Leur correspondent les droits fondamentaux des autres. Sont dits « imparfaits » ou « larges » ou « positifs » les devoirs absolus qui nous incombent parce que nous ne sommes pas entièrement autonomes et qu'il se peut que nous ayons besoin de l'aide des autres. Ces devoirs nous obligent à poser des gestes concrets (devoirs de commission ou d'intervention), mais leur mise en pratique dépend des moyens de l'agent moral. Entrent dans cette catégorie le devoir de charité et le devoir de porter secours, par exemple. Dans la pensée de Kant, ils ne correspondent à aucun droit, mais on s'en est inspiré au XXe siècle pour concevoir les droits de l'enfance. (Pour une vue d'ensemble, voir le tableau 2.4.)

TABLEAU 2.4 Les concepts de Kant et leurs caractéristiques

1	**Bonne volonté**	Produit d'une intention pure, d'une véritable disposition intérieure à vouloir une fin.
2	**Devoir**	Obligation d'agir de façon entièrement libre. Donne la valeur morale à l'acte.
3	**Devoir négatif**	Devoir de non-interférence qui s'exprime toujours sous la forme d'une interdiction.
4	**Devoir positif**	Devoir d'intervention qui oblige à poser des gestes concrets pour aider les autres.
5	**Impératif catégorique**	Commandement de la raison qui ne souffre aucune exception.

---

13 *Ibid.*

L'éthique en jeu

Parmi les droits suivants, énoncés par la Charte québécoise des droits et libertés de la personne, quels sont ceux qui imposent un devoir négatif aux individus comme au gouvernement et quels sont ceux qui leur imposent un devoir positif? Justifiez votre réponse.

1. Toute personne a droit à l'information, dans la mesure prévue par la loi.

2. Toute personne a droit à la sauvegarde de sa dignité, de son honneur et de sa réputation.

3. Chacun a droit au respect du secret professionnel.

4. Les personnes appartenant à des minorités ethniques ont le droit de maintenir et de faire progresser leur propre vie culturelle avec les autres membres de leur groupe.

La doctrine de l'acte à double effet

Si Kant réussit à clarifier de manière exemplaire la notion qui occupe le centre des approches déontologiques, celle de «devoir», sa conception très rigide de l'évaluation morale conduit en revanche, avec une fréquence inacceptable, à des conclusions contraires aux intuitions morales les mieux partagées. C'est ainsi, par exemple, que l'application rigoureuse de l'impératif catégorique nous obligerait à interdire l'avortement, et ce, même quand la santé de la mère est menacée, puisque l'intention de tuer ne peut jamais être universalisée. Or, plusieurs de nos intuitions morales nous inclinent à croire qu'il peut parfois être moralement justifié de tuer un être humain. Il n'est besoin que d'évoquer la légitime défense, l'avortement thérapeutique, certaines formes d'euthanasie et la guerre juste pour s'en convaincre. Le fait qu'une théorie morale ne corresponde pas à nos intuitions morales n'est pas en soi un argument contre cette théorie. Mais il est certain que l'idéal pour une théorie morale est que les individus la mettent en pratique. Or, ils ne le feront pas s'ils jugent que la théorie ne respecte pas leurs intuitions. Afin d'éviter de devenir la chasse gardée d'une poignée de penseurs, la théorie doit donc se doter des ressources conceptuelles qui lui permettent de répondre des intuitions qui lui résistent. Cela revient à nous demander s'il existe, dans les approches déontologiques, des principes qui permettent de distinguer en toute rigueur les cas d'homicides justifiés de ceux qui ne le sont pas.

Pour répondre à ce type de question, les approches déontologiques ont habituellement recours à la doctrine de l'acte à double effet, une « théorie » qui a été mise
au point par les théologiens catholiques au Moyen Âge. La doctrine de l'acte à
double effet part du constat que nos actes peuvent avoir deux effets : un « bon »
effet (l'effet visé ou intentionnel) et un « mauvais » effet (l'effet prévu mais non
voulu), qui est l'effet secondaire que l'on qualifie également de « dommage
collatéral ». La thèse que défend cette doctrine est que la distinction entre l'intention
directe de l'acte (effet visé ou intentionnel) et l'intention oblique (effet prévu mais
non voulu) peut avoir une importance morale en ce sens qu'il est parfois
moralement permis de provoquer des effets secondaires ou des dommages
collatéraux même s'il demeure interdit de viser directement ces effets. La
doctrine autorise donc à engendrer la mort si celle-ci est un effet secondaire de
l'acte au lieu de son intention initiale. Par exemple, un médecin qui voudrait
prescrire une injection de morphine à un patient cancéreux en phase terminale,
pour le soulager de sa douleur, pourrait le faire ici, même s'il sait que cet acte
risque d'entraîner la mort de son patient en provoquant une dépression de ses
voies respiratoires. Son intention initiale est de soulager son patient, et la mort
est un effet secondaire de son acte, prévu, mais non voulu.

Ses conditions d'application

L'application de la doctrine de l'acte à double effet est cependant une opération délicate. On s'entend généralement pour admettre qu'elle doit respecter quatre conditions [14] :

1. L'intention initiale de l'agent moral doit être bonne. Le médecin veut ici soulager son patient de sa douleur.

2. L'effet direct de l'acte est moralement acceptable. La dépression des voies respiratoires causée par la morphine ne conduit pas nécessairement à la mort.

3. L'effet secondaire mauvais de l'acte ne doit pas être visé comme moyen ni comme fin. Cela signifie que la mort ne doit pas être le moyen utilisé par le médecin pour soulager son patient. Cette condition est respectée puisque c'est la morphine qui joue ce rôle. Et la mort du patient ne doit pas non plus être le but visé par le médecin. Cette condition est également respectée, car le médecin veut soulager le patient de sa douleur.

4. L'effet ou les effets secondaires de l'acte respectent la règle de proportionnalité. L'effet prévu, mais non voulu de l'acte, ne doit pas être tel que l'intention initiale de l'agent moral paraisse dérisoire. Autrement dit, l'effet secondaire de l'acte ne doit pas être d'un ordre de grandeur tel qu'il dépasse l'intention initiale de l'agent moral. Dans un cas d'euthanasie, cela implique que les souffrances du patient en phase terminale soient tellement grandes que l'action de soulager celui-ci paraisse plus urgente que la possibilité de sa mort.

Ses faiblesses

En s'appuyant sur cette doctrine, les approches déontologiques peuvent justifier des actions qui demeureraient autrement interdites sans passer par l'utilitarisme et elles se donnent également les ressources conceptuelles pour faire face à des individus immoraux. Il est clair, en effet, que ce n'est pas le bonheur du plus grand nombre qui permet ici de contourner l'interdiction de tuer et qu'en cas de riposte à une agression entraînant la mort de l'agresseur, la personne attaquée pourrait se justifier en soutenant que ce décès est un effet secondaire de son acte de se défendre. Cela n'empêche pas la doctrine de l'acte à double effet de souffrir de trois faiblesses :

1. Elle prend en considération les conséquences de l'action, alors que les théories déontologiques prétendent n'évaluer que les intentions des agents moraux, ce qui est incohérent ;

---

14 Nous empruntons ces quatre conditions à Michael WALZER, *Guerres justes et injustes*, Paris, Belin, 1999, p. 220-221.

2. Elle semble encourager l'hypocrisie morale, car il est toujours facile après coup de réécrire l'action en prétendant que l'effet secondaire de l'action n'était pas voulu ;

3. De manière plus troublante, elle présuppose que nous avons les moyens d'évaluer des biens qui pourraient s'avérer incommensurables, comme la vie et la mort.

Pour ces raisons, les penseurs contemporains ont voulu réviser cette doctrine en lui donnant de meilleurs fondements et, pour cela, ont fait appel à la pensée de… Kant !

Les ajustements proposés par Philippa Foot

Philippa Foot (1920-) a fait valoir que la force de la doctrine de l'acte à double effet repose sur la distinction entre «viser directement quelque chose» et «laisser simplement arriver quelque chose», et elle a soutenu qu'on devait interpréter cette distinction à l'aide des catégories kantiennes de devoirs négatifs et de devoirs positifs [15]. Il en résulte que si l'on doit s'abstenir de viser directement l'effet mauvais de l'acte, l'effet secondaire, c'est parce que celui-ci correspond au devoir négatif de s'abstenir de faire le mal, qui est un devoir de non-intervention («ne pas tuer»). À l'inverse, si l'effet mauvais est moralement permis quand il est une conséquence indirecte de l'acte, c'est parce qu'il correspond à un devoir positif de s'abstenir de laisser arriver le mal, qui est un devoir d'intervention («porter secours à un blessé»). Deux dilemmes peuvent nous aider à prendre la mesure de cette innovation.

Supposons que vous soyez conducteur de tramway et que, pour une raison inconnue, vous n'ayez plus de freins [16]. Si vous continuez sur la voie principale sur laquelle vous êtes engagé, vous risquez de tuer cinq cheminots qui s'affairent à réparer la voie ferrée. Il est certain que ceux-ci ne vous entendront pas venir, puisqu'ils portent tous des bouchons pour protéger leurs oreilles du bruit. Par chance, vous pouvez emprunter une voie secondaire avant d'arriver à la hauteur des cheminots. Mais, comble de malheur, vous vous apercevez qu'un cheminot travaille, lui aussi, sur cette voie et dans des conditions identiques aux cinq autres. Devriez-vous demeurer sur la voie principale ou emprunter la voie secondaire avec toutes les conséquences que cette décision implique ?

Selon la doctrine de l'acte à double effet, le conducteur du tramway devrait choisir la voie secondaire. Son intention initiale est bonne : il veut sauver le plus grand nombre d'innocents. L'effet direct de l'acte est moralement acceptable : le fait

---

15 Philippa FOOT, « Le problème de l'avortement et la doctrine de l'acte à double effet », dans Marc NEUBERG, *La responsabilité. Questions philosophiques*, coll. Philosophie morale, Paris, P.U.F., 1997, p. 155-170.

16 Philippa Foot emprunte ce dilemme à Judith Jarvis Thompson, qui l'aurait elle-même emprunté à James Rachels, s'il faut en croire le fils de ce dernier.

d'emprunter la voie secondaire n'entraînera pas nécessairement la mort d'un innocent. L'effet prévu mais non voulu, c'est-à-dire la mort possible du cheminot solitaire, n'est pas le but visé par le conducteur ni le moyen qu'il utilise pour sauver les cinq autres cheminots (c'est le changement de voie qui joue ce rôle). Le principe de proportionnalité est également respecté : cinq personnes innocentes seront sauvées et une seule risque de mourir.

Selon l'interprétation kantienne, le conducteur de tramway devrait également prendre la même décision, mais pour des raisons différentes. Il est en effet confronté à un conflit de devoirs négatifs. Il ne doit pas viser directement la mort de cinq personnes ni d'une seule personne innocente. Étant donné que ces obligations morales sont symétriques («ne pas tuer»), il doit choisir l'action qui causera le moins de mal.

La version classique de la doctrine de l'acte à double effet et la version révisée que nous propose Foot arrivent donc ici à des conclusions identiques. Mais ce ne sera pas nécessairement le cas dans toutes les situations.

Pour nous en convaincre, considérons le dilemme suivant : imaginons que vous avez cinq patients à soigner et que, pour sauver quatre d'entre eux, vous avez

besoin de fabriquer un gaz dont les émanations mortelles risqueraient de se répandre dans la chambre d'un autre. Vous n'avez aucun moyen de contrôler ces émanations. Devriez-vous fabriquer le gaz en question? Ici, la doctrine de l'acte à double effet répond «oui». L'intention initiale est bonne: sauver la vie de quatre patients. Par ailleurs, l'effet direct est moralement acceptable: la fabrication du gaz ne tuera pas nécessairement l'autre patient. L'effet secondaire de l'acte, c'est-à-dire la mort d'un patient, n'est pas le but que vous visez ni le moyen que vous utilisez pour sauver les quatre autres; et le principe de proportionnalité est respecté: quatre personnes seront sauvées et une seule risque de mourir. Selon l'interprétation kantienne de cette même doctrine, il vous serait moralement interdit de fabriquer ce gaz. Vous faites face ici à un conflit de devoirs asymétriques: d'un côté, vous avez le devoir positif de venir en aide à quatre patients; de l'autre, le devoir négatif de ne pas tuer un patient innocent. Étant donné que les devoirs négatifs ne souffrent aucune exception, ils pèsent plus lourd dans la balance que les devoirs positifs. Par conséquent, vous devez leur accorder la priorité.

Nous sommes maintenant en mesure de vérifier si ces assouplissements conceptuels permettent de mieux répondre à nos intuitions morales que la conception kantienne de l'impératif catégorique. Penchons-nous sur un exemple classique (voir la rubrique «L'éthique en jeu» ci-après).

 L'éthique en jeu

Moussa vient frapper à la porte de son ami Ben en pleine nuit. À bout de souffle, parce qu'il vient d'échapper à une patrouille états-unienne, l'Irakien implore le Juif de lui offrir un refuge pour le soustraire à l'ennemi qui rôde. Celui-ci accepte. Quelques heures plus tard, les généraux états-uniens ordonnent à leurs troupes de nettoyer la ville de Mossoul de ses habitants irakiens. On procède donc à la fouille systématique de chaque habitation. C'est ainsi qu'on arrive bientôt à la demeure de Ben. Un petit caporal, à la tête d'une patrouille fortement armée, trouble à nouveau le sommeil du Juif et lui demande s'il n'aurait pas vu entrer chez lui une personne dont le signalement correspond à celui de Moussa. Que devrait répondre Ben?

1. Quelles sont les deux possibilités d'action de Ben? Que peut-il dire exactement?

→

2. Quelles sont les deux obligations morales en conflit auxquelles Ben fait face? Précisez le type de devoir en cause (négatif ou positif).

3. Que devrait faire Ben s'il voulait appliquer la morale de Kant? Justifiez votre réponse à l'aide du concept de l'impératif catégorique.

4. La doctrine de l'acte à double effet pourrait-elle amener Ben à prendre une autre décision? Pourquoi? Justifiez votre réponse.

Une évaluation critique

Comme vous avez pu le constater avec ce dernier exercice, les tentatives de sauver la philosophie morale de Kant ne sont pas parfaitement convaincantes. Cela implique que la conception kantienne de l'éthique présente un certain nombre de faiblesses qu'il importe de savoir reconnaître. Nous pouvons en mentionner au moins quatre.

1. La première, et la plus évidente, est son rigorisme. L'importance que Kant accorde à l'universalité des obligations morales le conduit à refuser toute exception aux règles déontologiques, même lorsque les conséquences qu'engendre le fait de suivre ces règles nous empêchent de rendre compte de l'importance des valeurs morales en cause. L'exemple du mensonge est instructif à cet égard: la vérité a plus de poids aux yeux de Kant que la vie humaine elle-même! De ce point de vue, l'utilitarisme indirect de Mill, qui recommande de toujours évaluer les conséquences du respect que nous portons aux règles morales, semble avoir raison. Mais nous pouvons remarquer en faveur de Kant (et aussi en partie en sa défaveur[17]) que le fait qu'un principe ait une portée universelle n'implique pas que ses applications doivent être uniformes. L'universalité d'un principe est tout à fait compatible avec l'idée d'un traitement différencié, comme nous pouvons le constater avec le principe des impôts, qui sont proportionnels à la capacité de payer[18].

2. Cette faiblesse en entraîne une deuxième aux yeux des conséquentialistes: la frilosité morale. En évaluant l'acte moral uniquement en fonction de la pureté de l'intention avec laquelle la personne agit, Kant est conduit à donner un grand poids à la conscience morale des individus. Dans certains cas, cela peut inciter ceux-ci à se désengager du monde, c'est-à-dire à s'abstenir d'agir, alors que s'ils avaient accepté

---

17 Dans un texte célèbre, Kant a refusé de modifier sa position en dépit des absurdités évidentes auxquelles conduit l'application de ses principes. *Cf.* Benjamin CONSTANT et Emmanuel KANT, *Le droit de mentir*, Paris, Mille et une nuits, 2003.

18 Pour cet exemple et cette défense de Kant, *cf.* Onora O'NEILL, «Kantian Ethics», dans Peter SINGER, *A Companion to Ethics*, Malden, Massachusetts, Blackwell Publishing, 1991 (1997), p. 182.

de se salir les mains, c'est-à-dire de compromettre leur conscience morale, leur acte aurait eu pour effet de contribuer au bien-être d'un grand nombre de personnes.

3. La philosophie morale de Kant est également incapable de nous dire ce qu'il faut faire lorsque nos devoirs entrent en conflit. Il est vrai que la valeur que Kant accorde à l'intention peut nous permettre d'établir une distinction entre l'action et l'omission qui peut parfois servir à orienter la décision morale, comme dans le cas de Jim et des Indiens (voir à la page 34). Ce qui est moralement important dans ce dilemme serait en effet, pour un kantien, d'éviter d'être soi-même la cause de la mort d'un innocent. Aux prises avec un conflit de devoirs asymétriques (le devoir positif de venir en aide aux Indiens et le devoir négatif de ne pas tuer un innocent), Jim doit accorder la priorité à son devoir négatif. Il vaut donc mieux qu'il omette d'agir et qu'il laisse le militaire assumer seul la responsabilité de la mort des innocents. Mais cette distinction sera inopérante en cas de conflits de devoirs symétriques. Plus sérieusement, les conséquentialistes peuvent faire valoir ici que ce n'est pas seulement la hiérarchie de nos devoirs qui fait problème, dans la pensée de Kant, mais que c'est aussi leur contenu et leur portée. Qu'implique exactement, par exemple, le respect de l'autonomie de la personne? Peut-il s'exprimer uniquement à l'aide de devoirs négatifs? Dans ce cas, il risque de donner lieu à une morale purement formelle, c'est-à-dire à un catalogue d'interdits qui ne nous oblige à poser aucun geste précis. Si nous admettons que ce respect comporte également des devoirs positifs, comme le suggère Kant, et qu'il implique, par exemple, de prendre en considération les besoins matériels des personnes, comment pourrons-nous déterminer ceux-ci sans tenir compte de leurs consé-quences sur le bien-être des personnes?

4. La dernière faiblesse de la philosophie de Kant concerne la place qu'il convient d'accorder aux émotions en éthique. La réponse de Kant semble être: aucune. Pour agir de manière morale, il est en effet nécessaire d'agir par devoir, ce qui implique que le principe qui détermine la volonté à agir provienne uniquement de la raison. La volonté doit donc se couper de la sensibilité, des désirs et de tout ce qui est de l'ordre de l'affectivité. Mais, si les émotions n'ont aucune valeur en tant que motivations morales, Kant semble admettre que certaines d'entre elles peuvent en avoir en tant qu'effet de l'agir moral. C'est du moins ce que suggère la place qu'il accorde au sentiment de respect envers la Loi morale qui doit suivre, selon lui, l'action morale. Il reste que nous pouvons nous interroger sur le sens qu'il faut donner à cet idéal ascétique, comme le fera Friedrich Nietzsche (1844-1900) dans sa *Généalogie de la morale*.

De l'éthique au politique : la théorie de la justice de Rawls

Comme nous l'avons indiqué au début du présent chapitre, c'est au XXe siècle que les approches déontologiques en éthique ont connu leur développement le plus important parmi les théories contractualistes. Nous pouvons expliquer ce phénomène en le considérant en partie comme un héritage de la pensée kantienne. La troisième formulation de l'impératif catégorique (voir le tableau 2.3, à la page 76) nous oblige, en effet, à respecter les autres dans nos interactions avec eux, c'est-à-dire à les traiter comme des sujets autonomes et, par conséquent, à obtenir leur consentement lorsque nous avons besoin de faire appel à eux. En ce sens, nous pouvons affirmer que notre liberté s'arrête là où commence celle des autres et vice-versa. Or, c'est justement ce principe d'une autolimitation réciproque des libertés individuelles (celui du consentement ou du respect) qui est au cœur des théories contractualistes. Selon celles-ci, les obligations morales découlent d'un accord initial, d'un contrat, que les individus ont passé entre eux pour régir leurs relations. C'est donc parce qu'ils se sont librement engagés à respecter les règles de ce contrat – ils y ont consenti – qu'ils ont en retour le devoir de les suivre. Ils ont promis d'obéir, ils doivent donc obéir. Le travail du théoricien consiste alors à déterminer les limites de ce contrat, c'est-à-dire à examiner quelles sont les raisons qui ont conduit les individus à consentir à cet accord et dans quelles conditions celui-ci a été négocié.

John Rawls (1921-2002)

Philosophe états-unien né le 21 février 1921 à Baltimore, au Maryland. Son enfance est marquée par la tragédie. En effet, deux de ses frères meurent en bas âge des suites d'une maladie infectieuse qu'il leur transmet. Rawls en éprouve un tel choc que son élocution s'en trouve perturbée : il devient bègue. Le militantisme de sa mère le sensibilise à la cause de l'égalité des femmes, et les écarts de richesse qu'il découvre pendant ses vacances achèvent d'éveiller son sens de la justice. Après son baccalauréat, il fait son service militaire. C'est ainsi que l'expérience de la guerre dans le Pacifique ébranle sa foi. Il termine ensuite son doctorat et entreprend une carrière de professeur qui le conduit à Harvard, où il reste jusqu'en 1995. Sa *Théorie de la justice* (1971) est l'œuvre la plus marquante du XXe siècle dans le domaine de la philosophie politique. Parmi ses écrits, on compte également : *Libéralisme politique* (1993), *Paix et démocratie* (1999) et *La justice comme équité* (2001).

Le contractualisme dans les relations interpersonnelles

Les théories contractualistes ont donné lieu à des applications intéressantes dans le domaine des relations interpersonnelles et dans le domaine de la philosophie politique. Nous pouvons, en effet, admettre sans peine que les rapports que nous avons les uns avec les autres dans la vie privée sont régis par une sorte de contrat implicite, auquel les individus consentent librement quand ils s'engagent dans une relation. Par exemple, supposons que deux individus célibataires décident de partager un même logement. Le fait qu'ils aient librement consenti à leur statut ne les autorise pas à ouvrir et à lire le courrier que reçoit leur colocataire. Nous pouvons donc considérer qu'en choisissant de partager leur logement, ils se sont engagés de manière implicite à s'imposer des limites, c'est-à-dire à respecter la liberté de l'autre. Le problème avec ce type d'interprétation est qu'on ne voit pas très bien en quoi un contrat hypothétique engage les personnes. Il est clair que le bail est un contrat réel et légal. Les individus doivent donc le respecter, sinon ils pourraient faire face à des poursuites. Mais pourquoi devraient-ils se sentir liés par un contrat qu'ils n'ont pas signé et qui demeure de l'ordre de la fiction ? Et, si nous supposons qu'ils ont implicitement promis de le respecter, nous pouvons toujours demander pourquoi ils devraient respecter une promesse hypothétique [19].

Le contractualisme en philosophie politique

C'est sans conteste dans le domaine de la philosophie politique que les théories contractualistes ont connu les développements les plus prometteurs. Le principe du consentement que Kant a formalisé avec sa troisième formulation de l'impératif catégorique y devient en effet le critère de légitimité des gouvernements. Avant l'apparition de l'État, les individus vivaient isolés les uns des autres, sans lois et sans morale. Leurs rencontres épisodiques pouvaient donc facilement se transformer en conflits violents. Afin d'assurer leur sécurité, ils auraient alors décidé d'un commun accord de renoncer à exercer leur pouvoir de tuer et de s'engager à respecter un minimum de règles qui auraient donné naissance à l'État. Voilà le principe du contrat social. Comme explication historique de l'apparition des sociétés et de l'État, les théories du contrat social prêtent le flanc aux deux objections dont nous avons parlé précédemment à propos des contrats fictifs. Mais parce qu'elles présupposent que les obligations morales sont le fruit de conventions artificielles entre individus considérés comme naturellement égaux, et que ces individus agissent

---

19 Dans le cas des conjoints de fait, ce problème peut avoir des conséquences tragiques sur le partage du patrimoine familial, car, au Québec, le Code civil ne leur reconnaît aucune obligation l'un envers l'autre. Cf. Yves BOISVERT, « Marier les conjoints de fait ? », *La Presse*, 29 février 2008, p. A5.

en fonction de leurs intérêts, ces théories peuvent également être conçues comme des moyens de produire les contrats les plus en mesure de défendre les intérêts des membres d'une société donnée [20]. Tout dépend alors de la manière dont on interprète l'égalité naturelle des individus. Soit nous considérons que les individus ont les mêmes capacités physiques et mentales, comme le faisait Thomas Hobbes, et nous concevons les obligations morales en termes d'avantages mutuels. Soit nous présupposons, à l'instar de Kant, que les individus ont le même statut moral en tant que personnes, et nous définissons les obligations morales en termes d'impartialité. L'un des grands mérites de la théorie de la justice de Rawls est de rendre compte de ces deux interprétations en s'appuyant explicitement sur une conception kantienne de la personne.

La société comme entreprise de coopération

En tant que penseur libéral [21], Rawls endosse une conception négative du pouvoir politique. Lord Acton (1834-1902) a donné la formule canonique du credo libéral en affirmant que «le pouvoir corrompt et que le pouvoir absolu corrompt absolument». De là, la nécessité pour tous les auteurs libéraux de limiter les interventions de l'État. Mais parce que Rawls défend également une conception kantienne de la personne, il doit montrer que la forme que prendra la limitation du pouvoir de l'État est susceptible d'obtenir l'approbation et le soutien des individus qui appartiennent à la société. Cette exigence est particulièrement sensible à tout ce qui pourrait passer pour un avantage injustifié que la structure de la société impose, à travers l'appareil de l'État, aux individus. Le défi, pour Rawls, est donc d'établir en quoi les obligations morales que nous impose une conception kantienne de la personne limitent aussi bien ce que le gouvernement peut faire à un individu en se servant du pouvoir de l'État que l'organisation même de l'État, c'est-à-dire sa Constitution. Son premier argument en faveur de la justice sociale est cependant un argument conséquentialiste. Pour bien le saisir, nous devons commencer par comprendre comment fonctionnent les institutions sociales, selon Rawls [22].

Nous avons l'habitude d'employer le mot «institution», dans la vie quotidienne, pour désigner des organisations que nous considérons comme des agents collectifs [23]. Les collèges, les universités, les parlements, les banques, les syndicats, les palais de justice et les Églises sont autant d'exemples de telles institutions. Mais quand

---

20 *Cf*. Will KYMLICKA, «The Social Contract Tradition», dans Peter SINGER, *A Companion to Ethics*, Malden, Massachusetts, Blackwell Publishing, 1991 (1997), p. 188.
21 Le libéralisme est une philosophie politique qui soutient que l'organisation de l'État doit respecter la liberté et l'égalité morale des individus.
22 Dans le paragraphe suivant, nous reprenons la leçon de Thomas POGGE, *John Rawls. His Life and Theory of Justice*, New York, Oxford University Press, 2007, p. 28-41.
23 *Ibid.*, p. 28.

Rawls affirme que «la justice est la première vertu des institutions sociales», ce n'est pas en ce sens qu'il faut entendre le mot «institution». En effet, dans la théorie de Rawls, ce terme renvoie plutôt à des pratiques sociales qui sont caractérisées par des règles ou des systèmes de règles et dont la particularité est de «structurer les relations et les interactions entre les agents»[24]. Le hockey est un bon exemple d'une telle pratique. Dans ce sport, les différentes positions des joueurs (centre, ailier, défenseur et gardien) sont définies par les règles du jeu, qui établissent également ce qu'il est permis de faire ou non. Nous pouvons donc en conclure que ces règles structurent les relations et les interactions entre les joueurs. Sont ainsi des institutions au sens de Rawls tous les sports d'équipe, les relations affectives entre les individus (époux/épouse, parent/enfant), les relations de coopération économique (employé/employeur, etc.), les procédures judiciaires (jury/juré)… et la promesse, dont le modèle exemplaire est le contrat. Mais la théorie de la justice de Rawls ne porte pas sur toutes les institutions sociales; elle s'intéresse uniquement à une institution particulière: celle de l'État moderne ou de la société définie comme un système fermé et isolé où un grand nombre de gens vivent ensemble sur un territoire géographique donné pendant plusieurs générations. Pourquoi ces individus auraient-ils besoin d'une théorie de la justice?

Faisons comme si la société était une équipe de hockey. Commençons alors par nous demander ce qui pourrait bien motiver les membres de l'équipe à jouer ensemble. La première réponse qui vient à l'esprit est l'intérêt personnel. Si le fait de jouer en équipe ne procurait aucun avantage aux joueurs, il est presque certain qu'ils cesseraient de le faire. Il faut donc admettre que la coopération sociale permet à chaque joueur de vivre une vie meilleure que celle qu'il aurait eue s'il avait choisi de dépendre uniquement de ses efforts personnels. Elle leur donne accès à des arénas, à des patinoires, à des voyages, etc. Mais le jeu d'équipe comporte également son lot d'inconvénients. Les joueurs ne sont pas indifférents à la manière dont on répartit les avantages de leur coopération. Ainsi, chaque joueur préfère, par exemple, une plus grande part de temps de glace à une plus petite, car cela augmente ainsi ses chances d'atteindre ses objectifs. Mais tous les joueurs ne peuvent pas jouer au même moment, et le temps qu'on leur alloue risque d'affecter non seulement leur rendement, mais encore leur valeur sur le marché, leur salaire, leur perspective de carrière, le nombre d'années qu'ils peuvent espérer jouer dans une ligue professionnelle, etc. Ils ont donc tout intérêt à faire appel à des règles ou à des principes de justice pour choisir parmi les formes d'organisations possibles celle qui leur permettra de mieux répartir le temps de glace.

---

24 *Ibid.*

Mais, si les joueurs se fondent uniquement sur leur intérêt, les règles en question feront l'objet d'un marchandage. Le mieux qu'ils pourront espérer sera un accord temporaire, un *modus vivendi,* qui devra être renégocié en fonction de leurs performances hebdomadaires ou mensuelles. Qui plus est, un accord de ce type se conclurait inévitablement au détriment des moins talentueux, car ces joueurs disposeraient d'un plus faible pouvoir d'influencer les négociations. L'esprit d'équipe sera donc nettement meilleur si les joueurs choisissent plutôt ces règles en fonction du bien commun, c'est-à-dire d'un point de vue impartial. L'équipe pourra déclarer publiquement qu'elle applique ces règles, et tous les joueurs les accepteront et sauront que les autres les acceptent également. Il est à noter que ce raisonnement n'implique pas qu'on impose aux joueurs une même conception du jeu d'équipe, un plan de carrière, des projets de vie ou des croyances similaires. La seule exigence à respecter est qu'ils s'entendent sur un minimum de règles communes qui, d'ailleurs, ne s'appliquent pas à leur comportement personnel, mais à la structure de base de l'équipe, c'est-à-dire à son organisation.

Le premier argument de Rawls

Nous sommes maintenant en position de comprendre le premier argument, conséquentialiste, de Rawls en faveur de la justice sociale. Si nous concevons la société comme une tentative de coopération, nous pouvons admettre que ce qui motive les individus à y participer, ce sont d'abord les avantages que leur procure le fait de vivre ensemble. Les réseaux routiers, le métro, les autobus, les systèmes d'aqueduc, les hôpitaux, les services d'incendie, la police, les écoles en sont autant d'exemples. Mais, en même temps, chacun souhaiterait tirer profit des bénéfices de la coopération sociale sans avoir à en subir les inconvénients. Les individus désirent tous occuper l'emploi de leur choix, obtenir le meilleur salaire, avoir les plus longues vacances, être soignés les premiers en arrivant à l'hôpital, etc. Comme cela n'est pas toujours possible, il est clair qu'il est à leur avantage de faire appel à des règles ou à des principes pour déterminer, parmi les formes d'organisations sociales possibles et imaginables, celle qui offre la répartition la plus juste des bénéfices de la coopération. D'ailleurs, leur choix sera d'autant plus stable qu'il aura été effectué à partir d'un point de vue impartial et qu'il pourra recueillir l'assentiment de tous, même si les individus ont des valeurs et des conceptions de la vie bonne différentes.

À quoi s'appliqueront les règles ou les principes de justice que les individus doivent choisir ? Rawls soutient qu'ils s'appliqueront à la structure de base de la société (la constitution politique, les institutions qui protègent les droits des individus, les marchés, la propriété privée et la famille). Ce qui justifie cette thèse, ce sont les effets de cette structure de base sur les perspectives de vie, sur le caractère et les chances de réussite des personnes. Rawls estime en effet que, dans leur fonctionnement, les institutions sociales favorisent dès le départ certains individus au détriment d'autres, et qu'on ne peut rendre compte des inégalités structurelles qui en résultent en termes de mérite individuel. La société aura donc une plus grande chance d'être juste si l'on demande d'abord aux personnes de consentir aux inégalités que sa structure de base peut engendrer. Voilà en substance le premier argument de Rawls. Il s'agit donc d'un argument conséquentialiste, dans la mesure où il s'appuie sur les effets de la structure de base de la société, bien que ce conséquentialisme soit aussi kantien, car ce qu'il dénonce, ce sont les *effets non voulus* de cette structure de base sur les perspectives de vie des individus.

Le deuxième argument de Rawls

Le kantisme de Rawls s'atteste également ici dans la manière dont sa conception de la société renouvelle le contractualisme. Nous avons vu que Rawls reconnaissait la pertinence de la conception instrumentale ou hobbesienne de la coopération sociale. Mais il se démarque de cette conception en soumettant le processus de négociation qui conduira à la ratification du contrat social à des conditions éthiques. Il lui importe que les règles de coopération qui régiront les institutions de l'État à naître soient choisies et justifiées d'un point de vue moral. En ceci, Rawls se montre doublement kantien. D'une part, il est clair qu'en précisant que les négociations doivent être menées d'un point de vue impartial (celui de la raison), il s'inscrit dans la filiation de la pensée de Kant – puisqu'il estime que les principes de justice qui résulteront de ce processus ne pourront être universellement valables et acceptés par tous que s'ils ne proviennent pas de l'expérience. L'exigence kantienne de l'impartialité (ou de l'universalité) des règles garantit donc que celles-ci pourront être proclamées publiquement. D'autre part, en présupposant que les négociateurs sont des individus autonomes, il endosse une conception kantienne de la personne. Rawls attribue en effet à ces individus deux capacités :

1. L'autonomie, c'est-à-dire la capacité de concevoir et de réaliser leur conception de la vie bonne ;

2. Un sens de la justice, c'est-à-dire la capacité de se conformer à des principes de justice et d'en répondre devant les autres.

Le troisième argument de Rawls

Mais la véritable originalité de la démarche de Rawls tient à l'ingénieuse stratégie de justification en quatre étapes, qu'il a conçue pour établir que les obligations que nous impose sa théorie de la justice comme équité sont les mieux à même de défendre les intérêts de tous les membres de la société. Elle constitue le troisième argument de Rawls en faveur de sa théorie de la justice. (Pour une vue d'ensemble de la démarche de Rawls, voir la figure 2.1.)

FIGURE 2.1 La théorie de la justice comme équité [25]

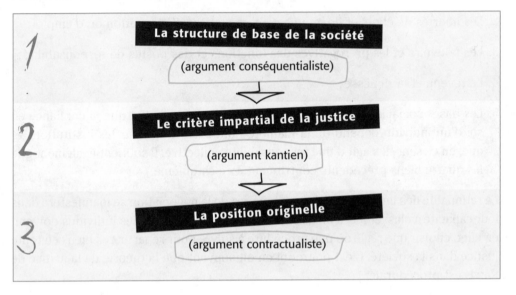

Les quatre étapes de justification de sa théorie de la justice comme équité

Examinons ces étapes en les groupant deux par deux et en ne perdant pas de vue que les individus ont avantage à choisir la forme d'organisation sociale qui leur permettra de développer les deux capacités dont nous venons de parler.

La position originelle

La première étape vise à réunir toutes les conditions nécessaires pour que les individus actualisent leur capacité rationnelle. Par hypothèse méthodologique, situons ces individus au degré zéro de la société et laissons-leur la liberté de négocier les principes sur lesquels les membres de la société à naître s'entendront pour gouverner les institutions sociales. Sur quoi porteront les négociations ? Sur les biens sociaux

---

25 Inspiré de Thomas POGGE, *John Rawls. His Life and Theory of Justice*, New York, Oxford University Press, 2007, p. 42.

premiers, c'est-à-dire sur ce dont tout individu a besoin pour vivre indépendamment de sa conception de la vie bonne. Cela comprend des biens matériels et des biens symboliques. Mais il ne faut pas croire qu'il s'agit de biens individualisés. Les négociateurs ne choisissent pas, par exemple, un emploi particulier, un logement ou un mode de vie. Leur choix porte uniquement sur des biens qui concernent l'ensemble des individus[26]. Parmi ceux-ci, Rawls compte :

1. Les libertés de base (de pensée, de religion, d'expression et d'association, le droit de propriété, le droit de voter et d'être élu, ainsi qu'une protection contre les arrestations et les dépossessions arbitraires);

2. Les libertés de choix et de mouvement en matière d'occupation ou d'emploi ;

3. Les pouvoirs et les prérogatives des fonctions et des postes de responsabilité;

4. Le revenu et la richesse ;

5. Les bases sociales du respect de soi. (Rawls estime en effet que la confiance en soi d'un individu dépend de la manière dont il est traité par les institutions et que, en ce sens, il s'agit d'une responsabilité collective. Il soutient également que les quatre biens précédents contribuent à ce cinquième.)

La rationalité des individus ou des partenaires de la négociation se manifestera dans leur capacité à classer leurs biens selon un ordre de priorité. Ces individus doivent, en effet, choisir une règle ou une procédure à suivre pour répartir ces biens en toute justice dans la société. C'est pourquoi on dit souvent que la théorie de la justice de Rawls est procédurale.

Le voile d'ignorance

La seconde étape correspond au sens de la justice des individus. Avant même d'entreprendre les négociations, ceux-ci vont en effet vouloir s'assurer qu'aucun d'entre eux ne jouira d'un avantage indu qui lui permettrait de faire adopter des principes favorisant ses propres intérêts au détriment de ceux des autres. Afin de créer une véritable situation d'égalité morale entre les individus, Rawls estime qu'on doit cacher aux négociateurs un certain nombre de renseignements. Ceux-ci doivent, en effet, ignorer tous les faits particuliers qui pourraient devenir des facteurs de discrimination. D'où l'idée d'un voile d'ignorance, qui comprend les circonstances sociales des individus (par exemple, leur niveau d'éducation, leur classe sociale, leur génération, leur conception de la vie ainsi que le niveau de développement et les ressources de leur pays) et le résultat de la « loterie » naturelle (comme leurs

---

26 Cf. Simon WUHL, *Discrimination positive et justice sociale*, coll. Sociologie d'aujourd'hui, Paris, P.U.F., 2007, p. 69.

aptitudes naturelles, leurs talents, leur état de santé et leur sexe). En s'appuyant uniquement sur de l'information d'ordre général, les individus négocieront en adoptant un point de vue impartial, ce qui implique deux choses :

1. Pour la théorie elle-même, cela signifie d'abord que la conception de la justice qu'ils choisiront pourra engendrer son propre soutien, c'est-à-dire qu'elle pourra être approuvée par la population.

2. D'un point de vue psychologique, compte tenu de l'aversion naturelle des individus pour le risque, cela veut dire que les négociateurs se mettront à la place de la personne la plus mal lotie dans la société. Ils voudront s'assurer que même la vie de cette personne vaut la peine d'être vécue, au cas où cette situation serait la leur au sortir des négociations.

Le choix des principes de justice

La troisième étape porte sur le choix des règles qui vont déterminer la répartition des ressources dans la société. Le premier candidat sérieux à ce titre est le principe utilitariste de maximisation du bien-être du plus grand nombre. Mais il est raisonnable de penser qu'aucun individu ne voudra courir le risque d'être la personne sacrifiée pour le bien-être de la majorité. C'est pourquoi les négociateurs tenteront d'abord de limiter les interventions possibles de l'État dans leur propre vie. Pour cela, ils auront besoin d'avoir des droits fondamentaux. Par conséquent, le premier principe qu'ils choisiront est le principe de libertés de base égal pour tous, qui garantit à chaque individu la possibilité de réaliser sa conception de la vie bonne sans subir d'interférence de la part d'autrui, et ce, même en situation minoritaire. Cependant, le fait d'avoir des droits ne suffit pas pour vivre. En effet, les individus ont également besoin d'obtenir les moyens matériels de réaliser leur conception de la vie bonne. Étant donné que les ressources de la société sont limitées, cela implique qu'ils devront s'entendre sur un principe de redistribution ou de justice sociale. Voudront-ils atteindre une égalité parfaite? Rawls ne le pense pas, car cela pourrait décourager l'esprit d'initiative et, par conséquent, nuire à l'efficacité de l'économie. Il croit plutôt que les individus suivront Henry Sidgwick (1838-1900) et qu'ils admettront que «la justice n'est pas l'absence d'inégalités, mais l'absence d'inégalités injustes». Les négociateurs chercheront donc à instaurer une égalité différenciée (c'est la définition de l'équité) et choisiront deux principes de justice à cet effet:

1. Le principe d'égalité équitable des chances, selon lequel l'organisation de l'ensemble de la société doit faire en sorte que tous les individus aient des chances égales d'accéder aux opportunités socio-économiques offertes par la société. Cela implique que celle-ci doit garantir que, à qualifications égales, tout le monde ait la même possibilité d'accéder à l'emploi de son choix, par exemple. En effet, la répartition des emplois ne doit pas être une affaire de privilège, de copinage ou de discrimination arbitraire (raciale et sexuelle). Toutefois, cela ne veut pas dire que la société doit gaspiller ses ressources pour permettre aux individus qui n'en ont pas les capacités d'occuper l'emploi de leur choix. Elle n'a pas à prendre tous les moyens pour que les aveugles deviennent pilotes de ligne[27]. Mais elle doit en revanche assurer à tous un enseignement de qualité (capable de concurrencer les effets inégalitaires des écoles privées) gratuit et obligatoire.

2. Le principe de différence, selon lequel la société peut tolérer des différences de richesses entre les individus, à condition que l'ensemble de son organisation soit structuré de manière que ces différences profitent d'abord aux plus démunis, c'est-à-dire aux travailleurs non qualifiés[28]. Concrètement, cela implique que l'État ne doit pas se contenter de redistribuer, par l'entremise de son système fiscal, une partie de l'excédent de richesse des plus riches en investissant dans des programmes sociaux comme l'assurance-emploi, l'assurance-maladie, les congés de maternité et les régimes de pensions de retraite. Il doit prendre une partie de cet argent pour s'attaquer aux facteurs structurels qui sont responsables de la

---

27 Cf. Christian ARNSPERGER et Philippe VAN PARIJS, *Éthique économique et sociale*, coll. Repères, Paris, La Découverte, 2003, p. 59.
28 Comme le rappelait récemment Marc Fleurbaey, après Brian Barry, le fait que l'ensemble de la société doit être organisée de manière que les écarts de richesses améliorent la situation des plus démunis est une condition très exigeante qui ne saurait servir de caution théorique à ceux qui se réclament de Rawls pour justifier les inégalités. La notion d'«équité» chez Rawls s'inscrit dans le cadre d'une théorie de l'égalité morale des individus. *Cf.* Marc FLEURBAEY, *Capitalisme ou démocratie? L'alternative du XXᵉ siècle*, coll. Nouveau collège de philosophie, Paris, Grasset, 2006, p. 28-34.

situation dans laquelle se trouvent les plus démunis, afin de maximiser leurs espérances moyennes en termes d'avantages socio-économiques [29].

La priorité lexicale des principes de justice

La quatrième et dernière étape précise l'ordre à respecter dans l'application des principes de justice choisis par les négociateurs. Dans un lexique ou un dictionnaire, la lettre « a » vient toujours avant la lettre « b ». Il en va de même dans l'application des principes de justice. En effet, le principe d'égales libertés de base doit toujours avoir préséance sur le principe d'égalité équitable des chances, et celui-ci, sur le principe de différence. Cela implique qu'aucune répartition plus égalitaire des revenus et des richesses de la société ne peut servir à justifier une violation des droits des individus. Il existe donc des contraintes morales fondamentales qui limitent les possibilités d'action de l'État, ce qui confirme que la théorie de la justice comme équité de Rawls est bien une théorie déontologique.

Les critiques de Rawls

Comme toutes les grandes œuvres de philosophie politique, la théorie de la justice de Rawls a fait l'objet de nombreuses critiques. Nous pouvons les regrouper en fonction de leurs cibles [30]. Un premier groupe de penseurs a contesté la stratégie que Rawls a utilisée pour justifier ses conclusions : il s'agit des communautariens et des théoriciens de la démocratie délibérative. Un second groupe d'auteurs s'est attaqué aux principes de justice proposés par Rawls. Certains membres de ce groupe, comme les utilitaristes, en ont contesté la pertinence ; d'autres, comme les partisans d'une conception multiculturelle du libéralisme et les défenseurs d'une conception cosmopolitique de la justice, la portée ; d'autres encore, comme les égalitaristes, les implications redistributives. Enfin, un dernier groupe de philosophes ont voulu carrément sortir du cadre libéral. Ce sont les républicains.

La critique communautarienne

Les communautariens soutiennent que l'erreur fondamentale de Rawls dans la justification de ses principes de justice est de partir d'une conception du sujet désincarné. Renouvelant une critique que G.W.F. Hegel avait formulée naguère contre

---

29 *Cf.* La conférence de Philippe VAN PARIJS, *Université catholique de Louvain*, « Qu'est-ce qu'une société juste ? », [en ligne], www.uclouvain.be/cps/ucl/doc/etes/documents/2007za_Paris_SSF.pdf (page consultée le 6 mars 2008).

30 Nous reprenons l'analyse proposée par Daniel WEINSTOCK, *Université de Montréal*, « Philosophie politique », [en ligne], www.philo.umontreal.ca/textes/Weinstock_philo_politique.pdf (page consultée le 6 mars 2008).

la philosophie de Kant, ils soutiennent qu'un choix moral ne peut avoir de sens que s'il est d'abord situé [31]. Il faut, en effet, commencer par accepter une chose comme donnée pour pouvoir choisir, puisqu'un choix ne peut s'effectuer dans le vide. Cela signifie que ce sont les traditions, les cultures et les pratiques sociales qui permettent à l'individu de choisir, parce qu'elles lui procurent un horizon de sens. Hors de ce contexte, la liberté de choisir est une pure illusion. Cela implique qu'aux yeux des communautariens, la conception du raisonnement pratique de Rawls est fausse. Le sujet ne choisit pas le genre de personne qu'il voudrait être ou le genre de société dans lequel il souhaiterait vivre. En réalité, toutes les fois qu'il exerce sa liberté, il découvre l'identité qu'il possède déjà et, par la même occasion, celle de la société dans laquelle il vit. Autrement dit, chaque fois qu'il choisit, l'individu approfondit le sens de son appartenance. Pour justifier un choix moral, il faudrait donc partir des relations qu'il entretient avec son monde et non le couper de tout lien avec son entourage pour en faire un soi anonyme, comme le présuppose Rawls. Tel est le sens de la critique des auteurs comme Alasdair MacIntyre, Charles Taylor, Michael Sandel et Michael Walzer.

La critique des théoriciens de la démocratie délibérative

Les théoriciens de la démocratie délibérative – Amy Gutmann, Dennis Thompson et Seyla Benhabib, entre autres – remettent également en question la méthode que Rawls a utilisée pour justifier ses conclusions. Mais leur diagnostic est différent. Ils soutiennent que l'erreur de Rawls est plutôt d'avoir sous-estimé le pluralisme moral des sociétés libérales. Par excès d'optimisme, Rawls aurait cru à tort que les individus qui appartiennent aux sociétés libérales contemporaines partagent un grand nombre d'intuitions morales, une fois écartées leurs croyances irrationnelles [32]. C'est pourquoi sa méthode lui permettrait de faire l'économie d'une véritable délibération démocratique. Or, nous pouvons douter de la capacité de la raison à parvenir à des conclusions aussi unanimes. Si nous admettons qu'il n'y a pratiquement plus de normes morales acceptées par tous les individus, les citoyens ne pourront parvenir à un accord sur une question de justice qu'à condition de pouvoir délibérer entre eux. Cela ne veut pas dire que toutes les normes peuvent faire l'objet d'une délibération. On ne saurait accepter, par exemple, que l'on remette en question la pertinence des droits individuels. D'où la nécessité, pour les théoriciens associés à ce courant, de préciser les conditions à respecter pour que la délibération s'effectue en toute

---

31 Pour cette analyse, *cf.* Will KYMLICKA, «Le moi désengagé», dans André BERTEN *et al.*, *Libéraux et communautariens*, coll. Philosophie morale, Paris, P.U.F., 1997, p. 275-286.

32 Cette critique a également été formulée de manière indépendante par des penseurs conservateurs. *Cf.* David MILLER, *Principles of Social Justice*, 3ᵉ éd., Cambridge, Massachusetts, Harvard University Press, 1999.

impartialité et qu'elle demeure démocratique. Jusqu'à maintenant, cet effort n'a donné lieu à aucun consensus[33].

La critique des utilitaristes

Parmi le groupe d'auteurs qui ont douté de la pertinence des principes de justice de Rawls, l'utilitariste H.L.A. Hart a fait valoir que le principe d'égales libertés de base est incapable d'orienter la décision morale quand il y a un conflit de droits entre deux individus (par exemple, droit à la liberté d'expression par opposition à droit à la vie privée). De ce point de vue, la théorie utilitariste est dans une position nettement plus avantageuse, puisqu'elle peut recommander clairement que l'on privilégie une dimension du bien-être au détriment d'une autre, et ce, au nom du bien-être collectif[34]. Rawls a répondu à cette critique en soutenant que l'idéal politique que défendait sa théorie s'appuyait sur une conception kantienne implicite de la personne[35], comme nous l'avons expliqué. C'est donc le potentiel d'une décision à favoriser l'actualisation et le développement des deux capacités morales que Rawls attribue aux personnes qui devrait servir de critère pour ordonner les libertés. Cela signifie que la théorie de la justice vise moins à assurer un certain niveau de bien-être aux individus qu'à leur offrir les moyens de réaliser leur propre conception de la vie bonne par leurs propres efforts.

Les critiques multiculturelle et cosmopolitique

Des philosophes, comme Will Kymlicka, Charles Beitz ou Thomas Pogge, ont voulu redéfinir la portée de la théorie de Rawls en contestant la manière dont ce dernier avait déterminé à qui étaient destinés les droits. Pour Rawls, il va de soi que ces droits ne s'appliquent qu'aux individus qui sont des citoyens à part entière des États-nations. Kymlicka, lui, a soutenu que la raison qu'avance Rawls pour donner des droits aux individus – le fait que l'État doit garantir qu'ils pourront poursuivre et réaliser leur conception de la vie bonne par leurs propres efforts – devrait également s'appliquer en toute logique aux cultures nationales. En effet, les individus qui appartiennent à des cultures minoritaires, contrairement à ceux qui appartiennent à la culture dominante, ne peuvent tout simplement pas présupposer que leur culture leur offrira toujours un contexte de choix suffisant pour exercer leur liberté. En conséquence, l'État multinational, qui vise à assurer l'égalité de traitement de tous les individus, devrait protéger les cultures minoritaires contre les pressions

---

33 Pour une excellente introduction aux problèmes posés par les théories de la démocratie délibérative, voir le numéro 2 du volume 29 de la revue *Philosophiques*, dirigée par Dominique Leydet en 2002.
34 *Cf.* H.L.A. HART, «Rawls on Liberty and its Priority», dans Norman DANIELS, *Reading Rawls*, New York, Basic Books, 1975, p. 230-252.
35 *Cf.* John RAWLS, *Libéralisme politique*, coll. Quadrige, Paris, P.U.F., 2001, p. 345-435.

assimilatrices de la culture majoritaire et reconnaître, avec les droits des individus, des droits collectifs, c'est-à-dire des droits à l'appartenance culturelle [36].

Beitz et Pogge ont pour leur part dénoncé la restriction arbitraire de la portée de la théorie de la justice de Rawls à l'État-nation. Étant donné que l'appartenance nationale fait partie des circonstances sociales qui peuvent exercer une influence déterminante sur les perspectives de vie des individus, Rawls aurait dû, selon eux, la compter au nombre des renseignements à placer sous le voile d'ignorance. Pour que cette appartenance soit réellement juste, la théorie de la justice de Rawls devrait donc s'appliquer à l'échelle internationale et non à l'échelle nationale. Dans son livre *Paix et démocratie,* qui est consacré à la justice internationale, Rawls n'a pas jugé bon retenir cette critique.

Les critiques libertarienne et égalitariste

Les implications redistributives de la théorie de Rawls ont également donné lieu à plusieurs critiques. Parce que Rawls a omis de préciser un seuil de coopération minimale, son principe de différence a été particulièrement vulnérable aux attaques menées au nom de la responsabilité individuelle. Dès 1974, le libertarien Robert Nozick dénonçait le principe même d'une justice distributive au nom de la liberté individuelle [37]. Selon lui, Rawls aurait commis deux erreurs dans son analyse de la justice :

1. Il aurait négligé le fait que les ressources que l'État doit redistribuer appartiennent déjà à des individus ;

2. Il aurait eu tort de donner à l'État un droit de regard sur les corps de ses citoyens en considérant les talents naturels en partie comme une ressource collective.

Afin de protéger les individus de ces dérives et de les traiter avec tout le respect qu'ils méritent, Nozick conclut qu'il faudrait reconnaître au droit de propriété une valeur absolue et renoncer à toute redistribution.

Dans un registre différent, Dworkin a tenté de répondre à deux implications dérangeantes du principe de différence de Rawls : le fait qu'il semble nous conduire à subventionner les paresseux et le fait qu'il n'offre aucune compensation pour les victimes de handicaps naturels [38]. Nous pourrions surmonter ces deux problèmes, soutient Dworkin, en défendant une proposition qu'il appelle « l'égalité des ressources »

---

36 *Cf.* Will KYMLICKA, *La citoyenneté multiculturelle*, Montréal, Boréal, 2001.
37 *Cf.* Robert NOZICK, *Anarchie, État et utopie*, coll. Quadrige, Paris, P.U.F., 2003.
38 Rawls a souvent été accusé d'avoir négligé les personnes handicapées. Pour la dernière en date de ces attaques, *cf.* Martha NUSSBAUM, *Frontiers of Justice*, Cambridge, Massachusetts, Belknap Press, 2006. Parce que sa conception de la société comme entreprise de coopération sociale présuppose que nous avons affaire à des individus « normaux » et productifs, Rawls est conduit à traiter la question de la compensation des handicaps naturels à l'aide d'un « principe de redressement ». Pour une tentative de défendre Rawls sur ce point, *cf.* Samuel FREEMAN, *Rawls*, New York, Routledge, 2007, p. 106-108.

au moyen d'une expérience de pensée similaire à celle de Rawls. Au degré zéro de la société, l'ensemble des ressources, y compris les dons naturels, devraient être réparties entre les individus lors d'une vente aux enchères au cours de laquelle ceux-ci disposeraient tous d'un même pouvoir d'achat. Ces individus seraient ainsi responsables de leur choix, et le test de l'envie permettrait de confirmer qu'ils ont été traités de manière juste, c'est-à-dire que le marché a bien respecté leur liberté. En guise de compensation pour la possibilité que certains d'entre eux soient affligés d'un handicap naturel, Dworkin propose un mécanisme d'assurance hypothétique qui assurerait leur protection moyennant un prélèvement d'environ 30 % de leur dotation initiale [39]. Il reviendrait ensuite à l'État de traduire cette proposition en mesures fiscales.

Philippe Van Parijs s'est éloigné, quant à lui, de ces réactions plutôt de droite, en soutenant qu'un État juste devrait instaurer une allocation universelle [40]. Selon lui, l'engagement de l'État libéral envers le principe de neutralité l'empêche de favoriser une conception de la vie bonne au détriment d'une autre. Pour traiter tous les citoyens de manière égale, l'État devrait donc subventionner ceux qui choisissent de ne pas travailler au même titre que ceux qui travaillent. De plus, les bases sociales du respect de soi seraient beaucoup mieux assurées dans un tel État, car la plupart des programmes d'aide sociale ont des effets stigmatisants sur ceux qui en bénéficient. Or, étant donné que le fonctionnement de l'économie exige parfois que l'État maintienne un taux de chômage élevé, cette proposition permettrait, entre autres, de reconnaître les chômeurs comme des personnes socialement utiles.

La critique des républicains

Avec son ouvrage intitulé *Républicanisme* [41], Philip Pettit a cristallisé les espoirs des penseurs qui aspiraient à sortir du cadre libéral. Isaiah Berlin avait mis à mal la principale thèse des penseurs républicains – selon laquelle les citoyens ne peuvent être considérés comme libres que s'ils participent directement à l'exercice du pouvoir politique – avec sa célèbre distinction entre la liberté négative et la liberté positive. Berlin avait soutenu que cette fameuse liberté positive – celle de faire ce que nous dicte la raison, ici de participer au pouvoir politique – pouvait facilement s'inverser en l'absence de liberté, pour peu qu'une instance supérieure, comme le parti ou l'État, se réclame de la raison pour dicter leur conduite aux citoyens. La force de Pettit est de montrer que, entre la conception libérale de la liberté comme non-interférence (liberté négative) et la conception républicaine classique de la liberté comme participation

---

39 *Cf.* Ronald DWORKIN, *Sovereign Virtue*, Cambridge, Massachusetts, Harvard University Press, 2000, p. 65-119 ; et la très utile recension de Will KYMLICKA, « Review of Ronald Dworkin's Sovereign Virtue », *ISUMA : Canadian Journal of Policy Research*, vol. 2, n° 1, 2001, p. 133-136.
40 *Cf.* Philippe VAN PARIJS et Yannick VANDERBORGHT, *L'allocation universelle*, Paris, La Découverte, 2005.
41 Philip PETTIT, *Républicanisme*, Paris, Gallimard, 2004.

au pouvoir politique (liberté positive) des auteurs tels que Nicolas Machiavel ou Jean-Jacques Rousseau, il existe une troisième conception qui constitue le véritable apport de la tradition républicaine à la philosophie politique : la liberté comme non-domination.

Ainsi, considérons le rapport entre un maître et son esclave. Pour les libéraux, l'esclave demeure libre si son maître n'interfère pas pour l'empêcher de faire ce qu'il veut faire, par exemple, d'écouter la radio. Selon Pettit, l'esclave n'est pas libre, puisqu'il se trouve alors dans une situation de domination. Le statut du maître lui permet, en effet, de décider à n'importe quel moment de faire obstacle à la liberté de l'esclave et de l'empêcher d'écouter la radio si cela lui chante. Un État qui prend la valeur de l'égalité sociale au sérieux devrait donc être organisé de manière à rendre ce type d'interférence arbitraire impossible. La liberté comme non-domination nous donne ainsi le critère pour apprécier les effets des institutions sociales et politiques sur la vie des individus.

Extrait de
Qu'est-ce que la justice sociale ?
Reconnaissance et redistribution

Nancy Fraser (1947-)
Philosophe féministe associée à l'École de la théorie critique (Francfort). Elle fait des études de philosophie au Bryn Mawr College, puis à l'Université de New York. Elle occupe aujourd'hui le poste de *Henry A. and Louise Loeb Professor of Political and Social Sciences*, à la New School for Social Research, à New York, et est également rédactrice en chef de la revue *Constellations*. On peut dire que son œuvre est une méditation sur la complexité de la notion de «justice». Elle est l'auteure de *The Radical Imagination : Between Redistribution and Recognition* (2003), *Qu'est-ce que la justice sociale ?* (2005) et, en collaboration avec Axel Honneth, *Redistribution or Recognition ? A Political-Philosophical Exchange* (2003).

Le dilemme redistribution/reconnaissance

«Je prendrai comme point de départ certaines complexités de la vie critique "post-socialiste". Avec le décentrement de la lutte des classes, des mouvements sociaux divers se mobilisent autour d'axes de différence, qui se recoupent. Contestant des injustices diverses, leurs revendications se chevauchent et, parfois, entrent en conflit. Les revendications de changement culturel se mêlent aux revendications de changement économique aussi bien dans l'ensemble des mouvements sociaux qu'à l'intérieur de chacun d'eux. Pourtant, les revendications fondées sur l'identité prennent une place croissante, au fur et à mesure que les perspectives de redistribution s'estompent. Il en résulte un champ politique complexe largement déstructuré.

«Afin de clarifier cette situation et les perspectives politiques qui en découlent, je me propose de distinguer entre deux conceptions globales de l'injustice. La première, l'injustice socio-économique, est le produit de la structure économique de la société et peut prendre les formes de l'exploitation (voir les fruits de son travail appropriés par d'autres), de la marginalisation économique (être confiné à des emplois pénibles ou mal payés ou se voir dénié l'accès à l'emploi) ou du dénuement. Les théoriciens de l'égalité ont depuis longtemps entrepris de conceptualiser la nature de ces injustices économiques. La théorie de l'exploitation capitaliste de Marx, la théorie de la justice comme équité dans le choix des principes régissant la distribution des "biens premiers" de John Rawls, l'idée que la justice exige de s'assurer que tous aient des "moyens égaux de fonctionner" chez Amartya Sen, ou la position défendue par Ronald Dworkin selon laquelle la justice implique une "égalité de ressources"[42], participent toutes d'un tel travail. Je ne me lancerai pas dans une entreprise similaire; je me contenterai de dégager une compréhension générale de l'injustice économique qui s'accompagne d'un engagement en faveur de l'égalité.

«La seconde conception de l'injustice est de type culturel ou symbolique. À ce titre, l'injustice est le produit des modèles sociaux de représentation, d'interprétation et de communication, et prend les formes de la domination culturelle (être l'objet de modèles d'interprétation et de communication qui sont ceux d'une autre culture, et qui sont étrangers ou hostiles à la sienne propre), de la non-reconnaissance (devenir invisible sous l'effet de pratiques autoritaires de représentation, de communication ou d'interprétation de sa propre culture) ou de mépris (être déprécié par les représentations culturelles stéréotypiques ou dans les interactions quotidiennes).

«Quelques théoriciens ont récemment entrepris de conceptualiser la nature de ces injustices culturelles ou symboliques. Ainsi, Charles Taylor s'est inspiré de Hegel pour soutenir que: "L'absence de reconnaissance ou la reconnaissance inadéquate [...] peuvent constituer une forme d'oppression ou emprisonner certains dans une manière d'être fausse, déformée et réduite. [...] Le défaut de reconnaissance ne trahit pas seulement un oubli du respect normalement dû. Il peut infliger une cruelle blessure en accablant les victimes d'une haine de soi paralysante. La

---

42 Karl MARX, *Le Capital*, coll. Empreintes, Paris, Garnier, 1969, Livre I; John RAWLS, *Théorie de la justice*, coll. Empreintes, Paris, Seuil, 1987; et les articles qui l'ont suivie; Amartya SEN, *Commodities and Capabilities*, New York, North-Holland, 1985; Ronald DWORKIN, «What is Equality? Part 2: Equality of Resources», *Philosophy and Public Affairs*, vol. 10, n° 4, automne 1981, p. 283-345. Il reste vrai que la plupart de ces auteurs offrent également de réelles ressources pour aborder les questions de justice culturelle. Rawls, par exemple, parle des «bases sociales du respect de soi» comme d'un bien premier qui doit être équitablement distribué, tandis que Sen traite du «sens de soi» comme d'une capacité à fonctionner (je dois cette remarque à Mika Manty). Pourtant, comme Iris Marion Young l'a suggéré, leur préoccupation première est la justice distributive. (*Cf.* Iris Marion YOUNG, *Justice and the Politics of Difference*).

reconnaissance n'est pas seulement une politesse qu'on fait aux gens : c'est un besoin vital [43]."

« De même, Axel Honneth souligne que : "Nous devons notre intégrité [...] à l'approbation ou la reconnaissance d'autres personnes. [Des concepts négatifs comme 'insulte' ou 'dégradation' sont liés à des formes de mépris, au refus de la reconnaissance. [Ils] sont utilisés pour caractériser des formes de comportement qui représentent une injustice pas simplement parce qu'ils entravent la liberté d'action des sujets ou leur causent du tort. De tels comportements sont injurieux également parce qu'ils portent atteinte à la capacité de ces personnes de développer une compréhension positive d'elles-mêmes, compréhension qui s'acquiert par le biais de l'intersubjectivité [44]."

« On retrouve des conceptions similaires dans les travaux d'autres penseurs critiques comme Iris Marion Young ou Patricia J. Williams, même si elles n'emploient pas le terme "reconnaissance" [45]. Répétons qu'il n'est pas nécessaire de développer une théorie particulière. Il suffit d'avoir une idée générale de l'injustice culturelle et de la distinguer de l'injustice économique.

« Malgré leur différence, tant les injustices économiques que les injustices culturelles sont largement répandues dans les sociétés contemporaines. Toutes deux sont les produits de processus et de pratiques qui désavantagent systématiquement certains groupes de la population par rapport à d'autres. Toutes deux, par conséquent, doivent être redressées.

« Évidemment, cette distinction entre injustice économique et injustice culturelle est analytique. Dans la pratique, elles sont enchevêtrées. Même les institutions économiques les plus matérielles revêtent une dimension culturelle irréductible ; elles sont traversées par des significations et par des normes. De la même manière, même les pratiques culturelles les plus discursives comportent une dimension économique irréductible ; elles s'appuient sur des supports matériels. Aussi, loin de se produire dans deux sphères hermétiques, l'injustice économique et l'injustice culturelle sont habituellement imbriquées de telle manière qu'elles se renforcent dialectiquement. Des normes culturelles biaisées au détriment de certains sont institutionnalisées par l'État et par l'économie ; de même, les handicaps économiques empêchent la participation à la fabrication de la culture, tant dans la vie publique que dans la vie

43 Charles TAYLOR, *Multiculturalisme : différence et démocratie*, Paris, Flammarion, 1997, p. 42.

44 Axel HONNETH, «Integrity and Disrespect : Principles of a Conception of Morality Based on the Theory of Recognition», *Political Theory*, vol. 20, n° 2, mai 1992, p. 188-189. *Ce n'est pas un hasard si les deux principaux théoriciens contemporains de la reconnaissance, Taylor et Honneth, sont hégéliens.*

45 *Cf. par exemple Patricia J. WILLIAMS, *The Alchemy of Race and Rights*, Cambridge, Massachusetts, Harvard University Press, 1991 ; Iris Marion YOUNG, *Justice and the Politics of Difference*.*

quotidienne. Il en résulte un cercle vicieux de la subordination économique et de la subordination culturelle.

« Malgré cette intrication, je maintiendrai la distinction analytique entre injustice économique et injustice culturelle. Je distinguerai également entre deux sortes de remèdes. Le remède à l'injustice économique passe par une forme de restructuration économique. Ceci peut comprendre la redistribution des revenus, la réorganisation de la division du travail, la soumission des décisions d'investissement à un contrôle démocratique ou la transformation des structures économiques fondamentales. Quoique ces remèdes soient très différents les uns des autres, j'y ferai référence, en bloc, sous le vocable de "redistribution". Le remède à l'injustice culturelle, pour sa part, réside dans le changement culturel ou symbolique. Ceci peut prendre la forme d'une réévaluation des identités méprisées et des produits culturels des groupes discriminés. Il peut aussi prendre la forme de la reconnaissance et de la valorisation de la diversité culturelle. Plus radicalement encore, il peut prendre la forme d'un bouleversement général des modèles sociaux de représentation, d'interprétation et de communication dans un sens qui modifierait le sens de soi de chacun. Même si ces remèdes couvrent un large éventail de possibilités, j'y ferai désormais référence, en bloc, sous la catégorie de "reconnaissance".

« Encore une fois, cette distinction entre remèdes par la redistribution et remèdes par la reconnaissance est analytique. Les remèdes redistributifs présupposent généralement une conception sous-jacente de la reconnaissance. Par exemple, certains tenants d'une redistribution économique égalitaire basent leurs revendications sur le principe d'"égale valeur morale des personnes", traitant de la sorte la redistribution économique comme une expression de la reconnaissance[46]. De même, les remèdes par la reconnaissance présupposent parfois une conception sous-jacente de la redistribution. Par exemple, certains tenants de la reconnaissance multiculturelle fondent leurs revendications sur la nécessité d'une juste redistribution du "bien premier" que constitue "l'intégrité de la structure culturelle", traitant ainsi la reconnaissance culturelle comme une forme de redistribution[47]. Nonobstant ces enchevêtrements conceptuels, je laisserai pour l'instant de côté la question de savoir si la redistribution et la reconnaissance constituent deux concepts *sui generis* distincts et irréductibles de la justice ou si l'un est réductible à l'autre[48]. Je postulerai plutôt que, quelle que soit la manière dont elle est envisagée méta-théoriquement, la distinction entre les injustices économiques et leurs correctifs, d'une part, et les injustices culturelles et leurs correctifs, d'autre part, est utile.

46 Pour un bon exemple de cette approche, *cf.* Ronald DWORKIN, « Liberalism », dans *A Matter of Principle*, Cambridge, Massachusetts, Harvard University Press, 1985, p. 181-204.
47 Will KYMLICKA, *Liberalism, Community and Culture*, Oxford, Oxford University Press, 1989.
48 L'essai d'Axel HONNETH, *La lutte pour la reconnaissance*, représente la tentative la plus aboutie et la plus sophistiquée de procéder à une telle réduction. Il y soutient que la reconnaissance est le concept fondamental de la justice et peut contenir la distribution.

«À partir de ces distinctions, je peux maintenant formuler les questions suivantes. Quels liens existe-t-il entre les revendications de reconnaissance, visant à remédier aux injustices culturelles, et les revendications de distribution, visant à redresser les injustices économiques? Et quelles sortes d'interférences peuvent se produire quand ces revendications surgissent simultanément?

«Il y a de bonnes raisons de se préoccuper de telles interférences. Les revendications de reconnaissance attirent souvent l'attention sur la spécificité présumée d'un groupe, quand elles ne la créent pas performativement, avant d'en affirmer la valeur. Elles tendent donc à promouvoir la différenciation entre les groupes. Les revendications de redistribution, au contraire, réclament souvent l'abolition des dispositifs économiques qui constituent le soubassement de la spécificité d'un groupe (un exemple en serait les revendications féministes de l'abolition de la division sexuelle du travail). Elles tendent donc à promouvoir l'indifférenciation entre les groupes. Avec pour conséquence que la politique de reconnaissance et la politique de redistribution semblent viser des buts opposés. Les deux types de revendication sont donc en tension l'un par rapport à l'autre et peuvent interférer ou même se nuire mutuellement.

«Nous nous trouvons ainsi devant un dilemme complexe, que j'intitulerai dilemme redistribution/reconnaissance: les personnes qui sont objets simultanément d'injustice culturelle et d'injustice économique ont besoin à la fois de reconnaissance et de redistribution; elles ont besoin à la fois de revendiquer et de nier leur spécificité. Comment résoudre ce problème?»

Le texte en questions

1. En quoi consistent les deux formes d'injustice que distingue Nancy Fraser?

2. À quel exemple d'injustice socio-économique mentionné par l'auteure faut-il associer l'œuvre de Rawls, selon vous? Expliquez pourquoi.

3. L'auteure soutient que ces deux formes d'injustice sont liées dans la réalité. Trouvez un exemple d'injustice économique associée à une injustice culturelle, et vice-versa.

4. Comment peut-on corriger ces deux formes d'injustice, selon l'auteure?

5. Pourquoi peut-on dire que la politique de la reconnaissance et celle de la redistribution cherchent à atteindre des objectifs qui s'opposent?

Source: Nancy FRASER, *Qu'est-ce que la justice sociale? Reconnaissance et redistribution*, trad. par Estelle Ferrarese, Paris, La Découverte, 2005, p. 16-23.

1. Quels sont les deux types de considération morale que néglige l'utilitarisme?

2. Quelles sont les trois caractéristiques qui permettent de distinguer l'approche déontologique des autres approches de l'éthique?

3. Quelle critique Dworkin formule-t-il contre l'utilitarisme?

4. Quels sont les deux arguments de Kant contre l'utilitarisme?

5. Que signifie «agir par devoir» pour Kant?

6. En quoi la philosophie morale de Kant illustre-t-elle l'un des problèmes récurrents de l'approche déontologique en éthique?

7. Quelles sont les faiblesses de la philosophie morale de Kant selon les utilitaristes?

8. Quels sont les trois problèmes que pose l'application de la doctrine de l'acte à double effet d'un point de vue déontologique?

9. En quoi peut-on soutenir que les deux applications des théories contractualistes au xxe siècle constituent un héritage de la pensée kantienne?

10. Qu'est-ce qu'une institution, au sens de Rawls?

11. En quoi le premier argument de Rawls en faveur de la justice sociale est-il un argument conséquentialiste?

12. En quoi le deuxième argument de Rawls en faveur de la justice sociale est-il un argument kantien?

13. Expliquez, à l'aide des deux principes de justice redistributive de Rawls, en quoi consiste l'équité.

14. La théorie de la justice de Rawls parvient-elle à corriger une des faiblesses récurrentes des approches déontologiques en éthique?

Chapitre 3

L'éthique des vertus

« Je vois la vie comme une grande course de relais
où chacun de nous, avant de tomber, doit porter
plus loin le défi d'être homme. »

Romain Gary

L'éthique des vertus est à la fois la plus ancienne et la plus contemporaine des approches de l'éthique. Ses racines remontent à l'Antiquité, plus précisément à Platon et, surtout, à Aristote. Même si cette façon de penser l'éthique n'est jamais réellement disparue, nous pouvons dire que l'existence discrète qu'elle menait jusqu'à notre époque a été brutalement révélée au grand jour en 1980 quand Alasdair MacIntyre a publié *Après la vertu* [1], un livre qui a eu l'effet d'un électrochoc dans le domaine de la philosophie morale. Depuis, l'éthique des vertus a effectué un retour en force, dont l'une des manifestations les plus remarquables a été de contraindre ses adversaires à réfléchir aux vertus que présupposait leur propre conception de l'éthique.

Ce qui distingue cette approche de l'éthique des autres approches que nous avons vues est qu'elle est orientée vers la notion de « bien » plutôt que celle de « juste ». Il lui importe, en effet, que l'agent moral développe les traits de caractère (les « vertus ») nécessaires pour atteindre le but fondamental qu'il poursuit et qui constitue pour lui un « bien ». En ce sens, l'éthique des vertus est une conception de l'éthique axée sur l'accomplissement de soi. Sa question directrice est « Quelle sorte de personne dois-je devenir ? » et non « Que dois-je faire ? », comme dans les approches conséquentialiste et déontologique. Elle s'apparente à l'approche déontologique dans la mesure où le point de vue moral qu'elle adopte est relatif à l'agent moral mais, à la différence de cette dernière, elle entend rendre compte des obligations morales partiales des individus, c'est-à-dire de tout ce que ceux-ci jugent moralement assez important pour s'y investir corps et âme. Il peut s'agir des engagements affectifs des individus envers leurs proches (conjoint, enfants, famille et amis), leurs institutions (université, collège, industrie, parlement, syndicat, mouvement social et banques) ou leur œuvre au sens large (par exemple, l'engagement d'un artiste envers son art). C'est pourquoi l'éthique des vertus s'intéresse à des thèmes relativement négligés par les autres approches de l'éthique tels que la relation entre les motivations morales et le caractère des individus, ce qui fait une vie réussie (le bonheur), l'éducation morale et le rôle des émotions, entre autres. Parmi les penseurs qui ont le plus contribué à renouveler cette approche, on trouve : Elizabeth Anscombe, Nicholas Dent, Philippa Foot, Stephen Hudson, Rosalind Hursthouse, Iris Murdoch, Bernard Williams, Alasdair MacIntyre, John McDowell, Martha Nussbaum (et Amartya Sen), Edmund Pincoff et Michael Slote [2].

---

1 Alasdair MACINTYRE, *Après la vertu,* coll. Léviathan, Paris, P.U.F., 1997.
2 *Cf.* Rosalind HURSTHOUSE, *On Virtue Ethics,* New York, Oxford University Press, 1999, p. 3.

Une autre caractéristique importante de l'éthique des vertus est son hétérogénéité sur le plan doctrinal. Les penseurs associés à cette approche ont des allégeances théoriques très différentes les unes des autres, qui vont de Platon à James Martineau (1805-1900) en passant par Friedrich Nietzsche. Par conséquent, il est impossible de leur attribuer une « théorie » commune. Si nous pouvons néanmoins les regrouper au sein d'une même approche, c'est parce qu'ils partagent deux traits négatifs :

1. Ils se réclament tous plus ou moins d'Aristote pour justifier une réaction sceptique à la possibilité même qu'une théorie morale réponde de nos intuitions morales. Ce dont les éthiciens des vertus doutent ici, ce n'est pas de la capacité des penseurs à construire de bonnes théories morales, mais de la pertinence éthique de cet effort. Selon eux, pour agir de manière morale, nous avons besoin de posséder des vertus, non une théorie sur les vertus, pour le dire dans les termes de Bernard Williams. Cela n'implique pas que les personnes vertueuses soient obsédées par leurs vertus ou leurs qualités morales ni qu'elles ne puissent pas s'intéresser aux conséquences de leurs actes ou à leurs devoirs moraux. Cela signifie par contre que nous ne saurions concevoir qu'un individu puisse appliquer une théorie morale quelconque sans posséder la moindre vertu [3].

2. Ils critiquent tous, à des degrés divers, l'individualisme libéral au nom de l'appartenance à une communauté concrète conçue comme la seule instance capable de donner un sens aux choix moraux des individus. Il en résulte que plusieurs de ces penseurs contestent la conception libérale de la citoyenneté, centrée sur les droits et les devoirs des individus, et proposent de réhabiliter une conception de la vie publique où ce qui importe est la participation des citoyens à la chose publique (en latin, *res publica*) ou au bien commun. Ce volet politique de l'éthique des vertus s'est incarné dans le mouvement « communautarien » au début des années 1980 [4].

Étant donné que ce mouvement n'a pas réellement réussi à produire de solution de remplacement crédible au libéralisme [5], nous ne l'approfondirons pas davantage ici. (Pour une vue d'ensemble des caractéristiques de l'éthique des vertus, voir le tableau 3.1.) Nous allons plutôt nous concentrer sur le premier point afin de mieux saisir l'originalité de cette approche de l'éthique.

---

3 Cf. Bernard WILLIAMS, « Vertus et vices », dans Monique CANTO-SPERBER, *Dictionnaire d'éthique et de philosophie morale*, Paris, P.U.F., 2004, p. 2020.

4 Pour un aperçu des débats auxquels il a donné lieu, cf. André BERTEN *et al.*, *Libéraux et communautariens*, coll. Philosophie morale, Paris, P.U.F., 1997.

5 De ce point de vue, il y a certainement plusieurs leçons à tirer des difficultés éprouvées par Bernard Williams, dont la pensée politique demeure inachevée. Cf. Bernard WILLIAMS, *In the Beginning Was the Deed : Realism and Moralism in Political Argument*, 3e éd., Princeton, New Jersey, Princeton University Press, 2005.

TABLEAU 3.1 Les caractéristiques de l'éthique des vertus

1	Elle est orientée vers la notion du bien.
2	Elle adopte un point de vue moral relatif à l'agent.
3	Elle rend compte des obligations morales partielles des individus.
4	Elle se réclame d'Aristote.
5	Elle critique l'individualisme libéral au nom de l'appartenance à une communauté concrète.

MacIntyre et le retour de l'éthique des vertus

Soutenir que nous devons remettre en question la prétention qu'ont les grands systèmes éthiques de répondre de nos intuitions morales revient à dire que la réflexion morale ne peut se satisfaire d'une éthique des règles, peu importe que celle-ci soit conséquentialiste ou déontologique. Cela implique que les éthiciens des vertus doivent commencer par démontrer pourquoi une éthique des règles ne convient plus dans le contexte socioculturel qui est aujourd'hui le nôtre.

Alasdair MacIntyre (1929-)

Philosophe britannique né à Glasgow, en Écosse, le 12 janvier 1929. Après un baccalauréat à l'Université Queen Mary de Londres, il obtient deux maîtrises aux universités de Manchester, puis d'Oxford. Très engagé politiquement, il adhère au Parti communiste britannique avant de prendre partie pour la Nouvelle Gauche et de devenir trotskiste. Parallèlement, il commence à enseigner dans différentes universités anglaises. Il décide d'émigrer aux États-Unis en 1969 et de renoncer à l'activisme politique. Il est actuellement professeur émérite et *emeritus* à l'Université Duke, en Caroline du Nord, et, jusqu'en 2007, il occupe le poste d'*O'Brien Senior Research Professor of Philosophy* à l'Université de Notre Dame, en Indiana. MacIntyre est connu pour sa contribution à la philosophie morale et politique [6]. Parmi ses œuvres les plus marquantes, mentionnons : *Après la vertu* (1980) et *Quelle justice ? Quelle rationalité ?* (1988).

---

6   Pour une excellente biographie, *cf.* Émile PERREAU-SAUSSINE, *Alasdair MacIntyre : une biographie intellectuelle*, coll. Léviathan, Paris, P.U.F., 2005.

Une critique des éthiques du juste

MacIntyre s'est appuyé sur le caractère interminable et indécidable des controverses morales dans notre société pour formuler trois arguments à cet effet [7].

Des prémisses incompatibles

Les personnes qui participent à des débats éthiques avancent toutes des arguments solides, pertinents et logiquement cohérents. Pourtant, il est impossible de déterminer rationnellement quelles sont les personnes qui ont remporté les débats, car les prémisses des participants sont mutuellement incompatibles. Supposons, par exemple, qu'un utilitariste et un déontologue s'affrontent sur la question de l'avortement. Le premier présupposera que c'est la sensibilité qui constitue le critère d'appartenance à la communauté morale, alors que le second jugera que c'est plutôt la rationalité (ou l'autonomie). Tous leurs arguments découleront logiquement du choix de leurs prémisses, mais ce choix lui-même sera livré au plus grand arbitraire ; il dépendra donc des préférences subjectives des individus. D'ailleurs, il est clair qu'une fois adoptée, la prémisse de l'un exclura automatiquement celle de l'autre (l'adversaire). Dans ces conditions, les débats éthiques menés dans le cadre d'une éthique des règles ressembleront à des luttes subjectives où ce n'est pas le meilleur argument qui triomphe, mais l'individu qui a l'*ego* le plus fort, celui qui est le plus éloquent et le plus en mesure de s'affirmer. En un mot, c'est la volonté de puissance [8], au sens de Nietzsche.

Le style de ces controverses

Compte tenu de l'arbitraire du choix des prémisses, nous devrions normalement nous attendre à ce que la théorie morale reconnaisse l'importance des facteurs subjectifs dans l'évaluation morale [9]. Mais c'est précisément ce que les éthiques des règles sont incapables de faire. La raison en est fort simple : elles exigent toutes que les obligations morales des individus soient justifiées d'un point de vue impartial. Aussi bien dans l'utilitarisme que dans la philosophie morale de Kant, nous ne devons accorder aucune importance au type de relations que nous entretenons les uns avec les autres dans la vie quotidienne, même si c'est pour des raisons différentes. C'est pourquoi tous les dilemmes que nous avons vus jusqu'à maintenant ont été analysés d'un point de vue impersonnel. Dans le dilemme du médicament en quantité limitée (que nous avons vu dans l'introduction, à la page 8), par exemple, un utilitariste ne voyait qu'un problème de quantité de plaisirs

---

7 *Cf.* Alasdair MACINTYRE, *op. cit.,* p. 1-24.

8 Affirmation instinctive de la vie ou du vouloir vivre chez un individu.

9 Si nous admettons que les débats éthiques sont au service d'une volonté particulière, il est politiquement de la plus haute importance, comme le souligne MacIntyre, de découvrir laquelle.

à maximiser pour engendrer les conséquences les plus heureuses, alors qu'un kantien aurait jugé qu'il s'agissait d'un individu aux prises avec un conflit de devoirs positifs. Celui-ci doit en effet choisir de sauver quatre patients ou un seul. Mais ni l'utilitariste ni le kantien n'auraient admis que l'histoire de ces personnes et la relation que l'infirmière entretenait avec celles-ci auraient pu avoir ici une importance morale significative. Or, pour résoudre ce dilemme de manière satisfaisante, c'est pourtant ce qu'il aurait fallu prendre en considération, selon MacIntyre. Nous pouvons donc en conclure qu'une éthique des règles ne prend pas réellement la personne au sérieux.

Les différentes sources de la morale

Les éthiques des règles comportent une autre insuffisance : elles sont incapables de rendre compte du pluralisme moral qui caractérise les sociétés contemporaines, parce qu'elles nient qu'un agent moral puisse réellement faire face à une diversité de valeurs. Nous pouvons donner deux sens à cette accusation :

1. Si nous plaçons l'accent sur la négation, il faut entendre que l'erreur des éthiques des règles est de tenir pour évident le choix des valeurs que celles-ci défendent, et qu'elles excluent ainsi, avant toute discussion, toutes les autres valeurs. Par exemple, un utilitariste estime que le bonheur est le but recherché par tous les individus. Dans le cadre de cette théorie, un individu qui choisirait une autre valeur se comporterait donc de manière irrationnelle. Un kantien, quant à lui, reconduirait le même jugement pour un individu qui opterait pour une valeur autre que celle de l'autonomie. De ce point de vue, les éthiques des règles auraient tort d'ignorer leur propre histoire, c'est-à-dire le contexte social qui a permis à la valeur morale qu'elles défendent de devenir importante.

2. Si nous plaçons l'accent sur la décision morale, il faut comprendre que l'accusation dénonce l'incapacité d'une éthique des règles à expliquer comment les individus peuvent prendre des décisions rationnelles dans des situations conflictuelles. Aux yeux d'un kantien et d'un utilitariste, tous les dilemmes moraux ont une solution. Ce sont tous, en ce sens, de faux dilemmes, car on juge qu'il est toujours évident qu'un seul choix s'impose. Cela signifie que le kantien et l'utilitariste sont tous deux incapables de reconnaître le caractère tragique de la vie morale et d'admettre qu'un individu puisse être déchiré entre deux choix ou deux valeurs également désirables.

Le retour à la morale pré-chrétienne

Ces trois limitations d'une éthique des règles procèdent toutes en dernière instance de l'héritage religieux qu'assument sans le dire les approches conséquentialiste et déontologique[10]. C'est en effet parce que ces approches traitent leurs prémisses comme s'il s'agissait de la Révélation qu'elles peuvent les tenir pour acquises; c'est aussi parce qu'elles conçoivent les obligations morales comme des Commandements de Dieu que leurs justifications doivent être indépendantes des personnes et des relations qu'elles entretiennent entre elles (impartialité); enfin, c'est parce qu'elles traitent leurs valeurs comme s'il n'y avait qu'un seul Dieu qu'elles se permettent d'ignorer les autres valeurs. En d'autres termes, le modèle théologique que suivent les éthiques des règles, à leur insu, les conduit à faire comme si la vie morale de l'être humain ne se déroulait ni dans l'espace ni dans le temps. (Pour une vue d'ensemble des critiques de MacIntyre, voir le tableau 3.2.)

TABLEAU 3.2 Les critiques adressées par MacIntyre aux éthiques du juste

1	Leurs arguments découlent logiquement du choix de leurs prémisses, mais ce choix lui-même est livré au plus grand arbitraire.
2	Leur style impartial les empêche de prendre en considération la personne et son milieu de vie.
3	Elles nient qu'un agent moral puisse réellement faire face à une diversité de valeurs.

Pour élaborer une conception alternative de l'éthique qui prenne en considération le contexte dans lequel s'effectue la décision morale et l'évolution personnelle de l'individu au moment de prendre cette décision, il faut donc faire appel à une approche qui ne véhicule aucune valeur absolue, d'où l'intérêt pour une réflexion morale pré-chrétienne. C'est ce qui motive le retour à Aristote chez les éthiciens des vertus.

La redécouverte de l'éthique d'Aristote

Soutenir que la réflexion éthique au XXIe siècle doit s'inspirer de la pensée d'un auteur du IVe siècle avant J.-C. qui, comme le souligne Rosalind Hursthouse, justifiait moralement l'esclavage, attribuait aux femmes un statut socialement inférieur et plaçait

---

10 Selon Charles Larmore, ce diagnostic a été posé par des philosophes aussi différents que David Hume, Arthur Schopenhauer et Elizabeth Anscombe. *Cf.* Charles LARMORE, *Modernité et morale,* coll. Philosophie morale, Paris, P.U.F., 1993, p. 51.

en tête de liste de ses vertus le courage, est une thèse qui semble, à première vue, aussi décalée que régressive [11]. Les éthiciens des vertus reconnaissent volontiers que plusieurs aspects de la pensée d'Aristote sont aujourd'hui inacceptables. Si ces philosophes puisent leur inspiration dans l'*Éthique à Nicomaque*, ils n'hésitent pas à faire un tri parmi les idées que contient cet ouvrage. Le rapport qu'ils entretiennent avec Aristote est donc un rapport critique. C'est pour signaler cette particularité de leur interprétation qu'ils se qualifient parfois de «néo-aristotéliciens» [12]. Voyons d'abord les idées qu'ils trouvent stimulantes. Nous examinerons ensuite celles qu'ils rejettent.

Aristote (384-322 av. J.-C.)

Philosophe grec né à Stagyre, en Macédoine, et mort à Chalcis, en Eubée. Élève de Platon, remarqué pour son intelligence, il s'oppose à celui-ci en réhabilitant les sens dans la démarche cognitive. Il fonde ensuite sa propre école philosophique, le Lycée, avant de devenir le tuteur d'Alexandre le Grand. Sa contribution à l'histoire des idées est énorme. Véritable esprit encyclopédique, il s'intéresse à la logique, à la biologie, à la physique, à l'astronomie et à la métaphysique. Dans le domaine de l'éthique, ses livres les plus importants sont: *Éthique à Nicomaque, Éthique à Eudème* et *La grande morale,* dont l'authenticité est toutefois contestée.

Les éléments intéressants de l'aristotélisme

La distinction entre la sagesse théorique et la sagesse pratique

C'est la marque d'un esprit éduqué, écrit Aristote dans les premières pages de son *Éthique à Nicomaque,* de ne pas exiger plus de rigueur d'un domaine de l'activité humaine que ce domaine n'est capable d'en offrir [13]. En ce sens, il ne faut pas confondre la rationalité scientifique et la rationalité éthique. En effet, la science et l'éthique ayant des objets distincts, elles font appel à des modes de raisonnement différents. Par conséquent, leurs conclusions n'ont pas le même degré de validité. Celles de la science sont vraies et celles de l'éthique sont au mieux vraisemblables [14].

La science porte en effet sur l'universel, ce qui signifie, pour un Grec de l'époque d'Aristote, sur ce qui est nécessaire, stable et éternel. Les nombres sont de ce point de vue un bon exemple d'objet scientifique. Ce sont les mêmes dans toutes les cultures

---

11 *Cf.* Rosalind HURSTHOUSE, *On Virtue Ethics,* New York, Oxford University Press, 1999, p. 8.
12 Pour un exemple récent, *cf.* David WIGGINS, *Ethics. Twelve Lectures on the Philosophy of Morality,* New York, Penguin Books, 2006.
13 *Cf.* ARISTOTE, *Éthique à Nicomaque,* Paris, Garnier-Flammarion, 2004, p. 51.
14 D'où l'importance, en ce domaine, de la rhétorique.

et à toutes les époques, et ils ne dépendent ni de l'âge, ni du sexe, ni du niveau de vie ou d'éducation des individus ; ils sont invariables. L'éthique, en revanche, a pour objet le particulier, le contingent, le changeant et le temporel. Elle s'intéresse donc à ce qui dépend des circonstances, de l'occasion et des événements. La question «À qui doit-on confier le pouvoir ?» en offre un bon exemple.

Le type de rationalité auquel la science et l'éthique font appel reflète leur différence d'objet respectif. Analyser d'un point de vue scientifique deux situations, deux êtres ou deux éléments revient à se concentrer uniquement sur l'élément commun qu'ils partagent. Supposons, par exemple, que Pierre souffre d'un cancer du foie, et Paul, d'un cancer des poumons. Aux yeux de la science, ce sont des cancéreux. Le fait que ce soit Pierre et Paul qui soient aux prises avec cette maladie est considéré comme un accident qu'on peut certainement regretter, mais qui n'est pas en lui-même significatif. En procédant ensuite par induction ou par déduction, la raison scientifique peut parvenir à établir des règles ou des lois qui seront valables dans tous les cas. Dans notre exemple, qui n'a rien d'aristotélicien, il s'agirait des lois de la biologie auxquelles obéit l'évolution des cancers.

Étudier ces deux mêmes situations ou ces deux personnes d'un point de vue éthique signifie que l'intelligence morale doit s'attarder aux détails particuliers qui font en sorte, par exemple, que le cas de Pierre est unique, malgré ses similitudes apparentes avec celui de Paul. Il se pourrait, par exemple, que Pierre soit marié et père de trois enfants, alors que Paul est célibataire, et qu'il soit jeune, alors que Paul est presque un vieillard. Étant donné l'importance qu'elle accorde au particulier, la rationalité éthique doit s'exercer dans des conditions essentiellement variables. Il en découle qu'elle ne peut permettre d'établir des règles ou des normes universelles valables en tout temps et en tout lieu. Cela implique que le caractère approprié ou non d'un acte dépendra du contexte et des circonstances dans lesquelles se trouve la personne et de l'évolution personnelle de celle-ci. Un même acte, par exemple, un don de 10 dollars, pourra faire l'objet d'une évaluation morale différente en fonction de la situation. Si nous avons affaire à un multimillionnaire, nous pourrions conclure qu'il est avare; s'il s'agit d'un citoyen ordinaire, nous pourrions l'estimer généreux; enfin, si ce don provient d'un étudiant, nous dirions que celui-ci est prodige, parce qu'il donne au-delà de ses moyens. Aristote en conclut donc que l'éthique doit procéder cas par cas. Au lieu de chercher à transmettre des règles, elle doit s'en remettre au jugement (en grec, *phronésis*) des individus. Sa tâche est de former l'individu qui juge.

L'importance de l'éducation morale

L'art de bien exercer son jugement repose sur une éducation théorique et pratique. En tant que vertu intellectuelle, le jugement nécessite une instruction poussée. Or, cette instruction ne vaut rien si l'individu ne possède pas déjà les traits de caractère appropriés (les «vertus») qu'il ne peut acquérir que par la pratique. C'est donc par cet aspect qu'il faut commencer.

Le rôle de l'éducation est d'amener l'être humain à atteindre son but, qui est l'*eudaimonia*. Nous pouvons donner à ce terme le sens de «bonheur» ou d'«épanouissement», mais à condition de bien comprendre qu'il s'agit d'un état objectif dans lequel les êtres rationnels se sont parfaitement accomplis, c'est-à-dire qu'ils ont développé toutes leurs potentialités. Pour parvenir à ce but, il faut éliminer le plus possible les facteurs d'instabilité qui pourraient faire obstacle au plein déploiement de la nature rationnelle de l'être humain. De là, l'idée d'une formation systématique pour amener les individus à acquérir certains traits de caractère orientés vers le bien, les «vertus». L'éducation doit ainsi inculquer aux individus une sorte de réflexe moral conditionné qui va leur permettre de savoir comment se comporter en toute occasion. Toute la question revient à déterminer le meilleur moyen d'obtenir ce résultat.

La solution privilégiée par Aristote consiste, pour des individus, à imiter un modèle, en l'occurrence une personne de la communauté qui est déjà moralement admirable, et qu'ils peuvent facilement reconnaître au fait que son comportement observe toujours la juste mesure entre deux extrêmes. Ces individus doivent alors assimiler l'esprit de leur modèle et non se contenter de reproduire mécaniquement ses faits et gestes. À terme, leur éducation est réussie s'ils ont acquis les traits de caractère de leur modèle. En revanche, si ces traits de caractère ne se manifestent pas dans leur comportement, leur socialisation échoue et ils auront acquis ou conservé des vices[15].

Une telle formation présente une importante supériorité de principe devant une situation nouvelle. Une éthique du juste, pour laquelle l'agir moral consiste à appliquer les règles avec exactitude, sera prise au dépourvu ici, car il n'existe pas de règles pour l'application des règles. L'individu qui a reçu l'éducation recommandée par Aristote n'aura, pour sa part, qu'à «consulter sa sensibilité» pour déterminer ce qu'il convient de faire, ce qui lui permettra non seulement d'improviser, mais même d'innover.

L'action morale

L'action vertueuse consiste à faire ce que ferait une personne vertueuse (une personne moralement admirable) dans les circonstances où il faut agir[16]. Cela implique que l'agent moral est censé faire ce qui est vertueux *parce qu*'il est vertueux, comme le souligne MacIntyre[17]. Autrement dit, l'individu éduqué, celui qui a acquis et intériorisé les vertus, doit savoir ce qu'il fait, la manifestation concrète de ce savoir étant le choix (en grec, *prohairesis*). En effet, seule l'action qui a fait l'objet d'un choix délibéré est une action en parfaite connaissance de cause. D'ailleurs, ce qui conduit l'agent moral à connaître et à choisir l'action vertueuse, ce qui «cause» son action, ce sont précisément les traits de caractère qu'il a acquis, en l'occurrence les vertus. Par exemple, c'est parce qu'elle possède la vertu de la bonté qu'une bonne personne est attentive aux besoins des autres.

Il faut donc admettre que les individus peuvent se tromper, en ce sens que le but qu'ils poursuivent et qu'ils estiment être leur bien dans une situation donnée peut très bien s'avérer différent de leur véritable bien en tant qu'êtres humains. Cela signifie qu'Aristote, proche de Kant sur ce point, distingue les simples désirs des désirs informés par la raison. Seuls les désirs qui ont fait l'objet d'une délibération rationnelle ont pour lui une valeur morale. Cependant, à la différence de Kant, Aristote confie cette intelligence pratique au jugement. C'est à celui-ci qu'il incombe de découvrir ce qu'il faut faire, où il faut le faire, quand il faut le faire et comment il

---

15 Les vices sont définis négativement comme absence des vertus. La lâcheté, par exemple, est l'absence du courage.
16 *Cf.* Rosalind HURSTHOUSE, *On Virtue Ethics*, New York, Oxford University Press, 1999, p. 28.
17 Alasdair MACINTYRE, *Après la vertu*, coll. Léviathan, Paris, P.U.F., 1997, p. 146.

faut le faire [18]. Il en découle que le jugement transforme les vertus de simples traits de caractère en «excellence de caractère».

L'importance de la sensibilité morale

Enfin, on trouve un autre point de divergence remarquable entre Aristote et Kant : la place que l'on doit accorder aux émotions dans l'agir moral. Contrairement à Kant, Aristote estime en effet que l'agent moral ne doit pas se dissocier de ce qu'il ressent. Agir de façon morale ne signifie pas agir contre ses inclinations, ses désirs ou sa sensibilité. C'est plutôt agir en suivant sa sensibilité informée par l'éducation et la raison. De ce point de vue, on ne retrouve pas dans la pensée éthique d'Aristote la schizophrénie [19] qui est caractéristique des éthiques modernes [20]. Cela implique que l'action n'épuise pas le registre de la vertu. Il faut donc comprendre les vertus non seulement comme des traits de caractère qui permettent à l'agent moral d'agir de façon particulière, mais également de ressentir de façon particulière [21]. En ce sens, bien agir, c'est poser le bon geste et l'accompagner de l'émotion appropriée. Il ne suffit pas, par exemple, d'assister aux funérailles d'un proche pour être vertueux. Encore faut-il porter le deuil, c'est-à-dire montrer dans son comportement sa compassion pour la douleur de sa famille et de ses amis. Or, cela est une affaire de tact et de jugement. C'est pourquoi l'intelligence morale ne doit pas se couper de la sensibilité. Aristote n'aurait donc pas admis, comme le croyait Kant, qu'un individu puisse avoir une bonne volonté et être incapable de bien juger, c'est-à-dire qu'il «puisse être à la fois bon et stupide» [22].

Tout cela présuppose que l'agent moral dispose d'une sensibilité bien ordonnée, en ce sens qu'il connaît bien ses sentiments et qu'il sait quels sont ceux dont il doit encourager l'expression et la manifestation et, à l'inverse, quels sont ceux qu'il doit réprimer et dominer. Nous pouvons cependant demander par rapport à quoi cette sensibilité doit être ordonnée, et la réponse est simple : par rapport au but final que poursuit l'être humain, le bonheur. Cela nous conduit aux aspects de la pensée d'Aristote que l'évolution des sociétés modernes a rendus obsolètes. MacIntyre en compte trois.

---

18 Nous empruntons cette formulation à Alasdair MACINTYRE, *op. cit.*, p. 147. *Cf.* également Rosalind HURSTHOUSE, *op. cit.*, p. 12.

19 La séparation entre la raison et la sensibilité.

20 *Cf.* Michael STOCKER, «The Schizophrenia of Modern Ethical Theories», dans Roger CRISP et Michael SLOTE, *Virtue Ethics*, New York, Oxford Unviersity Press, 1997, p. 66-78. On trouvera une traduction française de cet article attribuable à Julien Corriveau dans la revue électronique du Centre de recherche en éthique de l'Université de Montréal (CRÉUM), vol. 3, n° 1, printemps 2008. *CRÉUM*, «La schizophrénie des théories éthiques contemporaines», [en ligne], www.creum.umontreal.ca/IMG/pdf_volume3no1_02_stocker.pdf (page consultée le 13 mars 2008).

21 Alasdair MACINTYRE, *Après la vertu*, coll. Léviathan, Paris, P.U.F., 1997, p. 146.

22 *Ibid.*, p. 151.

Les éléments problématiques de l'aristotélisme

Le naturalisme téléologique [23]

Aristote ne perd jamais de vue que son éthique s'adresse à des êtres vivants [24]. Or, la fin (en grec, *telos*) recherchée par toutes les espèces est de réaliser toutes les possibilités de leur nature. Si les individus, qui appartiennent à l'espèce humaine, désirent être heureux, c'est parce qu'ils doivent atteindre le but que leur prescrit leur nature d'êtres rationnels. Cela revient à admettre que c'est à la biologie de déterminer l'ordre que les individus ont à suivre pour éduquer leur sensibilité et apprendre à exercer leur jugement. Ce qui pose un problème ici, ce n'est pas seulement l'idée implicite que l'être humain a la capacité de connaître sa propre nature et sa destination, comme s'il allait de soi que le genre humain n'en a qu'une seule; c'est surtout la confusion des genres qui résulte du lien entre l'éthique et la biologie. Cette association permet, en effet, à Aristote de passer sous silence la dimension culturelle que présuppose sa conception de l'éthique et, en particulier, les conditions sociales et politiques nécessaires pour parvenir à ce qu'il estime être la plus haute forme d'accomplissement pour un être humain : la vie contemplative. Pour accéder à ce mode de vie, il fallait posséder le statut de citoyen dans la cité-État, ce qui excluait d'office tous les étrangers, les esclaves et les barbares. Or, c'est précisément l'évaluation morale qui a rendu possible ce type d'organisation sociale et politique, qui est aujourd'hui devenue inacceptable. Personne ne tolérerait que la possibilité de devenir pleinement humain soit réservée à une petite élite d'individus.

La doctrine de l'unité des vertus

On trouve un autre aspect controversé dans la pensée éthique d'Aristote : sa psychologie morale. Nous avons déjà vu qu'Aristote refusait de dissocier la personne de son action en exposant ce qui l'oppose à Kant. L'intelligence morale et les traits de caractère des individus concourent à la réalisation de la fin naturelle de l'homme : le bonheur. Étant donné que tous les autres biens sont subordonnés à ce but et qu'il n'y en a qu'un seul, Aristote présuppose que la vie morale des individus est fondamentalement unitaire et harmonieuse. C'est pourquoi il considère que la possession d'un seul trait de caractère moralement admirable entraînera automatiquement celle de tous les autres. Pour savoir ce qu'exige la vertu du courage dans une situation donnée, par exemple, il est nécessaire que l'individu situe les exigences de cette vertu par rapport à celles de toutes les autres (la justice, la prudence, la tempérance) et qu'il les évalue ensuite en fonction de la vertu qui ordonne toutes les autres : le jugement

---

23 Téléologie : du grec *telos*, qui signifie «fin», et *logos*, «science»; est relatif à la doctrine des fins.

24 Les implications de cette thèse pour l'évaluation morale ont été développées par Philippa FOOT, *Natural Goodness*, New York, Oxford University Press, 2001.

ou la sagesse. Tributaire, sur ce point, de la pensée de Platon, Aristote estime, en effet, que les conflits nuisent aussi bien à l'individu qu'à la cité. Cela le conduit à nier qu'un individu puisse se trouver dans une situation tragique où, comme Antigone [25], il doit choisir entre deux biens également désirables mais incommensurables, par exemple, entre la piété familiale et la justice [26]. Selon lui, la dimension tragique de la vie morale ne dépend pas de la condition humaine, mais des défauts de caractère des individus. En principe, tous les conflits moraux sont donc maîtrisables. Une telle position est, à l'évidence, idéaliste et ne permet pas de rendre compte du pluralisme moral qui caractérise la vie humaine, en général, et les sociétés contemporaines, en particulier.

Le catalogue des vertus

Nous avons vu qu'en voulant fonder son éthique sur la biologie, Aristote évite d'avoir à assumer la dimension culturelle et historique de son évaluation morale. Cela lui permet de présenter les vertus cardinales qu'il recommande, à savoir le courage, la prudence, la tempérance et la justice, comme s'il s'agissait de vertus universelles. Or, un simple coup d'œil sur les vertus que le Moyen Âge considère comme universelles – la foi, l'espérance et la charité – permet de constater que ce n'est pas le cas. Nous pouvons donc en conclure que nous ne pouvons pas définir les vertus indépendamment d'un contexte sociopolitique donné. Le choix et la formation des vertus impliquent en effet que les individus imitent un modèle qui appartient à la culture dans laquelle ils vivent. Cela présuppose que cette culture est relativement homogène, c'est-à-dire qu'il existe un certain consensus autour des personnes et des traits de caractère que la société, dans son ensemble, juge moralement admirables. À l'époque d'Aristote, on s'entend pour dire que ce modèle est celui de l'honnête homme athénien.

Aujourd'hui, l'établissement d'une liste des vertus est un exercice plus complexe, car nos sociétés sont devenues multiculturelles, ce qui fait que plusieurs personnes peuvent prétendre au titre de modèle. Il n'est pas certain que, dans ces conditions, nous puissions trouver des traits de caractère désirables pour tous les citoyens. Nous devons donc nous interroger sur la nature de la relation que la conception de l'éthique d'Aristote entretient avec la politique. Est-il possible de concevoir une éthique d'inspiration aristotélicienne en dehors du cadre de la cité-État? Ne sommes-nous pas devenus trop différents les uns des autres pour participer à un projet de société commun et suivre les mêmes modèles de comportement? En un mot, l'éthique

---

25 Célèbre personnage féminin créé par l'auteur grec Sophocle à qui Créon, le roi de Thèbes, interdit d'accomplir son devoir de sœur et de participer aux funérailles de son frère.

26 Pour une réhabilitation du tragique dans l'évaluation morale, *cf.* Martha NUSSBAUM, *The Fragility of Goodness,* New York, Cambridge University Press, 1986.

d'Aristote est-elle adaptable aux conditions de vie modernes? C'est ce défi que se propose de relever MacIntyre. (Pour une vue d'ensemble des forces et des faiblesses de l'éthique d'Aristote, voir le tableau 3.3.)

TABLEAU 3.3 **Les éléments intéressants et problématiques de l'aristotélisme selon MacIntyre**

Éléments intéressants	Éléments problématiques
La distinction faite entre la sagesse théorique et la sagesse pratique : la tâche de la raison scientifique est d'établir des règles ou des lois qui seront valables dans tous les cas, alors que la tâche de la raison éthique est de former l'individu qui juge.	Le naturalisme téléologique associe l'éthique à la biologie. Mais, pour Aristote, seule une petite partie des individus qui appartiennent à l'espèce humaine peuvent s'épanouir.
L'éducation morale consiste à imiter des modèles admirables pour acquérir des traits de caractère et les intérioriser.	La doctrine de l'unité des vertus méconnaît la dimension tragique de la vie morale.
La définition de l'action morale en tant qu'action qui a fait l'objet d'un choix délibéré.	Le catalogue des vertus ignore sa propre dimension historique.
L'importance accordée à la sensibilité morale amène l'agent moral à ne pas se dissocier de ce qu'il ressent.	

Les biens internes : la nouvelle téléologie sociale

Puisque nos obligations morales ne reposent pas sur la nature, elles ne peuvent provenir, soutient MacIntyre, que des pratiques sociales de la communauté à laquelle nous appartenons. Par «pratiques», nous devons entendre ici les formes de coopération sociale organisées telles que les sports, les arts, les sciences, les «loisirs» et la vie familiale[27]. Toutes ces activités humaines véhiculent des biens internes dans la mesure où elles comportent des normes d'excellence. MacIntyre en déduit que les individus doivent d'abord accepter de se soumettre à ces normes et mettre en valeur les traits de caractère qui leur correspondent pour se réaliser à l'intérieur de ces pratiques. De cette manière, ils peuvent accéder aux biens internes de l'activité à laquelle ils s'exercent. Le processus dynamique qui en résulte est aussi bien éthique qu'historique : nous pouvons le qualifier d'éthique, parce qu'il contribue

---

27 *Cf.* Alasdair MACINTYRE, *Après la vertu,* coll. Léviathan, Paris, P.U.F., 1997, p. 183. L'auteur subsume les sports et les loisirs sous la catégorie de «jeux».

au développement des formes de l'excellence humaine et, en même temps, d'histo-rique car, au sein de ce mouvement, les fins et les biens que poursuivent les êtres humains sont constamment redéfinis. Illustrons maintenant cette thèse et dégageons toutes ses implications.

Supposons que nous essayons d'apprendre à jouer de la guitare à quelqu'un qui ne s'y intéresse pas. Nous pourrions l'inciter à se soumettre à cet apprentissage en lui faisant miroiter la possibilité de devenir riche et célèbre. Or, l'argent et la gloire peuvent s'obtenir de bien d'autres façons qu'en apprenant la musique. Le lien qu'ils entre-tiennent avec la musique relève du hasard et des circonstances. Pour cette raison, nous pouvons les qualifier de «biens externes». Notre élève sera peut-être d'abord motivé à apprendre à jouer de son instrument parce qu'il espère s'enrichir mais, s'il se prend au jeu et qu'il s'absorbe dans sa pratique, il aura accès à des biens internes, c'est-à-dire à des biens que seule la musique peut procurer. Par exemple, il saura jouer en arpèges ou en butés, et saura lire et écrire des partitions pour guitare. Il pourra donc, éventuellement, contribuer lui-même à maintenir et à renouveler la pratique de son instrument en produisant des compositions, et mener un mode de vie particulier : celui de musicien. Ce qui distingue, de ce point de vue, les biens internes des biens externes est que leur réalisation profite à l'ensemble de la pratique. Quand un musicien, un athlète ou un savant exerce son activité, c'est toute la communauté des musiciens, des sportifs ou des scientifiques qui en bénéficie. Quel lien la pratique entretient-elle avec l'éthique ?

L'individu qui accepte de suivre une formation ou un apprentissage doit commencer par reconnaître qu'il existe un décalage ou un écart entre les normes d'excellence de la pratique particulière à laquelle il désire participer et son propre comportement. Cela implique qu'il doit admettre que la pratique est porteuse de quelque chose qui le dépasse et qu'il doit accepter l'autorité de ses normes[28]. Il en découle que c'est seulement en intériorisant ces normes qu'il peut mettre en valeur les traits de caractère qui leur correspondent et atteindre un bien à l'intérieur de cette pratique. D'où la définition de la vertu de MacIntyre : «Une vertu est une qualité humaine acquise dont la possession et l'exercice tendent à permettre l'accomplissement de biens internes aux pratiques et dont le manque rend impossible cet accomplissement[29].» Il ne reste plus qu'à expliciter la relation que cette conception de l'éthique entretient avec la communauté.

Les pratiques sociales, telles que les conçoit MacIntyre, sont nécessairement ouvertes, car tous ceux qui y participent ont la possibilité de revoir les fins et les biens qu'ils poursuivent et qu'elles proposent. En ce sens, il est clair que ces pratiques se

---

28 Alasdair MACINTYRE, *op. cit.*, p. 185.
29 *Ibid.*, p. 186.

différencient des techniques où la fin est toujours prédéterminée. Or, la responsabilité du lien civique leur revient également, puisque les institutions ne peuvent se maintenir sans elles. Les conservatoires, les laboratoires, les universités et les parlements se préoccupent en effet surtout de la répartition des biens externes qui font l'objet d'une compétition. Si ces institutions ne succombent pas à la guerre de tous contre tous, c'est parce que les individus qui se livrent aux pratiques sociales correspondantes ont développé les traits de caractère qui leur procurent les moyens de résister à l'influence corruptrice des biens externes.

La thèse d'un lien intrinsèque entre l'éthique et la communauté à laquelle nous appartenons permet à MacIntyre de montrer comment on peut attribuer à la société le rôle qu'Aristote fait jouer à la nature dans sa pensée éthique. Cependant, elle ne permet pas encore de rendre compte d'une autre caractéristique de l'éthique aristotélicienne : le fait que le bien, en tant que fin dernière du genre humain, présuppose une vue d'ensemble sur la vie humaine, c'est-à-dire sur le genre de vie qui vaut la peine d'être vécue.

L'éthique en jeu

Choisissez deux pratiques sociales parmi les suivantes et nommez les biens internes dont elles sont porteuses et les vertus qui permettent d'y accéder :

1. La vie familiale ;

2. Le bénévolat ;

3. Les échecs ;

4. L'agriculture ;

5. La physique ;

6. La natation ;

7. Le militantisme écologique.

Le problème de l'unité de la vie humaine

L'importance d'une représentation unitaire de la vie humaine pour la réflexion morale ressort clairement si nous nous demandons quelles difficultés éprouverait un individu dont la vie éthique se limiterait aux traits de caractère acquis dans des pratiques sociales particulières. MacIntyre en relève trois [30] :

1. D'abord, la vie de cet individu risquerait de n'être qu'une suite interminable de conflits et de choix arbitraires. Étant donné que chaque pratique sociale véhicule ses propres normes d'excellence, il est presque certain que, tôt ou tard, cet individu finirait par hésiter à se soumettre aux normes de deux ou de plusieurs pratiques et qu'il ne disposerait alors d'aucun critère pour effectuer un choix rationnel.

2. Ensuite, sans visée unitaire, cet individu aurait de la difficulté à apprécier la véritable importance d'une vertu. Il arrive en effet fréquemment dans la vie qu'une situation exige que nous sollicitions une vertu au-delà de ce qui est nécessaire à une pratique particulière. Si nous prenons l'exemple de l'enseignement, il n'est pas rare qu'un professeur doive faire preuve d'une grande patience envers des élèves qui comprennent plus lentement que les autres. Dans ces conditions, il pourrait être incité à abandonner sa pratique au lieu de persévérer. L'unique moyen pour lui de prendre une décision éclairée, ici, serait d'évaluer ce qu'exige le bien auquel lui permet d'accéder la patience en le reportant dans sa propre hiérarchie des biens. Or, il ne pourra pas se livrer à cet exercice sans représentation unitaire de sa vie.

3. Enfin, il existe des vertus qui ne peuvent se concevoir sans référence à l'unité d'une vie, tel est le cas de l'intégrité et de la constance. Nous pouvons donc en conclure qu'il est nécessaire de posséder une représentation unitaire de la vie humaine, même pour qui reconnaît la dimension tragique de la vie humaine.

Mais nous pourrions facilement objecter ici avec MacIntyre que les conditions sociales de la vie moderne – avec la fragmentation à laquelle a donné lieu la spécialisation des tâches – ont rendu une telle idée chimérique. Il est en effet devenu si banal aujourd'hui de séparer les différents domaines de la vie (par exemple, vie privée/vie publique et travail/loisir) et ses différents âges (enfance, adolescence, âge adulte et vieillesse), que nous leur assignons des normes distinctes. De plus, les éthiques du juste nous ont habitués à concevoir l'action en dehors de tout contexte comme si, pour en comprendre le sens, il suffisait de l'interpréter comme un élément d'une recette de cuisine sans connaître le plat que nous préparons ni l'heure du

---

30 *Cf. Ibid.,* p. 195-197.

repas. Dans ces circonstances, où les individus pourraient-ils trouver les ressources pour se représenter leurs vies de manière unitaire?

S'ils acceptent de ne pas dissocier leur soi de leurs rôles sociaux [31], les individus pourront les trouver dans le récit de leur vie. La naissance, la vie et la mort d'un individu sont en effet reliées, soutient MacIntyre, comme le commencement, le milieu et la fin d'un récit [32]. D'ailleurs, parce qu'il est orienté vers l'avenir, ce récit est toujours celui d'une quête, celle de la vie bonne – entendons celle d'un but final par rapport auquel sont hiérarchisés tous les autres biens. Cela ne veut pas dire que l'individu doit savoir dès le début de sa quête ce qu'est la vie bonne pour lui, ni qu'il ne puisse pas échouer. La nature précise du but qu'il poursuit s'éclaircira pendant son cheminement. Cela signifie, en revanche, que c'est seulement en racontant sa vie – les rôles qu'il a joués dans la société et les fonctions qu'il a occupées – que l'individu peut en avoir une représentation unitaire, qu'il peut découvrir son identité et ce qu'il cherche. De ce point de vue, nous pouvons dire que la thèse de la conception narrative du soi en fait un sujet responsable, parce qu'elle le traite comme l'auteur de son histoire, de ses actes, de ses projets

---

31 MacIntyre vise ici, entre autres, l'existentialisme de Jean-Paul Sartre, pour qui le soi ne peut préserver son intégrité qu'en se préservant de l'inauthenticité qui caractérise les rôles sociaux conventionnels.
32 Alasdair MACINTYRE, *op. cit.*, p. 200.

et de ses réalisations. De plus, étant donné que l'histoire de l'individu s'inscrit toujours dans une histoire qu'il n'a pas commencée, celui-ci participe à l'histoire des autres comme les autres participent à la sienne. Il en découle qu'en dernière instance, c'est la vie de sa famille, de son quartier, de sa ville, de sa province, de son pays ou de sa tribu [33] – en un mot, la tradition qu'il porte – qui lui fournit le contexte qui lui permettra de comprendre la quête de sa vie. Ce contexte apparaîtra dans son récit comme un sous-ensemble imbriqué dans un ensemble plus vaste qui appartient lui-même à un cadre encore plus inclusif et où, par conséquent, plusieurs traditions s'entrecroiseront. Rien n'exclut la possibilité que l'individu doive ainsi faire face à des situations tragiques et qu'il ait à choisir entre des biens incompatibles d'égale valeur. Par exemple, il pourrait très bien découvrir qu'il est tributaire de plusieurs traditions et se sentir déchiré entre diverses appartenances. Cependant, c'est une nouvelle vertu, son sens des traditions, qui l'aidera à préserver la représentation unitaire de sa vie en choisissant la solution qui est la mieux pour lui, compte tenu du but qu'il poursuit et des rôles qu'il a à remplir. Ce qui n'est qu'une autre façon de dire que, dans cette conception de l'éthique, il ne saurait exister, comme pour les éthiques du juste, de bonne solution ou de solution définitive. (Pour une vue d'ensemble, voir la figure 3.1.)

FIGURE 3.1 L'éthique des vertus selon MacIntyre

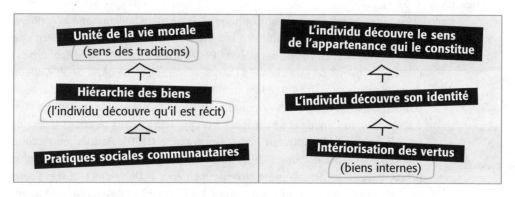

Nous pouvons donc en conclure qu'il est possible de donner un exposé cohérent d'une éthique des vertus d'inspiration aristotélicienne dans le monde moderne en corrigeant ses principales faiblesses. Les vertus sont en effet nécessaires pour accéder aux biens internes et aux pratiques sociales, pour disposer d'une représentation unitaire de la vie morale et pour maintenir les traditions.

---

33 *Ibid.*, p. 214.

Taylor : une réactualisation d'Aristote

La position que défend Charles Taylor devant le problème de la diversité des biens converge largement avec celle de MacIntyre, autant à propos du diagnostic que de la solution [34]. Taylor estime, en effet, que la principale carence des éthiques du juste est de faire appel à un type de rationalité qui s'inspire de la science. Ces éthiques sont ainsi conduites à nier la diversité des motifs d'action, au nom de la clarté et du sentiment de maîtrise des décisions morales que leur procure leur conception de la rationalité éthique. De plus, elles en viennent à ignorer leur propre évaluation morale ainsi que le contexte historique qui a permis aux valeurs qu'elles défendent de devenir significatives. De cette manière, elles contribuent à diffuser deux croyances fallacieuses : d'abord, l'idée que nous pouvons détacher le domaine de l'éthique des autres domaines de la vie ; ensuite, celle que nous pouvons trouver une règle pour résoudre tous les problèmes à l'intérieur de ce domaine. Or, une telle approche ne rend pas justice à la complexité de notre vie morale. Une description plus appropriée de celle-ci doit rendre compte de son unité comme de sa diversité.

Charles Taylor (1931-)

Philosophe canadien né d'un père anglophone et d'une mère francophone à Montréal, en 1931. Après un baccalauréat en histoire à l'Université McGill, il obtient une bourse Rhodes et complète le célèbre PPE (*Philosophy, Politics and Economics*) du Balliol College de l'Université d'Oxford. Nommé *Fellow of All Souls College* de cette même université, il rédige ensuite sa thèse de doctorat sous la direction d'Isaiah Berlin et d'Elizabeth Anscombe en 1961. Il s'engage en politique active à son retour au Canada et se présente à quatre reprises aux élections fédérales sous la bannière du Nouveau Parti démocratique (NPD). Battu, il entreprend une carrière de professeur en 1968, qui le conduira dans les universités les plus prestigieuses. Il est actuellement professeur émérite à l'Université McGill et *Board of Trustees Professor of Law and Philosophy* à l'Université Northwestern, à Chicago. En 2007, il copréside la Commission de consultation sur les pratiques d'accommodement reliées aux différences culturelles. Parmi ses livres qui intéressent la philosophie morale, mentionnons : *Grandeur et misère de la modernité* (1992), *Le multiculturalisme. Différence et démocratie* (1994), *La liberté des modernes* (1997) et *Les sources du moi* (1998).

---

34 *Cf.* Charles TAYLOR, « La conduite d'une vie et le moment du bien », dans *La liberté des modernes*, coll. Philosophie morale, Paris, P.U.F., 1997, p. 285-306. Nous limitons notre analyse aux idées présentées dans ce texte.

Taylor emprunte à Bernard Williams sa description de la vie morale. Selon ce dernier, quand un problème éthique survient, il ne déclenche pas immédiatement une sonnerie d'alarme qui le signalerait à l'attention des individus, les avertissant qu'ils viennent de pénétrer dans une zone « éthique ». La plupart du temps, au contraire, la réflexion morale des individus débute quand ceux-ci ont le sentiment très vague qu'il est en train de se passer quelque chose d'important. Pour dégager ce sentiment de la nébuleuse qui l'entoure, ils doivent alors établir l'endroit où passent les limites entre ce qui est important et ce qui ne l'est pas. Cette opération mentale exige une articulation à deux niveaux. Ils doivent d'abord préciser le sens de ce qui est important pour eux par rapport à leurs « biens de vie ». Par là, Taylor entend les différents projets et buts que peuvent se proposer d'atteindre les individus et qui définissent leur conception de la vie bonne, ce qui inclut également les traits de caractère qu'ils désirent acquérir. Une fois cette étape complétée, les individus pourront alors expliciter leur sentiment d'importance par rapport à leurs « biens constitutifs », c'est-à-dire par rapport au contexte social et culturel qui contribue à donner une visée unitaire à leurs vies. Il en va ainsi de la représentation du monde et d'eux-mêmes qui donne un sens à leur choix. À titre d'exemple, un chrétien pour qui la vie bonne consisterait à se consacrer à Dieu devrait vivre dans un monde où il est possible de concevoir l'Univers et sa propre personne comme des créations divines. Or, ce sont justement ces deux niveaux que négligent les éthiques du juste. Pour Taylor, l'alternative est donc claire : soit les individus explorent les ressources qu'offre la pensée d'Aristote pour affronter le problème de la diversité des biens, soit ils baissent pavillon devant le pluralisme et ils donnent libre cours à l'arbitraire des volontés de puissance des disciples de Nietzsche.

Rendre justice à la diversité morale : hiérarchiser ses biens

Commençons par le premier niveau. Articuler la diversité des biens de vie signifie les hiérarchiser en fonction de leur ordre d'importance, les classer selon un ordre de priorité. L'insuffisance des éthiques du juste, ici, est à la fois théorique et pragmatique. Elle est théorique parce que le classement que proposent ces éthiques se veut définitif. Nul ne peut remettre en question le bonheur du plus grand nombre dans l'utilitarisme, l'autonomie, dans le kantisme, ou la justice, dans la théorie de Rawls. Il en résulte que les individus doivent appliquer ces critères à toutes les décisions qu'ils ont à prendre dans la vie quotidienne, ce qui les conduit à des absurdités, comme le fait de considérer que la rotation des tâches domestiques concerne le bonheur de l'humanité au même titre que l'esclavage des enfants. Le problème est que le sentiment d'importance que les individus accordent à leurs « biens de vie » varie en fonction des situations dans lesquelles ils se trouvent et de leur perception de ces situations. La théorie ne peut donc pas considérer qu'il est établi une fois pour toutes, car tout, à ce niveau, est affaire de détails et de nuances. Il s'agit, en effet, d'équilibrer ce que Taylor appelle des «différences de poids». Nous pourrions très bien imaginer qu'une jeune mère de famille qui effectue un retour aux études en vienne, par exemple, à accorder temporairement plus d'importance à ses amitiés qu'à sa famille ou à sa vie professionnelle, parce que les moments passés avec ses amies sont maintenant plus rares et qu'ils ont donc plus de valeur à ses yeux. Quand elle aura commencé à travailler ou que ses enfants auront quitté le foyer familial, son classement sera sans doute différent. Cependant, rien n'interdit de penser qu'une autre jeune mère placée dans la même situation pourrait classer ces biens de manière différente. Il n'y a donc pas de recette unique. Nous devons nous en remettre au jugement (en grec, *phronésis*) des individus.

Rendre justice à l'unité morale : harmoniser ses biens

Ordonner la diversité des biens de vie n'est cependant qu'un aspect de la vie morale. Les individus doivent aussi être capables de justifier leur choix. Sur ce plan, ils ne pourront éviter l'arbitraire que s'ils disposent d'une représentation unitaire d'eux-mêmes et de leurs vies. Pour cela, ils doivent être en mesure de replacer leur choix dans le contexte le plus approprié à leur délibération morale. Taylor soutient que le meilleur contexte est celui du cadre de leurs vies respectives. La raison en est que la vie humaine, selon une analyse qu'il emprunte à Richard Wollheim (1923-2003), possède trois caractéristiques qui contribuent à lui donner une certaine unité :

1. Elle est orientée vers l'avenir, en ce sens qu'elle «va quelque part» ;

2. Elle est conduite ou dirigée par celui qui la vit ;

3. Elle connaît des phases d'évolution rapides et lentes [35].

Il en découle que la réflexion morale des individus ne se termine pas quand ceux-ci découvrent quelle est la meilleure décision à prendre. Encore doivent-ils s'assurer qu'ils seront capables de s'en accommoder. Ce qui est moralement déterminant pour compléter cette opération avec succès, ce n'est plus la capacité des individus de classer leurs «biens de vie» selon un ordre hiérarchique, mais plutôt celle de les intégrer dans leur vie. Cette aptitude nécessite que les individus cultivent un sens du compromis et de l'harmonie qui s'exercera en fonction de leur évolution

---

35 Charles TAYLOR, *La liberté des modernes,* coll. Philosophie morale, Paris, P.U.F., 1997, p. 300.

personnelle et spirituelle au moment (en grec, *kairos*) où ils doivent décider. Elle leur évitera de dissocier leur personne de leur acte et de considérer, comme dans les éthiques du juste, que leur nature est déterminée une fois pour toutes. Concrètement, cette «vertu» leur permettra de saisir en quoi les biens qu'un classement hiérarchique aurait pu les amener à sacrifier peuvent se compléter. Dans l'exemple dont nous avons parlé précédemment, ce n'est pas parce que la jeune mère apprécie davantage les rares rencontres avec ses amies qu'elle doit renoncer à sa vie familiale et à ses études. Sa tâche consiste plutôt à essayer de concilier ses différents biens en fonction du genre de personne qu'elle est et qu'elle désire devenir, et c'est le résultat temporaire de cette tentative que reflète sa décision. (Pour une vue d'ensemble, voir la figure 3.2.)

FIGURE 3.2 **L'éthique des vertus selon Taylor**

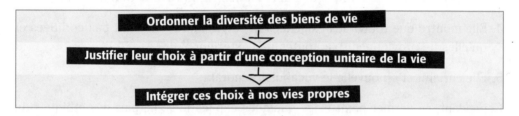

Nous pouvons donc en conclure qu'une éthique des vertus inspirée d'Aristote offre de meilleures ressources que les éthiques du juste pour faire face au problème de la diversité des biens, car elle peut rendre compte à la fois de la diversité des biens et de l'unité de la vie morale des individus. Mais cela n'implique pas qu'elle peut résoudre tous les conflits. (Pour une synthèse des points de vue de MacIntyre et de Taylor, voir le tableau 3.4.)

TABLEAU 3.4 **Ce que permet l'éthique des vertus selon MacIntyre et Taylor**

1	L'éthique des vertus rend compte de la complexité de la vie morale des individus en ne détachant pas l'éthique des autres domaines de la vie.
2	Au lieu de soumettre la diversité des biens à une règle déterminée une fois pour toutes, elle reconnaît que les priorités des individus changent avec le temps et les circonstances.
3	Pour limiter l'arbitraire du jugement des individus, elle s'assure que la réflexion morale ne s'arrête pas à l'acte et qu'elle s'applique également à leur personne. De cette manière, elle préserve l'unité de leur vie morale.

La contribution de l'éthique des vertus à l'éthique contemporaine

Au point où nous en sommes, il peut être utile de prendre une pause pour considérer globalement ce qu'apporte de nouveau l'éthique des vertus à la réflexion morale contemporaine. Nous nous limiterons à cinq points fondamentaux :

1. Elle reconnaît le caractère irréductible des diverses sources de la morale ;

2. Elle propose une conception plus plausible du raisonnement moral en situation de dilemme ;

3. Elle place l'individu plutôt que l'acte au centre de l'évaluation morale ;

4. Elle montre que toutes les exigences de la vie morale ne sont pas codifiées et qu'elles ne proviennent pas toutes de l'extérieur [36] ;

5. Elle enrichit et renouvelle le vocabulaire moral.

Cependant, ce dernier point exige quelques explications. Le pari des éthiques du juste est que les termes de « bien » et de « mal » ainsi que de « juste » et d'« injuste » suffisent pour décrire correctement une situation morale. Or, selon l'éthique des vertus, cela n'est pas le cas, car nous ne pouvons rendre compte de toutes les nuances pertinentes à l'aide de ce vocabulaire qui ne s'applique qu'à l'action. En ce sens, nous pouvons dire que ce sont des expressions « minces » (en anglais, *thin*) [37]. Une description plus complète des situations morales doit faire appel aux expressions plus « denses » (en anglais, *thick*) qui se réfèrent non seulement aux actes, mais également aux personnes impliquées dans les situations en question. De cette manière, l'éthique des vertus est conduite à réhabiliter tous les récits, histoires, contes, fables et romans à caractère moral à l'aide desquels nous faisons l'éducation des enfants et développons notre imagination morale.

Un penseur libéral pourrait objecter ici que cette attitude convient parfaitement durant l'enfance ou la période de formation des individus, mais que nous ne devons pas la tolérer à l'âge adulte. Toute tentative de l'imposer dans le domaine public serait en effet une forme de paternalisme, c'est-à-dire d'infantilisation des citoyens. Le rôle de l'État dans une société libérale n'est pas de promouvoir une conception particulière de la vie bonne. Il est de demeurer neutre par rapport à toutes ces conceptions.

---

36 *Cf.* Nicholas DENT, « L'éthique de la vertu », dans Monique CANTO-SPERBER, *Dictionnaire d'éthique et de philosophie morale*, Paris, P.U.F., 2004, p. 2019.
37 *Cf.* Michael WALZER, *Morale maximale, morale minimale*, Paris, Bayard, 2004.

Pour comprendre pourquoi l'État libéral ne peut pas demeurer impartial ou neutre par rapport à la conception de la personne et de la société qu'il présuppose[38], il peut être instructif de reconsidérer la question de la justice à l'aune du problème de la diversité des valeurs.

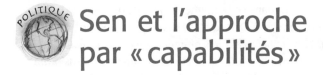

Sen et l'approche par « capabilités »

Amartya Sen n'apprécierait peut-être pas que nous rangions sa pensée dans la même catégorie que celle des éthiciens des vertus, puisqu'il a lui-même toujours situé ses travaux dans la continuité de la théorie de la justice de Rawls[39]. En ce sens, il est clair qu'il se démarque des penseurs communautariens, comme MacIntyre ou Taylor, qui autorisent l'État à protéger et à défendre un mode de vie particulier. C'est sans doute la raison pour laquelle, dans la présentation de sa pensée, on insiste habituellement sur sa contribution fondamentale à l'évaluation de ce qui constitue un avantage du point de vue de la justice sociale, contribution qui a été révélée dans un article désormais célèbre : *Égalité de quoi ?*[40]. Au lieu de définir l'égalité en termes d'utilités, comme le font les conséquentialistes, ou de biens premiers sociaux, comme le font les déontologues, Sen propose, en effet, de la concevoir en termes de « **capabilités** » ou de capacités réelles de choisir d'un individu. Il a également montré la fécondité de son approche pour évaluer l'inégalité, le bien-être et la pauvreté, le niveau de vie et de développement, les inégalités entre les sexes ainsi que la justice et l'éthique sociale[41]. La parenté de sa démarche avec l'éthique aristotélicienne a été établie par d'autres[42], mais il n'a pas hésité à la reconnaître. Sur un point, cependant, il s'est montré d'une discrétion remarquable : le type de libéralisme que présuppose sa pensée[43]. Or, c'est précisément la question que soulève sa redéfinition de l'avantage en termes de « capabilités », car celle-ci semble conduire à réhabiliter une conception objective de la personne qu'il incomberait à l'État de promouvoir. Voyons d'abord sa contribution au débat sur l'égalité. Nous examinerons ensuite les implications pour le rôle de l'État de sa conception du pluralisme.

---

38 Ce que Rawls a reconnu lui-même dans *Libéralisme politique,* mais sans aller jusqu'à donner à l'État le droit d'imposer une conception objective de la vie bonne comme le font certains communautariens.

39 *Cf.* Amartya SEN, *Repenser l'inégalité,* coll. L'histoire immédiate, Paris, Seuil, 2000, p. 12-13.

40 Amartya SEN, *Éthique et économie,* 2e éd., coll. Philosophie morale, Paris, P.U.F., 1993, p. 189-213.

41 Pour cette énumération et les travaux correspondants, *cf.* Martha NUSSBAUM et Amartya SEN (éd.), *The Quality of Life,* New York, Oxford University Press, 1993, p. 30.

42 Martha NUSSBAUM, *Women and Human Development : The Capabilities Approach,* 10e éd., New York, Cambridge University Press, 2000, et, plus récemment, Martha NUSSBAUM, *Frontiers of Justice : Disability, Nationality, Species Membership,* Cambridge, Massachusetts, Belknap Press, 2006.

43 Martha NUSSBAUM, *Women and Human Development : The Capabilities Approach,* 10e éd., New York, Cambridge University Press, 2000, p. 14.

Amartya Sen (1933-)

Économiste et philosophe indien né en 1933 à Santiniketan, au Bengale, sur le campus du collège fondé par le grand poète Rabindranath Tagore. Il étudie d'abord en Inde avant d'obtenir un baccalauréat en économie et de poursuivre des études doctorales au Trinity College de l'Université de Cambridge. C'est pendant la rédaction de sa thèse qu'il décide d'étudier la philosophie. Il poursuit ensuite sa carrière d'enseignant dans cette même université, puis à New Dehli, à la London School of Economics, à Oxford et à Harvard, où il occupe encore aujourd'hui le poste de *Lamont University Professor*. Il obtient le prix Nobel d'économie en 1998. Sen est connu pour ses travaux sur la pauvreté et la famine. Il transforme notre conception de la justice sur le plan international en mettant au point un nouvel index pour mesurer le développement, l'indicateur de développement humain (IDH), qui est adopté par le Programme des Nations Unies pour le développement.

Le débat sur l'égalité :
utilité, biens premiers ou « capabilités » ?

Pour aborder la pensée de Sen, le plus simple est sans doute de commencer par la contribution du philosophe à la théorie du choix social, le domaine qui l'a fait connaître. Cette théorie s'intéresse aux problèmes de compatibilité que posent l'existence de différents principes de décision sociale et les conflits qui en résultent[44]. Son développement a été marqué par l'économiste états-unien Kenneth Arrow (1921-), dont le fameux théorème d'impossibilité a établi qu'on ne pouvait pas parvenir à une décision sociale cohérente en partant des préférences hétérogènes des individus si la théorie entend respecter un certain nombre de conditions constitutionnelles. Qu'est-ce que cela implique concrètement ? Dans une société démocratique libérale, les choix sociaux devraient normalement refléter les préférences de la majorité des individus, lors des élections, par exemple. Or, en étudiant tous les cas de figure possibles, Arrow a démontré que ce n'est pas le cas. Si nous additionnons tous les votes des individus et que nous tenons compte des conditions qu'Arrow a définies, le résultat final a des propriétés mathématiques qui n'ont rien à voir avec les simples préférences des individus. Il en découle que les choix sociaux sont en conflit avec les principes de la démocratie. Ainsi, Sen s'est intéressé à la source des conflits de ce type et à la manière de les résoudre. Il a montré qu'ils dépendaient de la façon dont les différents principes de décision sociale sélectionnaient les informations factuelles qu'ils jugeaient pertinentes, c'est-à-dire de leurs « bases d'information »[45].

---

44 *Cf.* Amartya SEN, *L'économie est une science morale,* coll. La Découverte/Poche, Paris, La Découverte, 2003, p. 69.
Nous limiterons notre présentation à ce texte, qui constitue la meilleure introduction à la pensée de Sen.
45 *Ibid.,* p. 70.

Ainsi, Sen a pu se servir de la méthode d'Arrow pour réintroduire des considérations éthiques en économie et transformer l'économie du bien-être en discipline normative.

L'utilité

Dans *L'économie est une science morale,* la principale thèse de Sen est que l'évaluation éthique des choix sociaux doit être centrée sur la liberté et les droits des individus. Le sens qu'il convient de donner au concept de « liberté », ici, est précisé dans l'extrait de texte que l'on trouvera à la fin de ce chapitre, à la page 142. Ce qui importe, d'un point de vue éthique, est de comprendre comment Sen justifie sa thèse par rapport aux principes d'évaluation concurrents. Pour un économiste du bien-être, le premier candidat sérieux au titre de principe du choix social est l'utilitarisme. En quoi un tel principe, qui sélectionne les renseignemens factuels en fonction de leur utilité, serait-il insatisfaisant dans cette perspective? Sen en donne trois raisons:

1. Un tel principe serait centré sur les résultats et non sur la liberté des individus. Il se pourrait que la maximisation de l'utilité entraîne une augmentation de la liberté des individus, mais ce résultat n'est pas garanti. En cas de conflit entre le bien-être et la liberté des individus, ce principe exige en effet que l'on sacrifie la liberté des individus;

2. Ce principe évalue le bien-être des individus en fonction de leurs caractéristiques psychologiques subjectives (plaisir, douleur, désir);

3. La définition de l'utilité en termes de caractéristiques mentales peut entraîner de sérieuses distorsions dans le calcul du bien-être des individus quand ceux-ci vivent dans des conditions d'oppression sociale permanente qui les incitent à renoncer à leurs désirs pour s'adapter aux circonstances.

Tel est le cas des femmes et des analphabètes en Inde, pays de naissance de Sen. Dans ce pays, où il existe de profondes inégalités entre les sexes, les femmes apprennent rapidement à se contenter de leur sort. Cette adaptation à leur condition se manifeste par une absence apparente de désir de liberté plus grande lorsqu'elles sont consultées. Le fait que les Indiennes semblent ne désirer aucun changement conduirait un utilitariste à conclure qu'elles sont satisfaites. Or, pour une évaluation des choix sociaux centrée sur la liberté des individus, cela ne rendrait pas leur inégalité par rapport aux hommes moralement plus acceptable. Le même phénomène s'observe à propos de l'analphabétisme. En effet, la plupart des personnes qui ne savent pas lire ont déployé des trésors d'ingéniosité pour s'adapter à leur condition, et elles en sont fières. Par conséquent, lorsqu'on leur demande si elles ne souffrent pas du manque de liberté que leur impose leur analphabétisme, elles affirment que non. Un utilitariste ne verrait donc aucune raison de modifier les politiques sociales de l'État, alors que, pour une éthique sociale centrée sur la liberté des individus, cette situation demeurerait moralement inacceptable, car les pertes de liberté des individus n'en sont pas moins réelles. Il en découle que l'éthique sociale ne doit pas limiter son évaluation du bien-être des individus à la seule dimension subjective, mais qu'elle doit également prendre en compte sa dimension objective. Toute la question revient à déterminer le meilleur moyen d'y parvenir.

Les biens premiers sociaux

La théorie de la justice de Rawls a certainement contribué à recentrer l'évaluation éthique sur la liberté des individus et à souligner la diversité des fins que ceux-ci se donnent. Nous pourrions donc penser que les principes de justice de Rawls constituent un meilleur critère que l'utilitarisme pour déterminer ce qui constitue un avantage. Afin d'égaliser les circonstances de départ des individus dans la société, Rawls soutient en effet que nous devons leur donner les mêmes libertés fondamentales, les mêmes chances d'accès aux positions sociales et les mêmes droits aux avantages socio-économiques, en un mot, les mêmes biens sociaux premiers. Cependant, Sen estime que Rawls commet une double erreur en affirmant que les individus disposeront de la même liberté si on leur garantit le même accès aux biens sociaux premiers :

1. Rawls se trompe d'abord parce qu'il présuppose que seuls les biens matériels créent des inégalités entre les individus. En ce sens, ce n'est pas un hasard si le travailleur non qualifié incarne la figure du plus démuni sous le voile d'ignorance, car le seul critère qui permet de le définir est la privation de ressources. Cela montre que Rawls conçoit fondamentalement l'inégalité en termes de revenus. Solidaire d'Aristote sur ce point, Sen reproche à Rawls de confondre ainsi la liberté des individus et les moyens utilisés pour exercer cette liberté. Les biens premiers sociaux sont au service de la liberté des individus, qui demeure leur véritable fin. En ce sens, les revenus ou les opportunités d'emploi ne sauraient être voulus pour eux-mêmes [46] ; si les individus les désirent, c'est plutôt parce qu'ils veulent être libres.

2. Plus profondément, Sen soutient que Rawls méconnaît également l'étendue de la diversité humaine et sociale ainsi que la manière dont celle-ci affecte la liberté des individus. La capacité des individus de convertir en liberté réelle des biens particuliers, par exemple un bol de riz ou la somme de 100 dollars, dépend en effet largement de leurs caractéristiques personnelles (leur âge, leur sexe, leurs

---

46 Nous pourrions reformuler cette critique en termes kantiens. Si nous définissons ce qui constitue un avantage en fonction des biens sociaux premiers, l'erreur de Rawls serait alors de concevoir la liberté (ou l'autonomie) des individus de manière trop passive. Pour cet argument, cf. Samuel FLEISCHACKER, *A Short History of Distributive Justice*, Cambridge, Massachusetts, Harvard University Press, 2004, p. 118.

besoins physiques, leur vulnérabilité aux maladies, entre autres) et de leur environnement social (habitant de la campagne ou de la ville, Africain, Asiatique ou Nord-Américain, par exemple). Deux individus qui possèdent des biens identiques n'ont pas nécessairement le même niveau de liberté. C'est pourquoi l'éthique sociale ne peut pas se contenter de comparer les biens sociaux premiers si elle entend évaluer l'étendue réelle de la liberté des individus. (Pour une synthèse des critiques de Sen, voir le tableau 3.5.)

TABLEAU 3.5 Les faiblesses de l'utilitarisme et de la théorie de Rawls sur le plan de l'éthique sociale selon Sen

Utilitarisme	Théorie de Rawls
Le principe d'utilité évalue le bien-être des individus en fonction de leurs caractéristiques mentales.	Seuls les biens matériels créent des inégalités entre les individus.
La maximisation de l'utilité ne garantit pas l'augmentation de la liberté des individus.	Les individus possédant des biens identiques n'ont pas nécessairement le même niveau de liberté.
L'évaluation subjective de son bien-être par un individu à partir de l'utilité peut être faussée dans des conditions d'oppression sociale.	

Les « capabilités »

Selon Sen, l'éthique sociale doit plutôt se concentrer sur la vie réelle des individus. Pour cela, elle doit évaluer et comparer ce que ceux-ci peuvent effectivement réaliser avec les biens qu'ils possèdent, c'est-à-dire les modes de vie qu'ils peuvent choisir dans les faits. Le principe d'égalité que présuppose cette entreprise sélectionne l'information pertinente en termes de «fonctionnements» et de «capabilités». Un fonctionnement décrit ce qu'une personne peut faire avec ce qu'elle possède. Il peut s'agir d'une activité simple, comme se nourrir, se mouvoir, se vêtir, se loger, se reposer, se soigner et s'éduquer [47]. Mais certains fonctionnements sont plus complexes, car ils dépendent en partie de l'environnement social dans lequel évoluent les individus. Par exemple, se sentir digne d'estime, se sentir intégré ainsi que pouvoir participer à la vie sociale et politique de la communauté. La «capabilité», quant à elle, est la catégorie qui regroupe les différentes combinaisons possibles de fonctionnements humains et indique les choix réels qui sont à la portée des individus, les modes de vie que ceux-ci sont *capables* de choisir.

---

47 Nous empruntons cette énumération à Philippe Van Parijs. *Cf. Université catholique de Louvain*, «Qu'est-ce qu'une société juste?», [en ligne], www.uclouvain.be/cps/ucl/doc/etes/documents/2007za_Paris_SSF.pdf (page consultée le 6 mars 2008). Il importe en effet de décrire les activités des individus en termes actifs et non en termes passifs, comme le font souvent à tort les traducteurs de Sen en français.

Le but de l'éthique sociale et le rôle de l'État

Étant donné que les choix réels des individus dépendent aussi bien de leurs caractéristiques personnelles que de leur environnement social, Sen estime que la responsabilité de l'éthique sociale qu'il a en vue est d'augmenter les « capabilités » des individus, c'est-à-dire leur capacité réelle de choisir. Cette thèse entraîne deux implications très concrètes pour les politiques publiques en matière de pauvreté et d'exclusion sociale (pour une vue d'ensemble, voir le tableau 3.6) :

1. La nécessité d'évaluer la pauvreté non plus en termes de revenus et de biens premiers, mais plutôt en fonction de la capacité des individus de les convertir en liberté réelle. De ce point de vue, une personne handicapée relativement riche qui doit consacrer la plus grande partie de ses revenus à des traitements médicaux serait considérée comme pauvre, parce que sa liberté d'accéder à d'autres fonctionnements humains est limitée. Il en découle que nous devons modifier l'image habituelle que nous avons d'une personne pauvre.

2. L'obligation pour l'État de fournir aux individus un environnement social adéquat pour qu'ils puissent exercer leurs libertés réelles, notamment en matière d'éducation et de santé. À nouveau, ici, la thèse de Sen montre l'inadéquation

d'une conception de l'inégalité en termes de revenus. Elle permet de rendre compte de la pauvreté (relative) des pays riches et de la richesse (relative) des pays pauvres. Nous pouvons donc en conclure que la présence (dans le cas du Bangladesh, par exemple) ou l'absence (dans le cas des États-Unis, notamment) d'une politique publique en matière de santé et l'environnement épidémiologique dans lequel évoluent les individus peuvent modifier la relation *a priori* favorable que nous établissons spontanément entre le niveau de revenus d'un individu et sa capacité de profiter de sa santé ainsi que son espérance de vie.

TABLEAU 3.6 L'éthique sociale bien comprise selon Sen

1	L'État doit évaluer la pauvreté en fonction de la capacité des individus à convertir leurs revenus en liberté réelle.
2	L'État a l'obligation de fournir aux individus un environnement social adéquat pour qu'ils puissent exercer leurs libertés réelles, notamment en matière d'éducation et de santé.

L'application d'une telle conception de l'éthique sociale obligerait certainement l'État à recourir à des principes de redistribution. Elle donnerait donc lieu à des conflits d'intérêts entre les individus. Cependant, s'il est douteux que nous puissions les faire disparaître, Sen croit que nous pouvons les résoudre de manière équitable, car les individus qui ne pensent qu'à leurs propres intérêts n'existent que dans les manuels d'économie. On ne comprendrait pas autrement l'indignation des populations quand les médias les informent de la situation des autres.

Nous pouvons donc en conclure que l'approche par « capabilités » de Sen présuppose une conception de la liberté substantielle. L'État qui déciderait d'appliquer une telle approche ne pourrait pas se contenter de donner des droits aux individus ni de leur procurer les moyens matériels d'exercer leurs droits. Il devrait s'assurer que les individus puissent pleinement exercer leur capacité de choisir le mode de vie qui leur convient. Ce faisant, il serait apparemment conduit à imposer une conception déterminée de la vie bonne aux individus. L'approche de Sen oblige en effet l'État à déterminer quelles sont les « capabilités » indispensables pour que l'individu puisse mener une vie humaine digne de ce nom. La manière dont Sen conçoit l'égalité véhicule ainsi une conception particulière de ce qu'est une vie humaine accomplie, une vie dans laquelle un être humain aurait réalisé toutes ses potentialités. En ce sens, elle renoue avec l'inspiration à l'origine de la définition du bonheur dans la pensée d'Aristote. Toutefois, Sen se défend bien de vouloir imposer une conception particulière de la vie aux individus [48]. Soutenir que l'État doit se doter d'une éthique sociale qui vise à augmenter la capacité de choisir des individus ne revient pas à dire qu'il doit leur imposer un choix particulier ou un mode de vie particulier. Cela impliquerait en effet que les individus n'ont pas la possibilité de choisir eux-mêmes leurs propres buts ou, ce qui est encore moins crédible, qu'il y a dans la société un consensus sur ces buts. Cependant, Sen n'est ni un utilitariste ni un communautarien. En réalité, sa thèse entraîne une implication plus faible : ce que l'État doit garantir, ce sont les conditions objectives d'une vie réussie, c'est-à-dire les « capabilités » humaines de base. Or, ces « capabilités » sont compatibles avec une pluralité de modes de vie, de cultures et de traditions. C'est aux citoyens, et non à l'État, qu'il incombe de les concrétiser comme bon leur semble. De ce point de vue, la conception de la justice distributive de Sen est à la fois plus modeste et plus pragmatique que celle de Rawls. Elle est plus modeste, parce que Sen n'essaie pas de définir la conception idéale de la société juste. Et elle est plus pragmatique parce qu'elle impose à l'État le devoir de pourvoir aux « capabilités » de base de tous les êtres humains, parce que nous en avons les moyens.

Une évaluation critique

Même si l'éthique des vertus a gagné la faveur de plusieurs penseurs au cours des dernières décennies, elle comporte son lot de difficultés. Parmi celles-ci, nous pouvons en retenir quatre [49] :

1. L'un des problèmes les plus sérieux est celui de la circularité dans l'explication de la nature de l'agir moral. Nous l'avons vu avec MacIntyre, pour un éthicien des vertus l'agent moral est censé agir de façon vertueuse, parce qu'il est vertueux. Cela revient à admettre que l'action morale est celle qui est vertueuse et à expliquer sa teneur morale en disant qu'elle est vertueuse parce qu'elle est posée par une personne vertueuse. Un tel raisonnement n'explique pas du tout pourquoi la vertu devrait avoir une importance morale. Par ailleurs, si les éthiciens des vertus nous répondent que la vertu est un bien en soi, ils devront expliquer aux déontologues et aux conséquentialistes pourquoi un trait de caractère particulier peut avoir une valeur morale indépendante de l'action juste ou de ses effets sur le monde.

---

48 *Cf.* Amartya SEN, *Repenser l'inégalité,* coll. L'histoire immédiate, Paris, Seuil, 2000, p. 111-130.

49 Ici, nous suivons plus ou moins librement Ruwen Ogien, qui en mentionne sept dans *L'éthique aujourd'hui,* coll. Folio essais/inédit, Paris, Gallimard, 2007, p. 63-75.

2. Un problème, non moins considérable aux yeux des déontologues et des conséquentialistes, concerne la valeur explicative qu'il convient d'accorder à la notion de «caractère». Le but de l'éducation morale, selon les éthiciens des vertus, est de permettre à l'individu d'acquérir des traits de caractère stables afin d'en faire une personne morale admirable. Étant donné que l'évaluation morale est centrée sur la personne, cela implique que les actes de l'individu seront attribués à son caractère. Si Pierre refuse d'annoncer à Paul qu'il a perdu son emploi, les éthiciens des vertus diront que c'est parce qu'il est lâche. Mais un déontologue et un conséquentialiste, eux, jugeront qu'une explication fondée sur les intentions de l'agent («Pierre veut laisser au patron de Paul l'odieux de lui annoncer la terrible nouvelle») ou sur ses préférences («Pierre préfère que le patron de Paul se discrédite aux yeux des autres employés») est plus convaincante. Ils reprocheront donc aux éthiciens des vertus de se limiter aux apparences.

3. La portée de l'éthique des vertus peut également être remise en question. En effet, dans la pensée d'Aristote l'universalité de cette éthique était garantie par un appel à la nature humaine; il n'y avait donc qu'un seul modèle de personne admirable à imiter, celui du sage, et un seul but à atteindre, le bonheur. Aujourd'hui, nous ne croyons plus que nos propriétés naturelles ont une valeur morale indépendante du jugement que nous portons sur elles. Par conséquent, l'éthique des vertus ne peut plus se justifier en se réclamant de la nature humaine. Cependant, si les éthiciens des vertus remplacent la nature humaine par la société, comme nous l'avons vu chez MacIntyre, il n'est pas certain qu'ils pourront éviter le piège du relativisme. Les traits de caractère que les individus doivent acquérir seront alors ceux de la société dans laquelle ceux-ci vivent, et tout indique qu'ils varieront d'une société à l'autre. La prétention à l'universalité des théories éthiques paraîtra donc mieux assurée du côté de la déontologie et du conséquentialisme.

4. Enfin, le repérage des traits de caractère moraux présente également des difficultés. Les éthiciens des vertus présupposent en général que les traits de caractère jugés moralement désirables par la société dans laquelle nous vivons sont des vertus, alors que ceux qui sont estimés moralement indésirables sont des vices. Or, tout ce qu'une société accepte est-il nécessairement moral? Est-il vrai qu'un trait de caractère que ne tolère pas une société donnée est nécessairement immoral? Où passe exactement la frontière entre la société et la morale alors?

La liberté individuelle : une responsabilité sociale[50]

Liberté négative et liberté positive

« [...] Le concept de la liberté individuelle est loin d'être sans ambiguïtés. Isaiah Berlin a établi une distinction importante et décisive entre les conceptions "négative" et "positive" de la liberté [51]. Cette distinction se laisse interpréter de plusieurs façons. Une des interprétations a trait à la manière dont l'intervention d'un tiers peut rendre une personne "non libre" d'agir [52].

« Selon cette distinction, la liberté, considérée en termes "positifs", représente ce qu'une personne, toutes choses prises en compte, est capable, ou incapable, d'accomplir. Une telle définition ne prête aucune attention particulière aux facteurs qui expliquent la situation en question : elle ne s'intéresse guère, par exemple, à la question de savoir si l'incapacité qu'éprouve une personne à réaliser quelque chose est due à des contraintes imposées par autrui ou par le gouvernement. En revanche, la conception "négative" de la liberté met au premier plan l'absence d'entraves à la liberté, entraves qu'un individu peut imposer à un autre (ou encore que l'État ou d'autres institutions peuvent imposer à des individus). Pour donner un exemple, si je ne peux pas me promener librement dans ce parc, parce que je suis handicapé, ma liberté positive de me promener est en défaut ; mais rien, dans un tel cas, ne suggère la moindre violation de ma liberté négative. En revanche, si je suis incapable de me promener dans ce parc, non parce que je suis handicapé, mais parce que des voyous me battraient si je m'y aventurais, alors, c'est là une violation de ma liberté négative (et pas seulement de ma liberté prise en un sens positif).

« D'après cette interprétation, un peu différente de la dichotomie standard établie par Berlin, il est nécessaire qu'une violation de la liberté négative représente aussi un manque de liberté positive, mais l'inverse n'est pas vrai. Dans la littérature traditionnelle du courant "libertarien", c'est à la conception négative de la liberté qu'on a voulu prêter la plus grande attention, et certains ont, en fait, plaidé pour que l'emploi du terme "liberté" ne serve qu'à désigner l'interprétation négative de la liberté. D'un autre côté, plusieurs auteurs (d'Aristote à Karl Marx, du Mahatma Gandhi à Franklin

50 L'essai publié ici a été prononcé par Amartya Sen, le 5 mars 1990, alors que celui-ci recevait le prix Agnelli (prix international destiné à promouvoir la réflexion éthique dans les sociétés modernes), décerné à Turin pour la seconde fois. Originairement publié sous le titre « Libertà individuale come Impegno sociale », ce texte est paru pour la première fois en français dans la revue *Esprit* (mars-avril 1991). Traduit de l'anglais par Monique Canto-Sperber. La traductrice remercie Joshua Cohen et Jean-Pierre Dupuy pour leurs conseils.
51 Isaiah BERLIN, *Four Essays on Liberty*, Oxford, Oxford University Press, 1969 ; trad. franç. : *Éloge de la liberté*, Paris, Calmann-Lévy, 1988.
52 Sur ce point, cf. Ronald DWORKIN, *Taking Rights Seriously*, Cambridge, Massachusetts, Harvard University Press, 1977 ; Amartya SEN, « Rights and Agency », *Philosophy and Public Affairs*, vol. 11, hiver 1982, repris dans Samuel SCHEFFLER, *Consequentialism and Its Critics*, Oxford, Oxford University Press, 1988.

Roosevelt) se sont grandement intéressés aux libertés positives en général, et pas seulement à la liberté définie comme absence de contraintes.

« Si nous accordons de l'importance au fait qu'une personne puisse mener la vie qu'elle choisit, alors c'est de la catégorie générale "liberté positive" que nous devons nous soucier. Si le fait d'être "libre de choisir" est d'une importance capitale, la liberté positive doit être une chose essentielle. Mais il ne faudrait pas comprendre cet argument en faveur de la liberté positive comme signifiant que la liberté négative ne devrait, elle, faire l'objet d'aucune attention particulière. Donnons un exemple. C'est en général une mauvaise chose pour une société qu'une personne ne soit pas à même de se promener dans tel ou tel parc ; or, il n'est pas contradictoire avec ce diagnostic de penser qu'une telle incapacité est, par rapport à l'organisation sociale, tout particulièrement critiquable quand elle résulte d'empêchement ou de menace venant d'autrui. L'interférence d'autrui dans la vie personnelle d'un individu a un caractère choquant – peut-être intolérable – qui va bien au-delà du défaut de liberté positive qui en résulte.

« Si l'on admet cela, alors la question de savoir s'il faut adopter une conception positive ou négative de la liberté n'a plus guère de sens. Car une définition adéquate de la liberté devra inclure à la fois la conception positive de la liberté et sa conception négative, toutes deux ayant de l'importance (quoique pour des raisons différentes).

« En fait, étant donné les rapports existant entre les éléments caractéristiques d'une société, ces deux aspects de la liberté peuvent être articulés l'un à l'autre de plusieurs façons. Prenons le cas de Kader Mian, […] journalier assassiné […]. Sa mort lui a dérobé la liberté positive fondamentale de continuer à vivre comme il aurait choisi de le faire. C'est déjà assez malheureux. Mais ce qui rend cette tragédie encore plus triste tient au fait que c'est l'acte agressif d'un assaillant – et non les forces naturelles de l'âge ou de la maladie – qui fut à l'origine d'un pareil manque de liberté positive à continuer à vivre. Kader Mian n'est pas seulement mort. Il a été assassiné. À cause de cette réalité terrible de l'événement, nous voilà conduits de la conception positive de la liberté à sa conception négative. De plus, si Kader Mian avait écouté sa femme et s'il n'avait pas pris, à cause de la menace que représentaient les voyous de l'autre communauté, l'emploi rétribué qu'on lui offrait, alors il y aurait eu dans ce cas aussi une perte de liberté négative : la perte de liberté d'accepter un emploi à cause de l'intervention (ici, de l'intervention meurtrière) d'autrui.

« Mais il existe encore un autre trait caractéristique de l'articulation entre libertés positive et négative. Kader Mian a dû prendre le risque d'être tué par les voyous parce qu'il était pauvre et que sa famille avait faim. La pauvreté n'est pas en elle-même une violation de liberté négative : Certes, une personne plongée dans une pauvreté extrême n'est en aucune façon libre d'agir (elle n'est pas libre, par exemple, de bien nourrir sa famille ou de rester à la maison quand des émeutes menacent sa vie), mais il peut aussi arriver que la pauvreté et le manque de liberté positive qui en résulte ne soient pas dus à l'interférence d'autrui. Pourtant, c'est justement un tel manque de liberté positive qui a forcé Kader Mian à aller chercher un petit revenu dans un territoire ennemi et qui l'a fait en retour la cible de la violence des voyous. Le meurtre dont il a été victime fut sans doute l'ultime violation de sa liberté négative, mais ce sont, en premier lieu, sa pauvreté et le manque correspondant de liberté positive qui l'ont contraint à se rendre dans un quartier extrêmement dangereux pour lui.

«Même s'il existe une différence réelle entre les aspects positifs et négatifs de la liberté, ces deux aspects peuvent être en fait totalement liés et imbriqués l'un à l'autre. La volonté de se focaliser sur un seul de ces deux aspects donne lieu à une démarche non seulement incomplète d'un point de vue éthique, mais qui peut être aussi socialement incohérente. Aussi la responsabilité de la société pour assurer la liberté individuelle doit-elle porter à la fois sur la liberté positive et sur la liberté négative, ainsi que sur l'intégralité de leurs relations réciproques.»

Le texte en questions

1. Que signifient les concepts de «liberté négative» et de «liberté positive»? Illustrez votre définition à l'aide d'un exemple personnel.

2. Selon Sen, pourquoi ne devons-nous pas privilégier un seul type de liberté?

3. En quoi l'exemple de Kader Mian illustre-t-il l'importance de la liberté négative pour la liberté positive?

4. En quoi ce même exemple illustre-t-il l'importance de la liberté positive?

5. Pouvons-nous considérer la critique que Sen fait de Rawls, dans ce chapitre, comme une illustration de la relation d'interdépendance entre la liberté négative et la liberté positive?

Source: Amartya SEN, *L'économie est une science morale*, coll. La Découverte/Poche, Paris, La Découverte, 2003, p. 47-51.

1. Qu'est-ce qui distingue l'éthique des vertus des approches déontologique et conséquentialiste en éthique?

2. Que reprochent fondamentalement les éthiciens des vertus aux éthiques du juste?

3. Quels aspects de la réflexion morale les éthiciens des vertus redécouvrent-ils avec Aristote?

4. En quoi l'éthique de MacIntyre répond-elle aux faiblesses de la pensée d'Aristote?

5. Pourquoi est-il important d'avoir une représentation unitaire de notre vie morale, selon MacIntyre?

6. Comment devons-nous délibérer moralement dans une situation tragique, selon MacIntyre?

7. Quelles sont les deux ressources dont nous disposons pour faire face au problème de la diversité des valeurs, selon Taylor?

8. Pourquoi ne pouvons-nous pas nous satisfaire de l'utilitarisme comme critère d'évaluation des choix sociaux, selon Sen?

9. En quoi la conception de la justice sociale de Rawls est-elle insuffisante pour évaluer les choix sociaux, selon Sen?

10. En quoi l'approche par «capabilités» de Sen est-elle aristotélicienne?

Conclusion

Quelle approche choisir?

« La faim est véritablement la pire de toutes les armes de destruction massive. [...] Il n'y aura pas de paix sans le développement, de même qu'il n'y aura ni paix ni développement sans justice sociale. »

Lula da Silva

Les trois approches de l'éthique que nous avons vues dans les chapitres précédents ont toutes pour ambition de rendre justice à nos intuitions morales. Les éthiques du juste le font en répondant de nos obligations impartiales, c'est-à-dire des obligations morales que nous devons respecter envers tous les êtres humains et qui s'imposent à nous indépendamment de nos désirs ou de nos intérêts. Parmi ces éthiques, nous avons distingué l'approche conséquentialiste de l'approche déonto-logique. La première soutient que la meilleure manière d'honorer ces obligations est de suivre la règle qui consiste à maximiser les conséquences de nos actions les plus utiles pour le bonheur du plus grand nombre de personnes. La seconde, quant à elle, affirme que cette règle consiste plutôt à respecter les contraintes morales qui nous interdisent de porter atteinte à la liberté d'autrui. Les éthiques du bien s'inté-ressent, pour leur part, aux intuitions morales qui correspondent à des obligations partielles, entendons par là ces obligations que nous avons en raison de ce que nous estimons être un bien ou en raison de notre conception de la vie bonne. L'approche qui les prend en charge est l'éthique des vertus.

Si nous admettons, comme nous l'avons fait jusqu'à maintenant, que notre vie morale se nourrit ainsi de diverses sources, il est inévitable qu'un jour ou l'autre nous soyons soumis à des obligations contradictoires et que nous ayons à vivre des situations tragiques. Dans les sociétés traditionnelles, la discipline qui s'occupait de ce type de problème était la théologie. Il lui appartenait de répondre du sentiment de perte moral qu'engendre toute décision dans ce genre de situation et de nous montrer que nos conflits moraux étaient moins graves qu'ils n'en avaient l'air. Son message était simple, mais efficace : malgré l'existence de ces conflits, nous pouvions avoir l'assurance que Dieu avait fait en sorte que tout soit pour le mieux dans le meilleur des mondes. Or, de telles justifications ne sont plus acceptées dans les sociétés modernes. Par conséquent, la question se pose de savoir ce que nous devons faire en situation de conflit moral. Toutes les approches de l'éthique sont-elles également valables ? Devons-nous privilégier une approche plutôt qu'une autre ? Si oui, pourquoi et comment devons-nous le faire ? Dans un essai remarquable, *L'hétérogénéité de la morale,* le philosophe états-unien Charles Larmore tente de répondre à ces questions difficiles [1].

Pour un penseur libéral, il y a au moins un domaine où les choses semblent claires : celui de l'espace public. En ce domaine, il est admis en effet que l'État doit demeurer neutre, c'est-à-dire que la justification de ses décisions doit faire appel à des raisons morales impartiales [2]. N'en déplaise à certains éthiciens des vertus, nous

---

1 *Cf.* Charles LARMORE, *Modernité et morale,* coll. Philosophie morale, Paris, P.U.F., 1993, p. 95-119.
2 Cette idée est cependant de plus en plus contestée aujourd'hui. Pour faire le point, *cf.* Roberto MERRILL, *Dictionnaire de théorie politique,* «Neutralité politique», [en ligne], www.dicopo.org (page consultée le 3 avril 2008).

n'accepterions pas, par exemple, qu'un chef d'État issu d'un groupe minoritaire impose sa langue à toute la population simplement pour plaire à ses amis ou à sa famille. La neutralité a certainement pour effet de réduire considérablement le nombre de conflits possibles. Cependant, cela ne les fait pas disparaître totalement, car il se pourrait que les obligations morales conséquentialistes s'opposent aux exigences déontologiques. Mais il est indéniable que c'est dans la vie privée des individus que ces conflits risquent de se multiplier. C'est donc en ce domaine qu'il importe d'abord de tenter de découvrir des règles ou des trucs pour résoudre ces conflits.

Selon Larmore, la première chose à faire est de renoncer au monisme [3] et de reconnaître, comme les éthiciens des vertus, qu'il y a plusieurs sources de valeurs morales et non une seule. Dire cela, c'est admettre l'impuissance de la théorie morale, c'est-à-dire le fait que celle-ci ne puisse pas produire de principe systématique qui permettrait de résoudre tous les conflits moraux. Il faut ensuite concéder que les éthiciens des vertus ont raison de soutenir que la résolution de ces conflits est une affaire de jugement individuel, de *phronésis*. Mais nous devrions craindre de laisser ainsi le champ libre à l'arbitraire des individus. Chacun peut en effet constater, en regardant dans sa vie quotidienne, que les personnes qui l'entourent ne sont pas toutes des modèles de vertu. De plus, certaines d'entre elles pourraient chercher à imposer leur propre jugement aux autres et à se transformer ainsi en véritable police morale [4]. Par conséquent, le rôle du théoricien en éthique devrait être d'encadrer le jugement des individus en leur fournissant non des principes théoriques, mais des règles tirées de l'expérience, des trucs du métier, pour les assister dans leur décision. Larmore en propose trois [5] :

1. Nous devrions d'abord considérer que les raisons morales conséquentialistes sont urgentes et qu'elles doivent avoir la priorité sur les exigences déontologiques et celles de l'éthique des vertus lorsque le bien-être du plus grand nombre à maximiser consiste à éviter une douleur physique ou à satisfaire des besoins (boire, manger, dormir). Si une mère de quatre enfants voyait sa vie menacée par une cinquième grossesse, par exemple, nous devrions en conclure qu'il vaut mieux qu'elle mette un terme à sa grossesse, même si cela aurait pour effet de violer une contrainte déontologique (ne pas tuer) ou d'aller à l'encontre de notre conception de la vie bonne. La raison en est que les obligations morales conséquentialistes de ce type sont généralement objectives, en ce sens qu'elles ne dépendent pas du point de vue des personnes ; elles font donc facilement l'unanimité. Ce qui n'est pas le cas, par exemple, des préférences à court ou à

---

3 Le fait de considérer que la morale ne provient que d'une seule source.

4 Le risque d'une police morale inhérent à une éthique des vertus a été particulièrement bien mis en évidence par Ruwen OGIEN dans *L'éthique aujourd'hui. Maximalistes et minimalistes,* coll. Folio essais, Paris, Gallimard, 2007.

5 *Cf.* Charles LARMORE, *Modernité et morale,* coll. Philosophie morale, Paris, P.U.F., 1993, p. 117.

long terme des individus, qui sont plus subjectives et qui, pour cette raison, varient d'un individu à l'autre. Quand le bien-être à maximiser porte sur les préférences, il serait donc moralement permis de suivre les exigences déontologiques ou celles de l'éthique des vertus plutôt que les obligations conséquentialistes.

2. Les raisons morales déontologiques négatives devraient toujours avoir la priorité sur celles de l'éthique des vertus, sauf si ces dernières impliquaient le viol d'une obligation déontologique similaire. Il s'agit clairement ici de cas exceptionnels. Supposons, par exemple, que vous soyez en présence de deux personnes, que vous deviez absolument tuer l'une d'entre elles et que, parmi celles-ci, vous reconnaissiez un de vos amis. Dans cette situation, il vous serait moralement permis d'accorder la préférence à votre ami et de tuer l'autre personne que vous ne connaissiez pas [6].

3. Nous devrions considérer que les raisons morales conséquentialistes urgentes peuvent avoir la priorité sur les exigences déontologiques négatives uniquement lorsque le fait de satisfaire notre devoir déontologique entraîne le plus grand mal de manière à la fois suffisamment certaine et suffisamment grave. Il peut être instructif, ici, de revenir sur le dilemme de Jim et des Indiens (voir à la page 34) pour comprendre ce que veut dire Larmore. Dans ce dilemme, un individu menacé par un militaire se trouve confronté au choix suivant : tuer lui-même un innocent et sauver ainsi la vie de 19 autres ou assister impuissant à l'exécution de 20 innocents. Comme nous l'avons vu, un conséquentialiste conclurait immédiatement qu'il faut choisir l'action qui entraînera le plus grand bien (ou le moindre mal). Or, selon Larmore, notre jugement doit être plus nuancé. Nous devrions d'abord nous assurer qu'il ne s'agit pas d'un coup de bluff de la part du militaire et évaluer ses intentions réelles. Il est clair que le risque de la mort de 20 personnes innocentes est une conséquence suffisamment grave. Cependant, nous devons nous demander si elle est suffisamment certaine pour violer le devoir déontologique de ne pas tuer. En cas de doute, nous devrions accepter que, dans certaines situations, il y a des obligations morales que nous ne pouvons pas satisfaire. Kant aurait donc eu tort de présupposer que « devoir » implique toujours « pouvoir ». La raison en est que nos engagements moraux sont constitutifs de notre identité ; ils nous définissent en tant qu'agents moraux. Renoncer à ces engagements reviendrait alors à renoncer à ce qui nous a fait naître à la vie morale.

---

6 Cf. *Ibid.*, p. 112.

Annexe

Les domaines d'application

« Les forts font ce qu'ils veulent ; les faibles font ce qu'ils peuvent. »
Thucydide

L'application des théories normatives que nous avons vues dans les trois chapitres précédents à des domaines ou à des enjeux particuliers constitue un champ de spécialisation en éthique plus ou moins autonome que l'on appelle l'«éthique appliquée». Nous n'avons pas la prétention de couvrir, dans les pages qui suivent, tous les domaines d'application possibles de ces théories normatives. En effet, l'éthique appliquée a connu une telle effervescence depuis quelques années qu'il faudrait pratiquement lui consacrer un volume entier pour en rendre compte. Nous limiterons donc notre présentation aux quatre domaines les plus susceptibles de rencontrer des échos dans la formation de l'élève. Vous pourrez compléter ce volet d'application en accédant à une banque de conflits moraux à l'adresse www.cheneliere.ca/provencher. Cette banque vous permettra de réviser et de comparer les théories et les concepts éthiques vus dans le manuel, de favoriser la délibération morale et de trouver des sujets en vue de la dissertation finale.

L'éthique des relations internationales

Matériel complémentaire www.cheneliere.ca/

Le plus ancien de ces domaines est certainement celui des relations internationales. L'existence d'une réflexion morale appliquée aux phénomènes de la guerre et de la paix remonte en effet à Aristote et aux Hébreux. Cette réflexion a donné naissance à un corpus de règles ou de contraintes morales qui a été établi par les avocats romains et les théologiens catholiques sous le nom de «doctrine de la guerre juste». L'expérience coloniale et les guerres de religion du XVIIe siècle ont permis au néerlandais Hugo Grotius (1583-1645) de systématiser cette doctrine et de lui donner une forme moderne dans *Le droit de la paix et de la guerre*. À partir du traité de Westphalie (1648), les normes de la théorie de la guerre juste ont été progressivement intégrées au droit international et, au XXe et au XXIe siècles, les guerres des États-Unis, contre le Vietnam d'abord et contre l'Afghanistan et l'Irak ensuite, ont fourni l'occasion à des théoriciens comme Michael Walzer et Brian Orend de les mettre à jour [1]. L'idée que les États ont des obligations morales à respecter dans leurs rapports entre eux ne date donc pas d'hier, même si elle n'a jamais fait l'unanimité.

Un autre phénomène a récemment contribué à faire admettre les contraintes morales dans les relations internationales: la mondialisation. L'accélération des échanges économiques, politiques et culturels entre les peuples n'a pas seulement révélé au

---

1 Cf. Michael WALZER, *Guerres justes et injustes,* coll. Folio essais, Paris, Gallimard, 2006; Brian OREND, *The Morality of War,* Toronto, Broadview Press, 2006. Pour une excellente introduction et différentes ressources sur ce sujet, on pourra consulter avec profit le site www.justwartheory.com.

grand jour les écarts de richesse inacceptables entre les pays du Nord et les pays du Sud [2]. Elle a aussi remis en question la souveraineté des États pauvres, qui sont désormais à la merci de multinationales dont le produit intérieur brut dépasse le leur [3]. Dans ces conditions, un devoir d'assistance humanitaire, voire de justice distributive à l'échelle mondiale, pourrait devenir une question de vie ou de mort pour les pays les plus démunis.

La mondialisation a également favorisé l'émergence d'une prise de conscience globale de notre interdépendance. Nous réalisons, de plus en plus, que les principaux défis de notre temps exigent une coopération internationale et qu'aucun État ne pourra les affronter seul. C'est le cas, notamment, du changement climatique, de la réduction de la biodiversité et de la disparition des écosystèmes, de l'épuisement des réserves halieutiques [4], de la déforestation, de la pénurie d'eau potable, de la sécurité et de la pollution maritimes, pour lesquels nous devons apprendre à partager notre patrimoine commun [5]. Mais nous pouvons en dire autant des problèmes culturels que sont la lutte contre la pauvreté, l'éducation pour tous, la prévention des maladies infectieuses, les inégalités face aux nouvelles technologies de l'information (la fracture numérique), la prévention et la gestion des catastrophes naturelles, les opérations de maintien de la paix, la prévention des conflits et la lutte contre le terrorisme, pour lesquels nous devons apprendre à partager notre commune humanité [6].

Enfin, un certain nombre de ces défis sont des problèmes juridiques qui nécessitent une régulation globale : la réinvention de l'impôt pour le XXIᵉ siècle, l'encadrement et la régulation des biotechnologies, la refonte de l'architecture financière mondiale, la lutte contre la drogue, les règles du commerce, de l'investissement et de la concurrence, le droit de propriété intellectuelle, les règles du commerce électronique ainsi que la régulation internationale du travail et des migrations exigent que nous apprenions à partager nos droits [7]. Cela ne veut pas dire qu'il est impossible d'aborder ces défis d'un point de vue purement technique ou prudentiel, mais cela suffit largement à démontrer que l'idée que les États ont des obligations morales fait son chemin et à expliquer l'engouement pour l'éthique des relations internationales depuis l'effondrement du mur de Berlin [8].

---

2 À titre d'exemple, on estimait en 2001 que le 1/5 des plus riches de la planète se partageait 82,7 % de la totalité des revenus mondiaux alors que le 1/5 des plus pauvres devait vivre avec 1,4 % de ces mêmes revenus. *Cf.* David HELD, *Un nouveau contrat mondial,* Paris, Presses de la Fondation nationale des sciences politiques, 2005, p. 84.

3 *Cf.* Christian NADEAU, *Justice et démocratie,* Montréal, P.U.M., 2007, p. 152.

4 Qui fait référence aux réserves vivantes aquatiques.

5 Nous empruntons cette énumération et les deux suivantes à David Held, qui la reprend lui-même de Jean-François Rischard. *Cf.* Jean-François RISCHARD, *Un nouveau contrat mondial,* Paris, Presses de la Fondation nationale des sciences politiques, 2005, p. 51-52.

6 *Cf. Ibid.*

7 *Cf. Ibid.*

8 Pour une présentation d'ensemble de l'éthique des relations internationales, *cf.* Ryoa CHUNG, «Approches normatives des relations internationales», dans Ludivine THIAW-PO-UNE, *Questions d'éthique contemporaine,* coll. Les essais, Paris, Stock, 2006, p. 677-695.

Nous limiterons cependant notre exploration de l'application des théories normatives en ce domaine aux deux cas de figure les plus simples : celui de la guerre et celui de l'aide humanitaire.

L'éthique de la guerre

Une guerre peut-elle être morale ? Existe-t-il des conflits entre États ou groupes sociaux que nous pourrions qualifier de « justes » ? Au lendemain des attentats du 11 septembre 2001, le président des États-Unis, George W. Bush, était-il moralement en droit de déclarer la « guerre globale contre la terreur » ? Avait-il le droit de ne faire aucune distinction entre les terroristes et les « États voyous » qui les commanditaient et les abritaient ? Avait-il le droit, non seulement d'interdire les réseaux de terroristes qui opéraient à l'échelle internationale, mais également de conquérir et de reconstruire les États soupçonnés de sympathiser avec eux et de faire partie de l'« axe du mal » [9] ? En un mot, le président avait-il une cause juste ?

Pour répondre à cette question, nous pouvons adopter trois positions, qui ne recoupent pas exactement les trois approches de l'éthique normative que nous avons vues :

1. Un point de vue moraliste ;

2. Un point de vue réaliste ;

3. Un point de vue pacifiste.

Le point de vue moraliste

Le point de vue moraliste est celui des théoriciens de la tradition de la guerre juste. Selon celui-ci, il peut y avoir de « bonnes » raisons de déclarer une guerre, mais, comme le souligne Michael Walzer, ce sont des raisons limitées. Autrement dit, toutes les guerres ne sont pas nécessairement morales. Seules certaines d'entre elles peuvent l'être, c'est-à-dire celles qui sont menées en réponse à une agression (légitime défense) ou pour venir en aide à un groupe vulnérable (devoir d'assistance). Pour déterminer si une guerre est moralement juste, il faut s'assurer qu'elle respecte des règles pour limiter le recours à la violence. Ces règles correspondent essentiellement aux différentes phases de la guerre, et on leur donne habituellement des noms latins. La partie de la théorie qui s'occupe du droit d'entrer en guerre s'appelle le *ius ad bellum*. Elle examine le but dans lequel les États veulent déclarer une guerre. On admet habituellement qu'elle doit respecter les critères suivants :

---

9 Pour cette présentation, *cf.* Mark RIGSTAD, « Jus Ad Bellum After 9/11 : A State of the Art Report », *The International Political Theory Beacon*, vol. 3, juin 2007.

1. La guerre doit être déclarée publiquement par une autorité compétente;

2. Elle doit être menée pour une cause juste, une bonne raison (légitime défense ou devoir d'assistance);

3. Les intentions pour lesquelles on désire faire la guerre doivent dériver d'une cause juste;

4. La guerre doit constituer une réponse proportionnelle à l'agression;

5. Elle doit être menée avec une chance raisonnable de succès;

6. Il doit s'agir du dernier recours.

Une fois les hostilités déclarées, l'attention se déplace vers la conduite de la guerre. La théorie du droit dans la guerre, le *ius in bello,* examine les moyens que les soldats et ceux qui les commandent peuvent légitimement utiliser pour remporter la victoire. Elle comporte essentiellement trois critères:

1. Les moyens employés par les soldats pour parvenir à leurs fins doivent respecter la règle de proportionnalité qui s'applique alors aux actes militaires considérés un par un;

2. Les soldats doivent respecter le principe de discrimination qui leur interdit d'attaquer directement des non-combattants[10];

3. Les soldats ne sont autorisés qu'à utiliser la force minimale nécessaire pour atteindre leurs objectifs.

Enfin, après avoir défait l'adversaire, il reste à préciser comment le vainqueur doit terminer la guerre et conclure la paix d'une manière moralement honorable. La théorie du droit dans l'après-guerre, le *ius post bellum,* comprend elle aussi trois critères:

1. Le camp victorieux ne doit pas utiliser de moyens disproportionnés pour amener l'État vaincu à signer la paix. Cela implique qu'il lui est moralement interdit d'imposer des conditions humiliantes à l'adversaire, qui pourraient servir de nouveau prétexte à une guerre future, comme une reddition[11] inconditionnelle;

2. L'État vainqueur doit également respecter un principe de discrimination, en ce sens qu'il ne doit pas punir la population innocente du pays vaincu pour les crimes de ses dirigeants;

---

10 Ce principe est en réalité une application de la doctrine de l'acte à double effet (voir à la page 79) aux situations de combats.
11 Le fait de se rendre.

3. De manière plus controversée, certains théoriciens estiment, à la suite de Kant, que le vainqueur a l'obligation morale de contribuer à la reconstruction du pays ennemi détruit et qu'il peut lui imposer une nouvelle constitution afin de l'aider à amorcer une transition vers un régime démocratique et prévenir de futurs conflits.

Cette partie de la doctrine de la guerre juste est très récente et elle n'a pas encore trouvé d'écho dans le droit international. Ce sont les conflits au Kosovo, les guerres du Golfe persique et de l'Afghanistan qui ont incité les théoriciens à s'y intéresser. Nous pouvons considérer qu'elle est actuellement en chantier.

Qu'en est-il alors de la nation états-unienne selon ce point de vue ? Sa guerre à la terreur respectait-elle les critères du *ius ad bellum* ? Soyons charitables et concédons que cette guerre a été déclarée par une autorité compétente. Il est difficile de nier que les États-Unis avaient été victimes d'un acte d'agression. Pour donner à cette agression le statut d'un acte de guerre, les conseillers du président l'ont présentée par analogie avec l'attaque surprise de Pearl Harbor [12]. Cependant, en réalité, ce n'était pas la première fois que les États-Unis étaient la cible d'un acte terroriste. Ils avaient été attaqués au moins à quatre reprises entre 1993 et 2000. Il s'agissait donc moins d'une nouvelle agression que d'un acte qui appartenait à une guerre déjà commencée (*ius in bello*). Toutefois, pour simplifier, admettons que la guerre menée par la nation états-unienne constituait un acte de légitime défense et qu'il s'agissait d'une cause juste – d'une bonne raison – pour entrer en guerre. Une telle cause n'équivaut qu'à une seule des conditions nécessaires d'une guerre juste. Il faut respecter quatre autres critères : les intentions pour lesquelles on fait la guerre doivent dériver d'une cause juste, il faut respecter la règle de proportionnalité, il faut avoir une chance raisonnable de succès et il doit s'agir du dernier recours. Or, ici, les intentions de la nation états-unienne ne dérivaient manifestement pas toutes de sa cause juste. Les États-Unis ne voulaient pas seulement répondre à un acte d'agression ponctuel ; ils entendaient attaquer tous les États soupçonnés d'abriter des terroristes. Ce faisant, ils violaient également la règle de proportionnalité. Dans la vie quotidienne, nous n'admettons pas qu'un État traite la famille et les amis d'un meurtrier de la même manière qu'un meurtrier [13]. Pourquoi alors serait-il moralement acceptable de punir la population innocente de tout un État simplement parce que celui-ci abrite des terroristes ? Enfin, nous pouvons également douter du fait que cette guerre constituait le dernier recours des États-Unis. Toutes ces raisons inciteraient donc les théoriciens de la guerre juste à conclure que la guerre à la terreur n'était pas une guerre juste.

---

12 Base militaire états-unienne des îles Hawaï. L'attaque surprise de la base par l'aviation japonaise le 7 décembre 1941 provoqua l'entrée des États-Unis dans la Seconde Guerre mondiale.
13 *Cf.* Mark RIGSTAD, « Jus Ad Bellum After 9/11 : A State of the Art Report », *The International Political Theory Beacon,* vol. 3, juin 2007, p. 15.

Le point de vue réaliste

Les deux autres points de vue se définissent en opposition à la doctrine de la guerre juste. Fondé par Edward Hallett Carr, le point de vue réaliste conteste la pertinence des jugements moraux dans les situations de guerre. Selon les théoriciens affiliés à cette école, les relations internationales se caractérisent en effet par les rapports de force. Chaque État cherche fondamentalement à accroître sa puissance afin de mieux défendre ses intérêts et d'améliorer son accès aux ressources dont il a besoin pour se maintenir. Dans ces conditions, il est inévitable que les relations entre les États soient conflictuelles. Les relations internationales incarnent ainsi le milieu anarchique et hobbesien[14] par excellence, l'état de guerre. En l'absence de gouvernement mondial, aucune règle ne peut y prévaloir. Le mieux qu'on puisse y espérer est de parvenir à un équilibre des puissances, une sorte de *modus vivendi*[15] dont dépend la stabilité de l'ordre international. Le premier devoir des gouvernements serait donc, avant toutes choses, de veiller à ce que ceux-ci conservent leur puissance plutôt que chercher à faire respecter des principes éthiques[16].

Appliqué à la guerre à la terreur, le point de vue réaliste évaluerait les objectifs stratégiques de la nation états-unienne en fonction de leur capacité à promouvoir les intérêts nationaux des États-Unis. Cette guerre contribue-t-elle à améliorer l'accès de ce pays aux combustibles fossiles comme le pétrole ? À en juger par le coût du baril de pétrole, il semble que non. Cette guerre permet-elle aux États-Unis de mieux faire la promotion de la démocratie au Moyen-Orient ? Nous pouvons certainement lui attribuer la chute des régimes tyranniques des Talibans et de Saddam Hussein. Toutefois, l'instabilité politique qui règne toujours en Afghanistan et en Irak peut difficilement passer pour une victoire pour la démocratie. Enfin, cette guerre améliore-t-elle la position géostratégique des États-Unis au Moyen-Orient et par rapport à la Chine ? Là encore, la réponse est négative. Cette guerre semble en effet avoir augmenté l'influence de l'Iran dans la région au détriment de celle des États-Unis. De plus, son coût astronomique explique en partie le ralentissement de l'économie états-unienne, ce qui rend celle-ci plus vulnérable aux effets de la concurrence chinoise.

Le point de vue pacifiste

Le dernier point de vue, qui s'oppose aux deux précédents, est la position pacifiste. Il s'agit également d'une position morale mais, à la différence de la doctrine de la guerre juste, elle soutient que toutes les guerres sont mauvaises et que, en conséquence, aucune d'entre elles ne peut être moralement justifiée. Les racines de

---

14 Qui fait référence au philosophe Thomas Hobbes et à sa théorie de la guerre de tous contre chacun.

15 Accord entre des parties aux prétentions opposées qui permet une coexistence sans conflit.

16 Pour une excellente introduction critique à ce point de vue, *cf.* Stanley HOFFMANN, *Une morale pour les monstres froids*, Montréal, Boréal Express, 1983.

cette attitude sont clairement bibliques, puisqu'il s'agit de ne pas rendre le mal pour le mal. D'un point de vue philosophique, chacune des approches de l'éthique que nous avons vues dans les chapitres précédents peut servir à l'étayer[17]. Un conséquentialiste pourrait opter pour le pacifisme parce qu'il estime que les coûts d'une guerre dépasseront toujours les bénéfices qu'on espère en retirer. Un déontologue soutiendrait, pour sa part, que l'intention de mener une guerre ne peut jamais être universalisée sans violer une contrainte morale fondamentale, en l'occurrence, celle de ne pas tuer. De plus, un éthicien des vertus jugerait que la guerre et la violence s'opposent à l'épanouissement humain. Retenons cette dernière approche pour évaluer la guerre à la terreur.

Aux yeux d'un éthicien des vertus pacifiste, l'inconvénient majeur de la guerre à la terreur menée par les États-Unis serait qu'elle propose aux citoyens états-uniens, et à ceux des puissances alliées, des activités qui ne peuvent jamais être dignes d'admiration. Larguer des bombes, poser des mines et tuer des innocents ne sont pas des buts que poursuivent des êtres humains qui désirent s'épanouir. La raison en est que les personnes qui se livrent à ces activités finissent souvent par devenir insensibles à force de brutaliser leurs victimes. Certaines d'entre elles éprouvent un tel niveau de stress que, à leur retour au pays, elles souffrent d'un syndrome de stress post-traumatique. Cela ne veut pas dire que nous ne pouvons pas admirer le courage des militaires, mais cela implique que les individus qui ont été brisés par l'expérience du feu peuvent difficilement passer pour des modèles de vertu qu'une société proposerait à ses enfants. Il en découle que la paix doit faire partie des vertus ou des traits de caractère qui permettent aux individus de s'épanouir[18]. C'est pourquoi les éthiciens des vertus s'opposeraient à la guerre à la terreur de la nation états-unienne.

L'aide humanitaire

Le second champ d'application de la réflexion morale dans le domaine des relations internationales est celui de la justice distributive. Il pose des problèmes d'ordre ontologique[19] et éthique. Sur le plan ontologique, soutenir que les États ont des obligations morales de justice distributive les uns envers les autres à l'échelle internationale revient à remettre en question le principe de la souveraineté des États. Il est certain que les écarts de richesse criants révélés et provoqués par la mondialisation suscitent un sentiment d'indignation morale auquel les théories éthiques doivent répondre. Cependant, il est beaucoup moins évident que le phénomène de

---

17 Pour l'analyse qui suit, *cf.* Brian OREND, *The Morality of War,* Toronto, Broadview Press, 2006, p. 245-248.
18 *Cf. Ibid.,* p. 247.
19 Qui se rapporte à l'étude de l'essence d'une chose, à l'être dans son essence.

la mondialisation a atteint le niveau d'intégration nécessaire pour que nous puissions affirmer qu'une véritable communauté politique mondiale existe aujourd'hui. Or, en l'absence de consensus sur l'existence d'une telle communauté, il faut commencer par justifier pourquoi les États-nations ne peuvent pas se contenter d'honorer les obligations morales partiales qu'ils ont envers leurs propres citoyens. Personne ne nie l'existence de problèmes éthiques à l'échelle internationale, mais un sceptique pourrait arguer ici que le meilleur moyen de combattre ces écarts de richesse serait d'inciter les États-nations à mieux respecter les obligations qu'ils ont déjà envers leurs propres citoyens. Outre le fait que les biens ou les ressources sont très inégalement répartis entre les pays à travers le monde, ce que néglige cet argument est que même le cas idéal d'une répartition égalitaire des biens à l'échelle mondiale n'abolirait pas pour autant les contraintes morales entre les États, car des catastrophes naturelles pourraient toujours se produire. Nous n'avons donc pas besoin de croire à l'existence d'une communauté politique mondiale pour admettre que, devant un événement aussi terrible que le tsunami qui a frappé l'Indonésie en décembre 2004 et fait plus de 250 000 morts, les États ont un devoir d'assistance humanitaire[20]. Toute la question revient à savoir comment en rendre compte de la manière la plus satisfaisante sur le plan éthique.

L'argument utilitariste

Un utilitariste comme James Rachels soutiendrait ici que laisser mourir est moralement aussi grave que tuer (voir l'extrait de *Tuer et laisser mourir de faim,* à la page 59). Il en découle que nous devrions faire tout ce qui est en notre pouvoir pour sauver le plus grand nombre de personnes. Ce sont donc les conséquences de notre inaction – non seulement la mort de milliers de personnes, mais aussi les risques épidémiologiques associés à ces décès, les difficultés de se nourrir et de se loger pour les survivants, entre autres – qui seraient ici moralement déterminantes. Même si nous n'avons pas l'obligation de sauver ceux que nous sommes dans l'impossibilité d'aider, cela impliquerait une responsabilité négative considérable pour chacun d'entre nous.

L'argument kantien

Une approche plus respectueuse du consentement des individus consisterait à répondre de l'aide humanitaire à l'aide du concept kantien de devoir imparfait (voir à la page 78). Dans cette perspective, l'obligation morale absolue d'aider ceux qui en ont besoin s'imposerait à nous, mais nous pourrions décider nous-mêmes de l'honorer en fonction de nos moyens, de l'objet de notre choix et de notre situation. C'est la position adoptée par des auteurs comme Onora O'Neill et Amartya Sen. Cependant, comme le remarque Daniel Weinstock, l'approche kantienne présente deux difficultés[21] :

---

20 *Cf.* Christian NADEAU, *Justice et démocratie,* Montréal, P.U.M., 2007, p. 153.

21 *Cf.* Daniel WEINSTOCK, «La justice globale», dans Ludivine THIAW-PO-UNE, *Questions d'éthique contemporaine,* coll. Les essais, Paris, Stock, 2006, p. 671. Nous reprenons dans ce qui suit l'analyse de l'auteur.

1. Étant donné que cette obligation n'est pas liée à un objet précis, rien ne garantit que la réponse des individus sera à la hauteur de l'urgence du besoin à combler. Il se pourrait donc très bien que les individus reconnaissent cette obligation, mais n'agissent pas en ce sens ;

2. De plus, comme les devoirs imparfaits s'adressent aux individus et que ceux-ci ont la liberté de les honorer comme bon leur semble, il se pourrait que l'ensemble de leurs réponses soit anarchique et, par conséquent, inefficace. L'individualisme inhérent à une approche kantienne de l'éthique ne permet pas de prendre en considération la nécessité de coordonner les actions des individus.

L'argument cosmopolitique

Une autre possibilité consisterait à répondre de l'aide humanitaire en appliquant la position originelle dans l'approche contractualiste de Rawls sur le plan global (voir à la page 93). Cela reviendrait alors à soutenir que les droits humains fondamentaux des individus placés sous le voile d'ignorance ne doivent pas dépendre de leur appartenance nationale, ethnique, culturelle ou religieuse. La position qui en résulte s'appelle le «cosmopolitisme». Dans l'extrait de texte que nous trouverons à la fin du présent chapitre (voir à la page 177), Thomas Pogge montre qu'une telle position peut permettre de contourner le problème de l'individualisme kantien si nous présupposons que les obligations morales qui en dérivent s'adressent à des institutions[22]. Seuls des agents moraux capables d'agir de manière concertée dans des pratiques sociales données, comme le Fonds monétaire international ou la Banque mondiale[23], ont un effet causal direct sur la situation des individus dans les pays qui ont besoin d'aide. Cela implique que le devoir de porter assistance à ces pays ne relève pas d'une obligation morale imparfaite, mais d'une obligation morale parfaite ou négative. Si nous devons porter secours aux sinistrés d'Indonésie, c'est donc parce qu'il nous est moralement interdit de leur nuire.

L'argument nationaliste

Un éthicien des vertus contesterait, pour sa part, l'existence même d'une telle obligation en l'absence d'une langue, voire d'une culture commune avec ce pays étranger. Il pourrait soutenir que seuls les liens étroits qui nous lient les uns aux autres et qui constituent l'amitié civique peuvent nous permettre de supporter le fardeau que nous imposent les obligations morales distributives. Or, de telles obligations ne sont concevables qu'à l'intérieur du cadre des États-nations. Dans le meilleur des cas, l'aide humanitaire relèverait donc de la charité et non d'un quelconque devoir moral de justice.

---

22 *Cf.* Thomas POGGE, *World Poverty and Human Rights,* Malden, Massachusetts, Polity Press, 2002.
23 Deux institutions spécialisées du système de l'Organisation des Nations Unies.

L'argument non moral (prudentiel)

Enfin, il serait également possible de rendre compte du devoir d'aide humanitaire en termes purement techniques ou prudentiels, c'est-à-dire d'un point de vue non moral. Il s'agirait alors de comprendre que le caractère global d'un grand nombre de problèmes que nous affrontons à l'heure actuelle fait en sorte qu'il est dans l'intérêt des pays riches d'aider les pays pauvres. Avec la multiplication des échanges et des relations entre les pays, une incidence de grippe aviaire dans un pays pourrait facilement se transformer en pandémie, par exemple. Or, il est difficile d'imaginer que les pays riches pourront exiger des pays pauvres qu'ils prennent des mesures sanitaires appropriées sans leur accorder une forme d'aide quelconque. C'est l'approche dite par « biens publics mondiaux », qui a été popularisée par Inge Kaul[24]. Dans le cas du tsunami en Indonésie, il est certain que les pays riches avaient tout intérêt à minimiser les risques épidémiologiques associés à cette tragédie.

L'éthique des soins de santé

« La santé est l'assise du progrès social. »
Marc Lalonde

L'éthique des soins de santé est aussi vieille que l'histoire de la médecine, et nous pouvons en faire remonter l'origine au fameux serment qu'Hippocrate (460-370 av. J.-C.), le père de la médecine occidentale, faisait prêter à ses élèves[25]. Quand nous l'abordons sous cet angle, nous sommes naturellement conduits à mettre l'accent sur la relation entre le médecin et ses patients et à étudier l'évolution que l'introduction du concept d'autonomie (ou de consentement) du patient ou celle des biotechnologies[26] (génétique[27], génomique[28], nanotechnologie[29]) ont fait subir à cette relation à partir des années 1960. La discipline qui prend en charge ce type de questionnement s'appelle la « bioéthique ». Elle comporte trois champs de spécialisation : l'éthique clinique, l'éthique de la recherche et l'éthique publique. Dans ce qui suit, nous limiterons notre propos à ce dernier champ, qui porte sur les politiques

---

24 *Cf.* Inge KAUL et *al., Global Public Goods,* Oxford, Oxford University Press, 1999. Ce livre a été partiellement traduit en français sous le titre *Les biens publics mondiaux,* Paris, Économica, 2002.

25 Pour une bonne introduction à l'histoire de l'éthique médicale, *cf.* Yvette LAJEUNESSE, « Le passé, le présent et l'avenir de l'éthique médicale », dans Ludivine THIAW-PO-UNE, *Questions d'éthique contemporaine,* coll. Les essais, Paris, Stock, 2006, p. 451-464.

26 Applications techniques qui résultent de la rencontre de la science des êtres vivants (biologie) et d'un ensemble de techniques nouvelles.

27 Science qui étudie les gènes.

28 Étude faite sur l'ensemble des gènes portés par un être vivant à partir de techniques de séquençage.

29 Technologie développée à l'échelle nanomètre, soit à un milliardième (10^{-9}) de mètre.

de santé, car c'est dans ce domaine que nous trouvons les problèmes de justice sociale les plus criants. Nous pourrons ainsi mieux montrer la fécondité de l'approche normative que nous avons défendue dans les trois chapitres du présent volume.

Les politiques de santé

Sommes-nous tous égaux devant les problèmes de santé ?

Pour quiconque s'intéresse à la santé publique, les gains spectaculaires que la plupart des pays ont faits en termes d'espérance de vie depuis l'après-guerre ne peuvent être qu'une occasion de réjouissance[30]. Il est indéniable, en effet, que nous vivons mieux et plus longtemps que la plupart des êtres humains qui nous ont précédés dans l'histoire de l'humanité. De là à conclure que les inégalités sociales de santé sont un vestige du passé, il y a cependant un pas que nous serions bien avisés de ne pas franchir trop rapidement, car cette augmentation de l'espérance de vie à la naissance n'est pas une tendance uniforme. Certains pays, notamment le Zimbabwe, le Congo et la fédération de Russie, ont connu des régressions[31]. De plus, à l'intérieur même des pays où l'espérance de vie s'est améliorée, des écarts inacceptables subsistent entre les différentes couches de la population et d'une région à l'autre. Par exemple, au Canada, on estimait, en 2006, que l'espérance de vie des habitants des quartiers pauvres était en moyenne de 11 années inférieure à celle des habitants des quartiers riches[32]. Ce sont précisément les écarts de ce type entre les hommes et les femmes, entre les groupes socio-économiques et entre les territoires, qui ont une influence sur plusieurs dimensions de la santé des populations que l'on appelle des « inégalités sociales de santé »[33].

Quels sont les déterminants sociaux en santé ?

Le premier facteur qui vient à l'esprit pour rendre compte de telles inégalités est la pauvreté. Chacun sait qu'il vaut mieux naître riche et en santé que pauvre et malade. Pour éviter que les personnes pauvres ne finissent par souffrir d'une maladie physique ou mentale, nous croyons tous que le mieux à faire est de leur offrir l'accès à des soins de santé. La raison en est que nous avons pris l'habitude d'associer la santé et la médecine et de juger du niveau de la santé d'une population en fonction

---

30 Dans cette section, nous reprenons et adaptons à la situation canadienne une partie de l'introduction de Sudhir ANAND et Fabienne PETER, *Public Health, Ethics and Equity,* New York, Oxford University Press, 2006, p. 1-11.

31 Cf. PNUD, *Rapport mondial sur le développement humain 2007/2008,* Paris, Économica, 2007, p. 261-264.

32 Ces données proviennent des Instituts de recherche en santé du Canada. *Cf. Instituts de recherche en santé du Canada,* « Votre quartier peut-il vous rendre malade ? », [en ligne], www.cihr-irsc.gc.ca/f/32598.html (page consultée le 31 mars 2008). Au Québec, cet écart peut atteindre jusqu'à 14 ans, selon l'Institut national de santé publique du Québec. *Cf. Institut national de santé publique du Québec,* « Déterminants socio-économiques de la santé », [en ligne], www.inspq.qc.ca/domaines/index.asp?Dom=surv&Axe=12 (page consultée le 31 mars 2008).

33 Pour cette définition, *cf. Centre de recherche Léa-Roback sur les inégalités sociales de santé de Montréal,* « Les inégalités sociales de santé : qu'est-ce que c'est ? », [en ligne], www.centrelearoback.ca/coupdoeuil (page consultée le 31 mars 2008).

de l'organisation de son système des soins de santé. Ce réflexe, qui est conditionné historiquement, a eu pour effet de nous inciter à croire que toutes les inégalités sociales de santé étaient réductibles à des problèmes d'accès au système de soins de santé. Or, nous savons aujourd'hui que ces inégalités existent même dans les pays qui disposent d'un système universel de soins de santé. Cela n'implique pas que le système de soins de santé n'est pas un déterminant important de la santé des individus, mais cela signifie qu'il n'est pas le seul.

Pour combattre les inégalités sociales de santé de manière efficace, il faut d'abord prendre en considération tous les facteurs pertinents et, pour cela, nous avons besoin d'une vision plus globale de la santé. En ce domaine, le Canada a fait figure de pionnier avec la publication, en 1974, de *Nouvelle perspective de la santé des Canadiens*. Dans ce document de travail, qui allait avoir des répercussions à travers le monde, Marc Lalonde[34] proposait une nouvelle conception de la santé reposant sur quatre éléments, à savoir :

1. La biologie humaine ;

2. L'environnement ;

3. Les habitudes de vie ;

4. L'organisation des soins de santé.

En outre, il recommandait que les politiques publiques de l'État accordent autant d'attention aux trois premiers éléments qu'au dernier[35]. Deux études importantes publiées en Grande-Bretagne au début des années 1980 allaient ensuite confirmer l'importance des déterminants sociaux sur les inégalités de santé : le rapport Black, qui établissait un lien très clair entre la santé des individus et leur position dans la hiérarchie sociale, et *The Whitehall Study*, qui démontrait l'existence d'une relation inversement proportionnelle entre le niveau d'emploi des individus et le taux de mortalité[36]. Plus les individus occupaient une position sociale élevée et moins ils risquaient de mourir des suites d'une maladie coronarienne. Enfin, la lutte contre les inégalités sociales de santé a franchi un pas de plus quand elle a été explicitement reconnue et promue à l'échelle internationale par l'Organisation mondiale de la santé avec la Déclaration d'Alma-Ata sur la santé pour tous (1978), la Charte d'Ottawa (1986) et, plus récemment, la Charte de Bangkok (2005). La « nouvelle santé publique »,

---

34 Ministre de la Santé nationale et du Bien-être social sous le gouvernement libéral de Pierre Elliott Trudeau.

35 On pourra trouver facilement ce texte sur le site de l'Agence de santé publique du Canada, *cf.* Marc LALONDE, *Agence de santé publique du Canada*, « Nouvelle perspective de la santé des Canadiens », [en ligne], www.phac-aspc.gc.ca/ph-sp/ddsp/pdf/perspectfr.pdf (page consultée le 31 mars 2008).

36 Douglas BLACK et J.N. MORRIS, *Inequalities in Health : The Black Report and the Health Divide*, Londres, Penguin Books, 1980 ; Michael MARMOT *et al.*, « Employment Grade and Coronary Heart Disease in British Civil Servants », *Journal of Epidemiology and Community Health*, vol. 32, n° 4, p. 244-249 ; cité dans Sudhir ANAND et Fabienne PETER, *Public Health, Ethics and Equity*, New York, Oxford University Press, 2006, p. 1-2.

dont on fait beaucoup état dans la littérature spécialisée, ne désigne rien d'autre que cette approche globale de la santé des populations en termes de politiques publiques et de déterminants sociaux. Elle se distingue de l'approche traditionnelle de la santé par sa démarche résolument multidisciplinaire et par le fait qu'elle n'est pas centrée sur le système de soins de santé.

Pour les philosophes, comme le soulignent Sudhir Anand et Fabienne Peter dans l'introduction de leur ouvrage *Public Health, Ethics and Equity,* cette évolution marque un retour de la santé publique dans le domaine de la justice sociale[37]. Pourquoi parler ici d'un retour? D'abord, parce que, jusqu'à maintenant, les considérations normatives ont occupé peu d'espace dans l'évaluation des politiques de la nouvelle santé publique. Or, la place de plus en plus grande qu'occupent les dépenses de santé dans le budget des États soulève d'importantes questions de justice distributive que seule l'adoption de critères éthiques peut nous permettre de reconnaître. Qu'est-ce que l'équité en matière de santé publique? Qui doit recevoir des soins? Qui doit les donner? Quels types de soins doivent être dispensés? Comment doit-on les financer? Ces questions ne sont pas que médicales, elles sont aussi économiques, et, comme le rappelle avec force le philosophe et économiste belge Philippe Van Parijs, nous ne pourrons pas y répondre de manière satisfaisante sans faire appel à des principes éthiques[38]. Ensuite – et l'argument précédent l'illustre très bien –, parce que les rares philosophes qui ont osé aborder les inégalités sociales de santé se sont surtout préoccupés de l'accès au système de soins. C'est le cas, par exemple, de Norman Daniels, qui a modifié la théorie de la justice de Rawls pour l'adapter au domaine de la santé[39].

Quant aux bioéthiciens, qui ont suivi les problèmes éthiques soulevés par le développement des biotechnologies, ils ont fait peu de cas des déterminants sociaux de la santé. Leur attention s'est plutôt concentrée sur les questions liées à la prolongation de la vie. Pour toutes ces raisons, Anand et Peter concluent que les fondements normatifs de l'équité en matière de santé publique ont été relativement négligés. L'application des théories éthiques normatives au domaine de la santé constitue donc un nouveau champ d'intérêt pour les philosophes, qui s'intéressaient déjà aux questions de justice sociale depuis longtemps. En ce sens, nous pouvons affirmer que la nouvelle santé publique renouvelle en quelque sorte l'engagement des philosophes envers la justice sociale.

Quels arguments pourrait évoquer un État qui souhaiterait, par exemple, justifier la mise en place d'une politique publique de santé visant à réduire les méfaits du

---

37 Sudhir ANAND et Fabienne PETER, *Public Health, Ethics and Equity,* New York, Oxford University Press, 2006, p. 2.
38 *Cf.* Christian ARNSPERGER et Philippe VAN PARIJS, *Éthique économique et sociale,* coll. Repères, Paris, La Découverte & Syros, 2000, p. 87.
39 *Cf. Just Health Care,* Cambridge, Massachusetts, Cambridge University Press, 1985.

tabagisme, combattre les ravages de l'obésité chez les jeunes ou interdire l'utilisation du téléphone cellulaire au volant pour diminuer les risques d'accident? Examinons le premier de ces cas, qui pourra servir de modèle aux deux autres, moyennant quelques ajustements.

Trois politiques publiques de santé possibles relativement à la question du tabagisme

Une politique publique utilitariste

Un gouvernement utilitariste aurait ici les coudées franches pour agir puisqu'il chercherait à maximiser le bien-être de l'ensemble de la population. Qui plus est, il lui serait moralement permis de privilégier une dimension de ce bien-être, en l'occurrence celle de la santé, au détriment d'une autre, s'il s'avérait que les conséquences de cette décision sont bénéfiques pour le plus grand nombre d'individus. Le même argument l'autoriserait également à cibler une couche particulière de la population, par exemple, les jeunes, même si sa politique s'oppose à leurs préférences personnelles. Toute la question reviendrait alors, pour l'État, à évaluer le coût de la mise en place d'un programme de prévention du tabagisme en fonction des conséquences attendues sur le bien-être de la population. Pour cela, il pourrait utiliser une échelle platement financière et calculer combien rapporte à l'État un non-fumeur qui contribue activement à l'économie et comparer ensuite le coût de la mise en place de son programme avec les frais que lui occasionne l'existence des fumeurs et les bénéfices escomptés de la réduction du nombre de fumeurs. Une autre possibilité serait de procéder à cette évaluation en fonction de ce que les économistes appellent les «années de vie pondérées par la qualité de vie» (QALY, *quality adjusted life year*) et de maximiser celles-ci[40].

Une politique publique inspirée de Rawls

Un gouvernement qui appliquerait la théorie de la justice de Rawls devrait d'abord s'assurer que le programme de prévention du tabagisme qu'il veut mettre en place respecte les droits de tous les citoyens, y compris ceux des personnes qui ont choisi de fumer. Il devrait donc commencer par éviter toute forme de paternalisme. Le principe d'égalité équitable des chances l'autoriserait cependant à recourir à des moyens indirects, comme les campagnes d'information, pour inciter les individus à ne pas fumer et, surtout, il l'obligerait à garantir l'accès au système de santé aux personnes vulnérables, c'est-à-dire ici à toutes les personnes malades, y compris les fumeurs. Si nous admettons – contrairement à Rawls lui-même – que la santé fait

---

40 *Cf.* Christian ARNSPERGER et Philippe VAN PARIJS, *op. cit.*, p. 91. L'État pourrait également choisir de minimiser les années de vie pondérées par l'invalidité (DALY, *disability adjusted life year*).

partie des biens premiers sociaux[41], il serait également possible de conclure que, en vertu des deux principes de justice (le principe d'égalité équitable des chances et le principe de différence), l'État devrait être organisé de manière à maximiser les espérances des plus démunis en matière de santé et, par conséquent, à pouvoir agir sur tous les déterminants sociaux de la santé (comme l'accès à l'éducation et l'accès à emploi). Cela signifie, concrètement, que l'État ne pourrait pas se contenter d'une campagne de prévention pour remplir ses obligations envers ses citoyens.

Une politique publique inspirée de Sen

Enfin, un gouvernement désireux d'appliquer l'approche par «capabilités» d'Amartya Sen serait moralement en droit de mettre en place un programme de prévention du tabagisme s'il s'avérait qu'une telle mesure permet d'augmenter les «capabilités» de base des individus. Il est presque certain que ce serait le cas dans les pays pauvres et, peut-être, dans les quartiers pauvres des pays riches, car il s'agirait d'un moyen d'agir sur l'environnement épidémiologique dans lequel vivent les individus et d'influencer leurs habitudes de vie. Mais il n'est pas évident qu'une telle mesure serait justifiable dans les pays riches, où les citoyens jouissent déjà d'un niveau de bien-être relativement élevé.

L'éthique de l'environnement

Le point de vue non moral sur l'environnement

Nous l'avons souligné au début de la présente annexe, plusieurs des problèmes environnementaux actuels, comme le changement climatique, ont des répercussions à l'échelle de la planète, et aucun pays ne peut prétendre les régler seul. Cela pourrait nous inciter à penser que l'éthique environnementale ne devrait être qu'un domaine d'application particulier d'une éthique bien comprise des relations internationales, et qu'une théorie de la justice globale devrait pouvoir en rendre compte[42]. L'évolution du droit de l'environnement, du premier Sommet de la terre (Stockholm, 1972), en passant par l'Accord régissant les activités des États sur la Lune et les autres corps célestes (1979) et la Convention des Nations Unies sur le droit de la mer (1982) – qui reconnaissaient pour la première fois la notion de «patrimoine commun de l'humanité» –, jusqu'à la Déclaration de Rio (1992) et au protocole de Kyoto (1998),

---

41 C'est la thèse que développent Norman DANIELS *et al.,* «Health and Inequality, or, Why Social Justice Is Good for Our Health», dans Sudhir ANAND et Fabienne PETER, *op. cit.,* p. 63-91.

42 *Cf.* Simon CANEY, *Justice Beyond Borders,* New York, Oxford University Press, 2005 ; Derek BELL et Simon CANEY, *Global Justice and Climate Change,* New York, Oxford University Press, à paraître ; Peter SINGER, *One World. The Ethics of Globalization,* New Haven, Connecticut, Yale University Press, 2002.

pourrait certainement plaider en ce sens[43]. En l'absence d'autorité internationale dotée du pouvoir de contraindre les États à respecter leurs engagements, certains jugeront toutefois qu'une voie plus prometteuse serait d'approcher les problèmes environnementaux du point de vue non moral (ou technique) qui est celui des biens publics mondiaux[44]. Il s'agirait alors de comprendre que ces problèmes ne relèvent ni d'un devoir de justice ni d'un devoir de charité, mais des intérêts communs que nous partageons et de la responsabilité commune qui en découle. Puisqu'il s'est avéré que la coopération entre les États ne suffit pas pour résoudre ce type de problèmes, l'idée serait de motiver tous les acteurs capables d'agir à l'échelle internationale, y compris les acteurs privés, en leur faisant prendre conscience des risques collectifs et globaux que nous courons. Le résultat escompté serait une action collective correspondant à un scénario gagnant/gagnant dans le vocabulaire de la théorie des jeux[45]. Ces deux conceptions sont très récentes, et, même si elles constituent certainement des perspectives de recherche intéressantes pour l'avenir, ce n'est malheureusement pas en ces termes que la plupart des penseurs ont considéré l'éthique environnementale jusqu'à maintenant.

Le point de vue moral sur l'environnement

Penser l'éthique environnementale à partir de trois problèmes fondamentaux

Quand nous évoquons l'éthique environnementale, nous nous référons habituellement à un champ de réflexion spécialisé de l'éthique appliquée qui étudie la relation morale que les êtres humains entretiennent avec leur environnement naturel. Ce champ est né des suites de l'émergence de la conscience écologique, à la fin des années 1960, quand nous nous sommes aperçus que la croissance économique, le développement industriel, la haute technologie et l'augmentation de la population avaient des effets néfastes sur l'environnement. On attribue généralement l'apparition de la conscience écologique à l'impact de deux ouvrages : celui de la biologiste marine Rachel Carlson, *Silent Spring* (1962), qui dénonçait les effets de l'usage alors très répandu des pesticides chimiques sur l'environnement et la santé publique, et celui du zoologiste Paul Ralph Erhlich, *The Population Bomb,* qui mettait l'opinion publique en garde contre les effets dévastateurs qu'une augmentation de la population mondiale aurait sur les ressources de la planète. Depuis, l'éthique environnementale a parcouru beaucoup de chemin, mais elle demeure aux prises avec trois problèmes récurrents :

---

43 *Cf.* David HELD, *Un nouveau contrat mondial,* Paris, Presses de la Fondation nationale des sciences politiques, 2005, p. 222-226.
44 *Cf.* Inge KAUL *et al.,* *Les biens publics mondiaux,* Paris, Économica, 2002.
45 *Cf.* Robert AXELROD, *Comment réussir dans un monde d'égoïstes,* coll. Poche, Paris, Odile Jacob, 2006.

1. Envers qui ou envers quoi les êtres humains ont-ils des obligations morales ? ;

2. Quel est le fondement de ces obligations ? ;

3. Doit-on répondre de ces obligations à l'aide d'une éthique des règles ou d'une éthique des vertus ?

Les obligations morales : envers qui ou envers quoi ?

Une réponse anthropocentrique

La réponse la plus évidente à la première question est de considérer que les êtres humains n'ont d'obligations morales qu'envers les autres êtres humains. Pour les écologistes, cela revient à adopter une conception anthropocentrique de l'éthique. Mais cela n'implique pas, contrairement à ce que cette accusation laisse sous-entendre, que cette position nous empêche de nous soucier des problèmes environnementaux. Pour s'en rendre compte, il suffit d'admettre que les effets de nos actions sur l'environnement peuvent également avoir des répercussions sur les êtres humains. Nous devrions alors en conclure que c'est parce que nous avons des obligations envers les autres êtres humains que nous devons aussi nous préoccuper de l'environnement. Loin de se contenter d'entériner le *statu quo*[46], une telle position peut facilement conduire à augmenter nos obligations morales. Nous pourrions soutenir, par exemple, que nous devons prendre soin de l'environnement parce que nous sommes moralement responsables des générations futures. Dans une telle perspective, les effets de nos actions sur l'environnement nous conduiraient donc à étendre les limites de la communauté morale pour y inclure les générations futures[47].

Comme l'a montré Alasdair Cochrane[48], une telle démarche pourrait se heurter à deux objections :

1. Les auteurs qui font dériver les obligations morales d'un contrat social pourraient faire valoir que seule la réciprocité peut nous conduire à admettre que nous avons des obligations morales envers un individu. Puisque les générations futures ne possèdent pas cette propriété morale – elles ne peuvent rien faire pour nous –, nous n'aurions donc aucune obligation envers elles.

2. Il serait également possible de soutenir que nous ne pouvons avoir d'obligation morale envers des êtres dont nous ignorons l'identité. Selon cette objection, ce

---

46 Expression latine qui signifie « dans l'état où les choses étaient auparavant ». Situation figée.

47 C'est le philosophe allemand Hans Jonas (1903-1993) qui a sans doute le plus contribué à faire connaître cette idée, grâce à son livre phare, *Le principe de responsabilité* (1979).

48 Alasdair COCHRANE, *The Internet Encyclopedia of Philosophy*, « Environmental Ethics », [en ligne], www.iep.utm.edu/e/envi-eth.htm (page consultée le 2 avril 2008).

qui fait problème ici, c'est qu'une obligation morale n'est justifiable qu'en fonction des effets qu'une politique déterminée – dans le cas qui nous intéresse, une politique environnementale – peut avoir sur les individus que nous connaissons, comme les citoyens d'un pays, par exemple. Or, il est impossible d'évaluer ces effets sur des individus que nous ne connaissons pas. Par conséquent, même s'ils en avaient la possibilité, ceux-ci ne pourraient se plaindre d'aucun dommage. D'autant plus, d'ailleurs, que si nous n'avions pas été là, ils n'auraient jamais existé. Toujours selon Cochrane, nous pourrions cependant admettre que ces individus, dont nous ignorons l'identité, ont quand même des intérêts, et que la protection de ceux-ci devrait nous obliger à nous assurer qu'ils pourront satisfaire leurs besoins fondamentaux. Il resterait alors à expliquer comment nous pouvons comparer et évaluer les intérêts et les besoins des êtres humains qui existent maintenant avec ceux qui existeront dans l'avenir, ce qui n'est pas une mince affaire. Les principes auxiliaires de Singer (voir à la page 49) ou une théorie de la justice (voir à la page 87) pourrait nous aider ici à prendre une décision non arbitraire[49].

Des réponses non anthropocentriques

Une deuxième réponse possible serait d'admettre que nous avons également des obligations morales envers les animaux. Si nous sommes prêts à reconnaître que les effets de nos actions sur l'environnement peuvent affecter les autres êtres humains, il semble logique de conclure qu'ils peuvent également avoir un impact sur les êtres non humains. Les raisons qui nous ont conduits à accorder un statut moral aux générations futures devraient donc nous amener à inclure chaque animal dans la communauté morale. Une telle position n'implique pas que nous acceptions que les animaux soient moralement égaux aux êtres humains. Elle nous contraint simplement à prendre en considération leurs intérêts au même titre que ceux des humains. Rien ne nous empêche, par conséquent, d'établir des différences et de juger, par exemple, que, dans certains cas, les intérêts des humains devraient prévaloir sur ceux des animaux ou que, dans d'autres, les intérêts des animaux dits supérieurs devraient prévaloir sur ceux des autres animaux. Aux yeux de certains penseurs, une telle conception de l'éthique environnementale serait encore trop individualiste pour protéger efficacement les espèces en voie d'extinction et les écosystèmes, voire la biosphère, car, en cas de conflit d'intérêts, nous serions invariablement appelés à privilégier les intérêts des animaux capables d'une forme de réflexivité (conscients) par rapport au reste de la nature. Or, c'est ce qu'il faudrait éviter de faire, selon eux.

---

49 *Cf.* Axel GOSSERIES, *Penser la justice entre les générations. De l'affaire Perruche aux régimes de retraite,* Paris, Aubier, 2004.

Une troisième réponse possible consisterait donc à soutenir que nous devons étendre le champ d'application de nos obligations morales à la totalité du règne du vivant. Cette thèse pourrait être défendue de deux manières différentes.

La première consisterait à reprendre l'argumentation précédente pour la rendre plus inclusive. Cela reviendrait à dire que, si nous admettons que les effets de nos actions sur l'environnement peuvent avoir des répercussions sur les générations futures et les animaux, force nous est de reconnaître qu'ils peuvent également avoir des répercussions sur tout ce qui vit. Nous devrions donc accorder un statut moral à tous les organismes vivants. Pour rendre compte de cette obligation, nous pourrions avancer, comme le philosophe new-yorkais Paul Taylor, que, en tant que système biologique, tout corps vivant est orienté vers une fin qui constitue son bien[50]. Mais un tel individualisme méthodologique reconduirait le problème auquel nous avons fait face avec la position précédente: pour résoudre les conflits d'intérêts entre différents organismes vivants, il faudrait nécessairement les classer par ordre d'importance. Or, cela nous conduirait presque inévitablement à privilégier nos propres intérêts au détriment de ceux des autres organismes vivants, à moins que nous soyons prêts à accepter que la protection d'un organisme vivant complexe, comme un arbre rare, par exemple, puisse moralement justifier la disparition d'un ou de plusieurs êtres humains.

La seconde manière d'étayer la thèse selon laquelle nous avons des obligations morales envers tout le règne du vivant serait d'adopter une approche holistique[51] et de soutenir que ce ne sont pas les organismes vivants en tant que tels qui sont dignes de considération morale, mais les milieux qui les ont produits, c'est-à-dire les écosystèmes et la terre. C'est la position qu'ont adoptée des auteurs comme Aldo Leopold et J. Baird Callicott. Elle présente deux difficultés considérables:

1. D'abord, pour ne pas succomber au sophisme naturaliste (l'accusation de faire dériver une obligation morale d'un fait), elle doit expliquer en quoi le fait qu'un milieu ait produit un ou des organismes vivants confère une valeur morale particulière à ce milieu;

2. Ensuite – et cela est certainement beaucoup plus grave –, elle doit démontrer qu'une implication dérangeante de cette thèse – le fait qu'on puisse justifier moralement le sacrifice de la vie des individus pour assurer la survie de l'espèce ou du milieu qui les a produits – ne s'applique pas aux êtres humains. Si elle parvenait toutefois

---

50 *Cf.* Robert ELLIOT, «Environmental Ethics», dans Peter SINGER, *A Companion to Ethics,* Malden, Massachusetts, Blackwell Publishing, 1997, p. 287.
51 Approche globale qui considère un être ou un ensemble à partir du tout dont il fait partie.

à relever ce défi, elle n'aurait réussi qu'à démontrer que même l'éthique environnementale la plus radicale ne peut être qu'anthropocentrique[52].

Quel est le fondement de ces obligations morales?

Peu importe la position que nous adoptons sur la question précédente, il est ensuite
nécessaire de la justifier, c'est-à-dire d'expliquer pourquoi nous avons choisi de
placer les frontières de l'éthique environnementale à cet endroit et pas à un autre.
En ce qui concerne les générations futures, la réponse semble aller de soi: un utilitariste dirait que nous devons prendre leurs intérêts en considération parce que
ce seront des êtres sensibles et que le fait de ne pas tenir compte de leurs intérêts
engendrera, chez eux, une souffrance inutile. Un kantien pourrait, quant à lui,
affirmer que ce seront des êtres autonomes et que, en conséquence, toute action
susceptible de porter atteinte à cette capacité ou d'entraver son développement
est moralement interdite.

Les mêmes raisons pourraient servir à justifier les obligations que nous avons
envers les animaux. Puisque ce sont des êtres sensibles, un utilitariste conviendrait
qu'ils ont un intérêt à ne pas souffrir et que, en conséquence, nous devons les prendre
en considération. Et si l'utilitariste appliquait les principes auxiliaires de Singer (voir
à la page 49), il pourrait également établir des différences morales significatives entre
les êtres qui sont des personnes au sens moral du terme (les êtres humains et les
animaux qui ont une représentation d'eux-mêmes, comme les grands singes, les chiens,
les dauphins) et ceux qui ne le sont pas (les poissons, par exemple). Rien ne l'em-
pêcherait alors de conclure que ce n'est que lorsque les intérêts vitaux des êtres
humains entrent en conflit avec ceux des animaux que nous devons leur accorder
la priorité. Cela est d'autant plus vrai que le respect de la condition de l'existence
préalable l'obligerait à veiller d'abord au bien-être des êtres qui existent déjà. Un
kantien, quant à lui, ne serait pas en reste ici, car il pourrait, comme Tom Regan,
choisir de reconnaître les similitudes que les êtres humains partagent avec les
animaux. Dans la mesure où les animaux ont aussi des besoins, des désirs, des
émotions, voire des souvenirs et des attentes, ils sont également les sujets d'une
expérience de la vie qui possède une valeur en elle-même[53]. Il faudrait donc admettre
qu'il y a des limites à ce que nous pouvons faire aux animaux et que
ceux-ci ont des «droits». Toutefois, cela ne nous aiderait guère à savoir ce que nous
devons faire lorsque les «droits» des animaux entrent en conflit avec les nôtres ou
avec ceux d'un autre animal.

---

52 *Cf.* Alasdair COCHRANE, *op. cit.*
53 *Cf.* Lori GRUEN, *Stanford Encyclopedia of Philosophy*, «The Moral Status of Animals», [en ligne], plato.stanford.edu/entries/moral-animal
   (page consultée le 2 avril 2008). Cet article a été mis en ligne le 1er juillet 2003.

Des raisons semblables pourraient-elles être évoquées pour justifier le statut moral du vivant, des écosystèmes et de la biosphère? À l'évidence, non. Les arbres, les plantes, la terre et les milieux de vie en général n'ont manifestement pas conscience d'eux-mêmes. Par conséquent, nous ne pouvons pas leur attribuer un intérêt à ne pas souffrir ou à mettre en valeur leurs capacités. Si nous acceptons cependant qu'une chose puisse avoir de la valeur en elle-même, indépendamment de ses effets sur nous, il serait possible de soutenir que c'est la beauté ou la complexité du vivant qui devrait nous inciter à accorder à cette chose un statut moral[54]. Même en concédant qu'il soit possible d'établir cette beauté ou cette complexité de manière objective ici – ce qui est loin d'aller de soi –, une telle proposition ne permettrait guère de savoir comment nous devons nous comporter lorsque la beauté ou la complexité d'un organisme vivant entre en conflit avec nos propres intérêts moraux.

Doit-on répondre de ces obligations avec une éthique des règles ou une éthique des vertus?

Le dernier problème de l'éthique environnementale consiste à savoir dans quelle mesure les conceptions traditionnelles de l'éthique, c'est-à-dire les trois approches de l'éthique que nous avons vues dans le présent manuel, peuvent répondre de ses exigences[55]. La plupart des écologistes doutent que l'utilitarisme, peu importe le degré de sophistication de cette théorie, puisse se montrer à la hauteur de celles-ci. La raison en est que, dans cette approche, les préoccupations environnementales ne peuvent recevoir qu'une valeur instrumentale. Il demeure, par conséquent, toujours possible qu'elles soient sacrifiées au nom des intérêts supérieurs du plus grand nombre, en l'occurrence des êtres humains.

Parce qu'elle nous impose des contraintes morales fondamentales à respecter, l'approche déontologique semblerait donc un meilleur véhicule pour défendre les préoccupations environnementales, mais à condition de préciser la hiérarchie des droits. Cependant, il n'est pas certain que les notions de «droits» et de «fin en soi» servent toujours les intérêts des écologistes. Ces notions pourraient facilement, par exemple, nous interdire d'abattre les membres d'une espèce en surnombre pour protéger un habitat naturel, comme les chevreuils des îles Boucherville, par exemple.

Une dernière possibilité serait donc de faire appel à l'éthique des vertus. Nous avons vu que, selon Aristote, tous les êtres vivants poursuivent fondamentalement le même but: ils cherchent à s'épanouir. En ce sens, ils ont besoin de mettre en valeur un certain nombre de traits de caractère qui leur permettent d'assurer leur survie

---

54 Il serait également possible de choisir d'autres propriétés, comme le souligne Robert Elliot dans son article.

55 *Cf.* Andrew BRENNAN et Yeuk-Sze LO, *Stanford Encyclopedia of Philosophy*, «Environmental Ethics», [en ligne], plato.stanford.edu/entries/ethics-environmental (page consultée le 2 avril 2008). Il s'agit d'un article mis en ligne le 3 juin 2002 et révisé substantiellement le 3 janvier 2008.

ainsi que celle de l'espèce, et de participer à la vie sociale des membres de cette dernière. Ce processus est plus complexe chez l'être humain en raison de l'autonomie de ce dernier, autonomie qui lui permet de donner un sens à sa vie de plusieurs manières différentes. Il en découle que l'être humain doit développer les traits de caractère ou les vertus nécessaires pour atteindre une pluralité de buts, y compris des buts environnementaux. Un éthicien des vertus pourrait donc soutenir qu'une personne qui cultive des vertus environnementales contribue à la réalisation de biens environnementaux. Ronald L. Sandler a ainsi proposé une véritable typologie des vertus qui comprend, entre autres, les vertus de la durabilité (la tempérance, la frugalité, la prévoyance à long terme, l'harmonie et l'humilité), les vertus de l'activisme environnemental (la coopération, la persévérance, l'engagement, l'optimisme et la créativité) ainsi que les vertus de communion avec la nature (l'étonnement, l'ouverture, la sensibilité esthétique, l'attention et l'amour)[56]. L'argument pourrait alors se comprendre comme une extension du raisonnement d'Aristote sur l'amitié : de même que l'ami véritable est celui qui se soucie du bien de l'autre, de même le plein épanouissement de l'être humain nécessite que celui-ci se soucie du bien du milieu dans lequel il évolue. Il se peut qu'il s'agisse là d'une voie d'avenir intéressante pour l'éthique de l'environnement[57].

L'éthique des affaires

Longtemps réputée pour être une contradiction dans les termes, l'éthique des affaires a fait l'objet d'appréciations divergentes à travers l'histoire. La série de scandales qui ont secoué le monde des entreprises de 2001 à 2005 et auxquels nous pouvons associer les noms d'Enron, de Halliburton, de Hollinger, de Merill Lynch, de Nortel, de Norbourg, et de bien d'autres, aurait nourri, par exemple, le scepticisme moral d'un Aristote. Ce dernier estimait en effet que la recherche du profit était une activité dépourvue de vertu et que ceux qui s'y livraient étaient des parasites sociaux[58]. Cependant, sauf de conclure que notre époque est particulièrement bien pourvue en spécimens d'humanité dépravés – affirmation d'ailleurs qu'il faudrait pouvoir justifier –, il n'est pas besoin d'attendre un Max Weber[59] pour comprendre que les traits de caractère recherchés par les entreprises peuvent aussi profiter à la société et susciter des attentes chez les individus à qui on demande de les cultiver. De ce fait, il est généralement admis aujourd'hui, à la suite des développements des

---

56 *Cf.* Ronald L. SANDLER, *Character and Environment,* New York, Columbia University Press, 2007, p. 82.

57 *Cf.* Andrew BRENNAN et Yeuk-Sze LO, *op. cit.*

58 *Cf.* Robert. C. SALOMON, «Business Ethics», dans Peter SINGER, *A Companion to Ethics,* Malden, Massachusetts, Blackwell Publishing, 1997, p. 355.

59 Sociologue et économiste allemand, Max Weber (1864-1920) est considéré comme l'un des pères de la sociologie moderne

théories des jeux et des théories du choix social[60], que l'économie est une discipline en partie normative et qu'elle ne peut pas se contenter d'invoquer la seule efficacité en guise de justification. Cela n'implique pas, bien entendu, que nous renoncions à évaluer moralement le comportement des individus. Ceux-ci doivent répondre des choix rationnels qu'ils effectuent pour eux-mêmes et pour les autres. Mais cette analyse n'épuise pas le domaine de l'activité économique.

Il est en effet également possible de concevoir cette activité comme une pratique sociale au sens de Rawls, c'est-à-dire comme une forme d'activité coopérative caractérisée par des règles ou des systèmes de règles qui structurent les interactions entre les individus qui y prennent part et définissent leurs rôles respectifs. De ce point de vue, qui est celui des institutions, toutes les conceptions de l'éthique que nous avons présentées dans les deux premiers chapitres du présent manuel (l'utilitarisme et les différentes versions de l'approche déontologique) peuvent être appliquées à l'économie, qui apparaîtra alors comme une institution parmi d'autres dans la société. Il en résulte qu'il est difficile, voire presque impossible, de présenter une analyse institutionnelle de l'éthique des affaires sans adopter une approche particulière de l'éthique. Toutefois, nous ne pouvons pas présupposer que des entreprises spécifiques, contrairement à l'économie, font partie de la structure de base de la société. Cela entraîne une difficulté supplémentaire : l'impossibilité d'appliquer sans adaptation ou sans médiation les théories éthiques aux entreprises. Aux questions « Qu'est-ce qu'une entreprise juste ? » et « Quelles sont les obligations morales d'une entreprise juste ? », il n'est donc pas facile de répondre simplement. Nous pouvons certainement nous demander s'il appartient à une telle entreprise de faire participer ses employés à ses décisions, de les payer tous au même salaire, voire d'investir dans la création de médicaments pour les maladies rares ou de commercialiser des produits spécialement conçus pour des clientèles fragilisées[61]. Cependant, dans chaque cas, la réponse à ces interrogations dépendra de la conception de l'entreprise que nous adoptons et de ce que devraient être ses obligations.

Pour simplifier, nous illustrerons les différentes positions possibles en éthique des affaires, sur les plans institutionnel et personnel, à l'aide de l'exemple de Vincent Lacroix, cet ex-pdg de Norbourg qui a été reconnu coupable d'avoir détourné plus de 115 millions de dollars des fonds de placement dont il avait la responsabilité et d'avoir ainsi floué plus de 9200 investisseurs. Il a été condamné à une peine de 12 ans moins un jour de prison et à une amende de 255 000 $[62]. Commençons par l'analyse institutionnelle.

---

60 *Cf.*, par exemple, Amartya SEN, *Éthique et économie*, coll. Philosophie morale, Paris, P.U.F., 1993.
61 J'emprunte ces exemples à Sandrine BLANC, « L'économie face aux institutions de justice », dans Ludivine THIAW-PO-UNE, *Questions d'éthique contemporaine*, coll. Les essais, Paris, Stock, 2006, p. 658.
62 *Cf.* L'éditorial de Jean-Robert SANSFAÇON, *Le Devoir*, « Un crime nouveau », [en ligne], www.ledevoir.com/2008/01/29/173714.html (page consultée le 7 avril 2008). Le texte a été mis en ligne le 29 janvier 2008.

Sur le plan institutionnel :
les obligations de l'entreprise envers la société

La position légaliste

La première position possible est la position légaliste[63]. Elle présuppose une définition classique de l'entreprise comme organisation au service de ses actionnaires (en anglais, *stockholders*). Selon cette position, le rôle fondamental d'une théorie de la justice est de définir un ordre constitutionnel juste qui s'applique d'abord aux institutions et aux lois qui les régissent. En conséquence, tant et aussi longtemps qu'une entreprise respecte les lois positives d'une société donnée et qu'elle organise sa gestion de manière à augmenter la valeur de ses actions en Bourse (à respecter ses obligations envers ses actionnaires), nous pouvons considérer qu'elle est juste. Lorsque ce n'est plus le cas, c'est-à-dire lorsque nous estimons que les décisions des gestionnaires de cette entreprise ne sont plus justes, même si elles respectent les lois existantes, il faut alors réformer ces dernières. Les différentes théories de la justice peuvent alors servir à orienter ces réformes dans le sens de nos intuitions morales. Dans le cas particulier de Vincent Lacroix, c'est exactement de cette manière que nous devons comprendre ce qui lui est arrivé. Comme le souligne l'éditorialiste du *Devoir*, Jean-Robert Sansfaçon, ce pdg n'a pas été accusé de fraude. Cela signifie que ce qu'il a fait était manifestement injuste, mais non illégal. Pour le faire arrêter, l'Autorité des marchés financiers (AMF) a donc dû réformer ses propres règles de gestion des entreprises afin de rendre illégales les pratiques de Vincent Lacroix. C'est ce qui explique, sans doute, le caractère exemplaire de la sentence que ce dernier a reçue.

La position des éthiques des règles

Une deuxième position possible est celle qui s'inspire directement des éthiques des règles. Elle s'appuie également sur la conception traditionnelle de l'entreprise comme organisation au service de ses actionnaires. Cependant, selon cette position, une entreprise est juste lorsqu'elle remplit au moins une obligation explicitement morale en dehors de l'entreprise. Autrement dit, pour juger de la moralité du comportement d'une entreprise, nous ne devons pas nous contenter de savoir si elle ne fait que respecter les lois et s'acquitter de ses obligations internes envers ses actionnaires. Il faut s'assurer qu'elle a aussi à cœur d'honorer de véritables obligations morales. Lesquelles ? Celles que lui prescrira la théorie éthique que nous allons appliquer. Par exemple, un utilitariste estimerait que l'entreprise a le devoir moral de contribuer au bonheur du plus grand nombre de personnes. Un évaluateur qui s'inspirerait des théories de Rawls ou de Sen jugerait sans doute

---

63 Dans ce qui suit, nous reprenons plus ou moins librement l'analyse de Sandrine BLANC, « L'économie face aux institutions de justice », dans Ludivine THIAW-PO-UNE, *Questions d'éthique contemporaine*, coll. Les essais, Paris, Stock, 2006, p. 659-661.

que l'entreprise a des obligations morales particulières envers les plus démunis dans la société ou envers les «capabilités» de ces personnes. Pour ce qui est de Vincent Lacroix, il devrait être clair que ses actions n'ont pas eu pour effet de faire le bonheur du plus grand nombre et qu'elles ne témoignent guère d'un grand sens de la justice pour les petits épargnants. Cependant, Lacroix pourrait se défendre en arguant que la position qui consiste à soumettre une entreprise à une finalité morale étrangère à sa gestion interne placerait l'entreprise à la merci de la société et la condamnerait à plus ou moins long terme à la faillite.

La position amorale ou darwinienne

C'est pourquoi certaines personnes pourraient être conduites à adopter une position amorale, qui consisterait à prétendre que dans le monde des affaires règne la loi de la jungle et que l'unique raison d'être des entreprises est le profit. Tous les moyens seraient donc bons pour parvenir à cette fin. Contrairement à ce que pensent ces personnes, un tel conséquentialisme perverti ne permettrait pas de justifier les actions de Vincent Lacroix, car celles-ci n'ont pas eu pour effet d'augmenter les profits de l'entreprise de ce dernier, mais au contraire de la ruiner.

La position d'une responsabilité sociale élargie

Une autre position possible serait ici de reprendre l'argument précédent en acceptant l'idée d'une responsabilité sociale élargie (à plus d'une finalité éthique) des entreprises. Dans cette perspective, une entreprise dont la finalité interne est le profit devrait être considérée comme juste si, par ses actions, elle manifeste un certain engagement social. Une telle position présuppose une nouvelle définition de l'entreprise comme organisation au service des parties prenantes (en anglais, *stakeholders*), c'est-à-dire qui doit rendre des comptes à tous ceux qui sont susceptibles d'être affectés par ses actions. Il peut s'agir de l'entreprise elle-même, de ses employés, de ses actionnaires, de ses fournisseurs, de la communauté environnante, voire de la société dans son ensemble[64]. Cela correspond au concept de «responsabilité sociale de l'entreprise»[65]. Par exemple, une banque qui accepterait de prêter de très petites sommes d'argent aux pauvres (microcrédit) alors que ses concurrents refusent de légaliser cette pratique ferait d'une pierre deux coups. Elle aiderait les personnes pauvres, ce qui serait bon pour son image, et acquerrait un monopole de fait auprès de cette clientèle, ce qui serait également profitable pour elle[66]. Dans ce cas, «faire le bien»

---

64 Pour cette définition, *cf.* Robert C. SALOMON, «Business Ethics», dans Peter SINGER, *A Companion to Ethics,* Malden, Massachusetts, Blackwell Publishing, 1997, p. 360. Pour l'histoire de cette conception de l'entreprise et une évaluation critique de sa pertinence aujourd'hui, *cf.* Wayne NORMAN, «La responsabilité sociale des entreprises après Enron», *Les cahiers du 27 juin,* vol. 2, n° 2, hiver/printemps 2005, p. 25-29.

65 Pour avoir une idée grossière de ce nouveau type de capitalisme, *cf.* David BORNSTEIN, *How to Change the World. Social Entrepreneurs and the Power of New Ideas,* New York, Oxford University Press, 2007.

66 Cela semble avoir été la démarche de Muhammad Yunus, le fondateur de la Grameen Bank, qui a reçu le très politique prix Nobel de la paix pour son œuvre en 2006. Pour se faire une idée de l'homme et de ses convictions, *cf.* Muhammad YUNUS et Alan JOLIS, *Vers un monde sans pauvreté,* Paris, J.C. Lattès, 1997 ; Muhammad YUNUS, *Vers un nouveau capitalisme,* Paris, J.C. Lattès, 2008

(éthique) serait donc synonyme de « bien faire » (profit)[67]. À l'évidence, cette position ne s'applique pas au cas de Vincent Lacroix.

Enfin, une variation critique de la position précédente consisterait à soutenir, comme Philippe Van Parijs, qu'en dernière instance, l'entreprise doit répondre de ses actes devant la société civile, même lorsque l'on admet que sa finalité interne est le profit[68]. Il en découle qu'en cas de conflits entre les valeurs de l'entreprise et celles de la société civile, c'est à cette dernière d'inciter l'entreprise à intégrer ses valeurs dans ses pratiques de gestion en rendant les décisions de l'entreprise publiques. En ce qui concerne Vincent Lacroix, cet argument ne serait pas valable, car c'est l'AMF et non la société civile qui a découvert le pot aux roses.

Cependant, il va sans dire que cette courte analyse institutionnelle n'épuise pas le sujet des obligations de l'entreprise envers la société, puisque nous n'avons pas considéré les obligations que celle-ci a envers les consommateurs, par exemple, celle de fournir des produits de qualité sécuritaire ainsi que les informations et les mises en garde nécessaires pour que les consommateurs en comprennent l'usage. Toutefois, parvenu à ce stade, le lecteur devrait avoir acquis suffisamment de connaissances pour être en mesure d'appliquer par lui-même les théories éthiques à des situations que nous n'avons pas vues.

Sur le plan individuel : les obligations des employés[69]

La position de l'éthique des vertus

Il ne nous reste plus qu'à envisager la responsabilité personnelle dans notre étude de cas exemplaire, en l'occurrence, celle de Vincent Lacroix. C'est la perspective que privilégierait un éthicien des vertus. Celui-ci essaierait de déterminer quel genre de personne est Vincent Lacroix en examinant ses qualités morales et ses défauts, en un mot, ses traits de caractère. Il estimerait, sans doute, que M. Lacroix a un penchant répréhensible pour un train de vie luxueux, un goût très marqué pour les dîners d'affaires dans les clubs de danseuses nues et une certaine cupidité. Ces trois traits de caractère apparaîtraient probablement comme des vices aux yeux de notre éthicien des vertus qui jugerait donc que M. Lacroix est un « méchant ». Cependant, si notre éthicien est un tant soit peu pointilleux, il examinera également les pratiques sociales qui ont permis à ces traits de caractère de se manifester et à M. Lacroix de

---

67 *Cf.* Wayne NORMAN, « La responsabilité sociale des entreprises après Enron », *Les cahiers du 27 juin*, vol. 2, n° 2, hiver/printemps 2005, p. 26.

68 *Cf.* Sandrine BLANC, « L'économie face aux institutions de justice », dans Ludivine THIAW-PO-UNE, *Questions d'éthique contemporaines*, coll. Les essais, Paris, Stock, 2006, p. 661.

69 Il est généralement admis que les employés sont tenus de bien faire leur travail, c'est-à-dire de s'acquitter de leurs responsabilités personnelles, et qu'ils ont également une obligation de loyauté envers leur entreprise.

fuir ses responsabilités de pdg envers les clients de Norbourg. Il conclura alors au bien-fondé d'une analyse institutionnelle, puisque c'est l'absence de mécanismes pour freiner l'expression des traits de caractère de Vincent Lacroix dans l'entreprise pour laquelle il travaillait qui a permis à ce dernier de les cultiver en toute liberté.

Extrait de « *Porter assistance* » *aux pauvres du monde*

Thomas W. Pogge
Thomas Winfried Menko Pogge fait ses études doctorales sous la direction de John Rawls à l'Université Harvard en 1983. Il poursuit ensuite des recherches en philosophie politique, sur la justice mondiale, l'éthique et la philosophie de Kant, lesquelles lui valent plusieurs bourses prestigieuses. Chercheur invité au Centre for Applied Philosophy and Public Ethics de l'Université nationale australienne de 2004 à 2006, il enseigne au Département de philosophie de l'Université Columbia et, à temps partiel, à l'Université d'Oslo. Il est actuellement *Professor of Philosophy and International Affairs* à l'Université Yale. Pour la qualité de son enseignement et de ses travaux, il reçoit le prix Alexander Hamilton de la Columbia University Alumni Association et le Certificate of Distinction in Teaching du Harvard-Danforth Center for Teaching and Learning. Parmi ses publications, signalons : *John Rawls. His Life and Theory of Justice* (2007) et *World Poverty and Human Rights* (2008).

« Porter assistance » aux pauvres du monde

« [...] Les questions que soulèvent ces arguments, avec l'effondrement de la thèse expliquant la pauvreté par les causes domestiques, indiquent plus précisément à quel point les discussions convenues de la pauvreté mondiale placées sous les auspices de l'assistance sont trompeuses. D'une part, la référence à cette notion est impropre : en tant qu'individus appartenant à des pays connaissant une certaine prospérité, nous avons sans doute le devoir moral positif d'assister les personnes qui sont prisonnières d'une pauvreté qui les menace dans leur existence même et que nous pouvons aider sans qu'il nous en coûte beaucoup. La notion d'assistance a cependant pour effet de nous détourner de devoirs négatifs plus rigoureux qui s'imposent aussi à nous : nous devrions réduire le préjudice que nous avons causé et nous ne devrions pas tirer profit de l'injustice, au détriment de ceux qui la subissent. Ces deux devoirs négatifs s'imposent à nous, dès lors que nous contribuons (parfois avec le soutien d'élites des pays en voie de développement) à l'instauration d'un ordre global dont le caractère non équitable nous est bénéfique, tout en exacerbant l'extrême pauvreté à l'étranger. Il nous incombe au moins de dédommager les pauvres. Dans la mesure où nous les dédommageons, nous ne les "assistons" pas seulement, mais nous réduisons l'impact de règles non équitables qui occasionnent pour nous des gains injustes à leur détriment. Nous ne "redistribuons" pas des riches vers les pauvres, mais nous contrebalançons une redistribution institutionnelle injuste des pauvres vers les riches – en un sens, nous re-redistribuons.

«Les devoirs négatifs de ne pas soutenir et de ne pas empocher des gains résultant d'un ordre institutionnel inéquitable qui, de manière prévisible, contribue à des carences sévères, sont non seulement plus rigoureux que le devoir positif d'aider à soulager de telles carences, mais ils sont également beaucoup moins sensibles aux variations liées aux questions de communauté et de distance. Les devoirs d'assistance sont plus forts à l'égard de ceux qui nous sont proches et chers et plus faibles à l'égard des étrangers vivant sur des terres lointaines. En revanche, le devoir de ne pas nuire ne connaît pas de telles variations. Si le caractère inéquitable de l'ordre global que nous imposons fait perdurer la pauvreté dans les pays en voie de développement, alors notre responsabilité morale à l'égard des morts et des carences qui en résultent n'est pas atténuée par la diversité des nationalités, ni par la distance géographique et culturelle. Cela pourrait être le cas s'il fallait, pour nous préserver nous-mêmes, que nous agissions d'une manière qui nuit à des étrangers. Mais dans le monde tel que nous le connaissons, le problème de la pauvreté global est – bien qu'il concerne un tiers des morts humaines – relativement peu important en termes économiques : bien que 2812 millions de personnes vivent en dessous du seuil international de pauvreté le plus haut (2 $/jour) et 43 % en dessous en moyenne, leur déficit collectif représente seulement 1,13 % du revenu des 955 millions d'individus relevant des économies des pays à haut revenu[70]. Nous pouvons manifestement éradiquer l'extrême pauvreté – par le moyen d'une réforme de l'ordre global ou par le biais d'autres initiatives visant à compenser ses effets sur les pauvres dans le monde – sans "sacrifier" la satisfaction de nos propres besoins ou même de nos intérêts un tant soit peu sérieux.

«Dans le monde développé, on croit en général que nous consacrons déjà à de telles initiatives des sommes démesurées. Les faits contredisent cette croyance : Les pays développés ont réduit leur aide publique au développement de 0,33 %

70 Si nous devions combler intégralement ce déficit, notre part du revenu global tomberait de 80,97 à 80,06 %, soit de 25 506 à 25 217 milliards de dollars (Banque Mondiale, 2002, p. 235).

de leurs PIB combinés en 1990[71] à 0,22 % en 2001[72]. La plupart de l'aide publique est allouée pour des raisons politiques : seulement 22 % de cette aide va aux 43 pays les moins développés[73] ; et seulement 8,3 % finance des services sociaux de base[74] – bien en deçà donc des 20 % sur lesquels on s'était entendus lors du Sommet mondial pour le développement social en 1995 (Programme d'action, chapitre 5, art. 88 c). L'aide publique au développement destinée aux services de base – éducation, santé, natalité, approvisionnement en eau et installation sanitaire – représente un coût de 4 milliards de dollars pour les pays à haut revenu, ce qui situe cette aide, en moyenne, en dessous de 5 $ par an par citoyen de ces pays[75].

« Quand des individus tels que nous meurent à un âge avancé, nous pouvons nous retourner sur une vie passée au cours de laquelle plus d'un milliard d'êtres humains, principalement des enfants, sont morts du fait de la pauvreté. Cette donnée était et est prévisible. Et il ne souffre aucun doute que les pays développés pourraient réduire de manière significative ce flot continuel de morts à peu de coûts. Pourtant, ces faits paraissent nous troubler finalement assez peu. Cette si grande indifférence peut en grande part s'expliquer par le fait que l'on comprend mal les raisons pour lesquelles l'extrême pauvreté perdure. Pour la plupart, nous adhérons à l'idée selon laquelle cette pauvreté serait essentiellement due à des causes domestiques. Je suis persuadé qu'avec une meilleure compréhension du rôle que jouent les facteurs institutionnels globaux dans la reproduction de l'extrême pauvreté, nous serions nombreux à prendre le problème bien plus au sérieux – y compris John Rawls, mon maître très estimé. »

Source : Thomas POGGE, « "Porter assistance" aux pauvres du monde », trad. par Patrick Savidan, *Raison publique*, n⁰ 1, octobre 2003, p. 145-148.

---

71 UNDP, 2002, p. 202.
72 *Cf.* UNDP, 2002, p. 202, et UNDP, 2001, p. 190.
73 Nous étions à 26 % en 1990 (UNDP, 2002, p. 202). L'Inde, qui compte le plus de personnes pauvres dans le monde, reçoit une aide publique de 1,50 $/an par citoyen. Par comparaison, la République tchèque reçoit 42,70 $, Malte, 54,50 $, Chypre, 69,50 $, Bahreïn, 76,60 $ et Israël, dont le revenu national brut *per capita* est 11 à 36 fois supérieur à celui de l'Inde, reçoit 132,40 $ (UNDP, 2002, p. 203-205). Précisons que Chypre, Bahreïn et Israël sont classés parmis les pays à revenu élevé (*ibid.,* p. 243).
74 UNDP, 2000, p. 79.
75 Les citoyens des pays à haut revenu apportent aussi une aide par l'entremise des organisations non gouvernementales. Chaque année, une telle aide représente environ 7 millions de dollars, soit 8 $ par citoyen (UNDP, 2002, p. 202).

1. Quelles sont les deux raisons pour lesquelles la notion de «devoir d'assistance» ne convient pas lorsque nous discutons de la pauvreté mondiale selon Pogge?

2. Quels avantages présentent, selon lui, les devoirs négatifs?

3. Quelles mesures recommande l'auteur pour abolir l'extrême pauvreté? Qu'en pensez-vous?

4. Est-il vrai que nos gouvernements consacrent des sommes mirobolantes au problème de la pauvreté mondiale? Pourquoi?

5. Selon l'auteur, comment s'explique notre indifférence devant l'extrême pauvreté? Qu'en pensez-vous?

Index